Couture
FACILE

SANDRA BARDWELL

Couture FACILE

Toutes les techniques à la main et à la machine

Dessain et Tolra

À Zoe et Max,
avec toute mon affection

Sommaire

INTRODUCTION		6
1	Le démarrage	8
2	Outils et matériel	16
3	Machines à coudre	38
4	Tissus et entoilages	54
5	Utiliser des patrons	64
6	Couper et bâtir	78
7	Points de base main et machine	96
8	Coutures et finitions	112
9	Mettre en forme et ajuster	132
10	Doublures, ourlets et parementures	148
11	Détails vestimentaires	168
12	Fermetures	188
13	Passementerie et finitions décoratives	208
14	Broderie	222
15	Retouches et réparations	238
GLOSSAIRE		251
DES IDÉES À COUDRE...		258
INDEX		261
REMERCIEMENTS		270

Introduction

On recherche : mère pour aide domestique. Expérience souhaitée mais pas indispensable. Aptitude à la couture. Contactez Peter ou les Garçons perdus au Pays imaginaire.

Lorsqu'il rencontre Wendy (dans le film *Peter Pan* de J. M. Barrie), Peter essaie désespérément de rattacher son ombre, et Wendy la lui recoud. Lorsqu'il prend conscience du potentiel que représente le fait de savoir coudre, Peter insiste pour que Wendy l'accompagne au pays imaginaire, où elle pourra faire office de mère pour les garçons perdus.

De même, lorsque la conversation tourne autour de mon métier de costumière, on me pose presque toujours les mêmes questions : « Confectionnez-vous vos vêtements/les vêtements de vos enfants vous-même? » « Pour quels acteurs avez-vous réalisé des costumes ? » « Comment est [insérer ici le nom d'une célébrité] ? » Ou encore, ma préférée : « J'ai une robe, toute simple [...]. J'ai maigri depuis la dernière fois que je l'ai portée, et j'aurais juste besoin de la faire reprendre un peu. Croyez-vous que... ? »

Il semble donc qu'en toutes circonstances, les compétences en couture soient très prisées.

Nous avons tous à cœur de faire de bonnes affaires, et quand vient la saison des soldes, nos instincts économes se réveillent incontinent. Il est vrai que les soldes font partie des simples, mais grandes joies de la vie : on repère un article à bas prix, de l'argent change de mains à toute vitesse, des sourires triomphants fleurissent et tout le monde est content. Mais une fois que l'euphorie de la victoire est retombée, on prend le temps d'examiner l'objet acquis et on découvre souvent la véritable raison de son rabais. Ce n'était pas une fin de série, mais un article avec des défauts, ou pas aussi seyant qu'on le croyait.

La réaction immédiate est de confiner le vêtement tout au fond de sa garde-robe, hors de vue, où il ne servira plus à rien ni à personne (solution de facilité), de le ranger dans le carton à donner aux associations caritatives (solution noble, mais peu satisfaisante) ou de trouver quelqu'un qui le retouchera (solution onéreuse).

Quand nous devons faire des choix, nous allons généralement vers ce qui est le plus facile et le plus rapide. Nous vivons en effet dans une société où tout se jette, où il est moins cher de racheter que de réparer. Pourtant, avec quelques notions de couture, vous pourriez créer, modifier ou réparer des vêtements.

Le récent engouement pour le développement durable et l'écologie a encouragé la tendance à l'économie. Parallèlement, le marché de l'occasion a connu une expansion extraordinaire et l'on ne compte plus les dépôts vente et autres vide-greniers. Enfin, et surtout, on assiste au renouveau de l'artisanat et des travaux d'aiguilles, que l'on avait quelque peu oubliés dans le tumulte de nos existences surmenées...

La couture : une drôle d'aventure

Si vous êtes parfaitement novice dans le domaine de la couture, j'espère que cet ouvrage vous donnera le désir de vous lancer, l'envie de continuer, la capacité à résoudre les problèmes et l'inspiration pour commencer à créer. Si vous avez déjà des notions de couture, mais que votre enthousiasme dépasse vos compétences, j'espère que mes conseils et astuces, patiemment hérités de mes mentors, vous aideront à étendre vos connaissances et à développer votre savoir-faire. Par-dessus tout, j'espère que ce livre vous offrira d'innombrables moments de bonheur créatif, et vous permettra de réaliser tout ce que vous avez toujours rêvé de confectionner.

Cherchez l'inspiration dans les livres, les films, la musique, la nature, les vêtements vintage, les photos, ou dans tout ce que votre imagination vous dictera. Rencontrez d'autres artistes et créateurs, partagez vos idées et transmettez des traditions qui apporteront forme et couleur à votre vie et à celle de vos proches. Quelles que soient vos idées, insufflez-leur de la vie et autant de fantaisie que possible.

Chacun des chapitres de cet ouvrage pourrait faire l'objet d'une monographie à lui seul, mais l'excès d'informations peut décourager les meilleures volontés. Les techniques que je décris sont simples et efficaces, et modulables à l'envi.

En réalisant cet ouvrage, j'ai voulu partager avec vous une passion qui m'a procuré beaucoup de plaisir et un moyen de gagner ma vie. Mon savoir est infime comparé à celui de certains grands couturiers de ma connaissance, mais je suis extrêmement reconnaissante à mes mentors et à tous ceux et celles qui m'ont enseigné l'art de la couture.

À mon tour, je souhaite que mes enseignements vous profitent et vous aident à découvrir ou à revisiter l'univers merveilleux de la couture.

Quoi que tu rêves d'entreprendre, commence-le.
L'audace a du génie, du pouvoir et de la magie.

Johann Wolfgang von Goethe

1

le démarrage

- Préparer son espace de travail
- Questions d'ordre et de propreté
- Ranger ses fournitures
- Prendre soin de ses ouvrages
- Les essentiels...

Préparer son espace de travail

Rien de grand n'a jamais été réalisé sans enthousiasme.

Ralph Waldo Emerson

Mes lieux de travail préférés sont ceux où les restes trahissent les activités de la journée. Des seaux de peinture textile dégoulinants, une jupe à demi achevée, des chutes de tissu et de ruban entremêlés dans des coupures de papier, des perles en pagaille… tout attise ma curiosité.

J'ai vu maints ateliers rangés au petit bonheur plutôt que de manière méthodique. Le bric-à-brac y est entreposé à peu près n'importe où – étagères, placards, murs, boîtes – voire fixé au plafond, et lorsque les trésors les plus précieux ne sont pas cachés à la vue, on peut voir des couleurs et des textures dans tous les recoins. J'ai alors l'impression d'être un enfant dans un magasin de bonbons.

Si ces grottes d'Ali Baba ont l'avantage d'embraser l'imagination, elles ne sont toutefois guère propices à un travail efficace. Si votre espace n'est pas parfaitement organisé, vous risquez de trébucher sur vos outils, de vous empêtrer dans vos piles de tissu et de perdre d'importantes pièces.

Quel que soit votre projet, il vous faudra suffisamment de lumière naturelle, mais aussi artificielle. Si votre pièce dispose d'une seule prise de courant, il est plus sûr et plus efficace d'utiliser une prise multiple (avec interrupteur) plutôt que de constamment brancher et débrancher vos prises, et d'avoir des fils tendus au maximum pour atteindre votre plan de travail.

Si vous utilisez votre table de cuisine en guise de plan de travail, veillez à ce que les surfaces soient totalement débarrassées de toute tache collante ou graisseuse. Préparez-vous autant de thé ou de café que vous voulez, mais laissez la tasse loin de votre ouvrage.

La bonne organisation de votre espace de couture dépend essentiellement de l'emplacement de la machine à coudre et de la surjeteuse, du fer à repasser et de la zone de coupe, ainsi que de la façon dont vous passez de l'un à l'autre en cours de travail.

Si vous avez la chance de disposer d'une pièce uniquement consacrée à la couture, profitez-en. Vous pourrez ainsi installer votre matériel, étaler vos œuvres pour mieux les admirer et préparer vos réalisations à votre aise. Il y a également beaucoup moins de risques que l'on vienne vous interrompre au moment le plus délicat.

Questions d'ordre et de propreté

L'ordre et la propreté sont des qualités hautement louables dans toute entreprise, mais s'il n'y a aucune trace d'activité (c'est-à-dire un tant soit peu de bazar), il y a peu de chances pour que cette entreprise soit la grande aventure de votre vie. Lorsqu'on coud, on le fait à fond, et cela veut dire accepter de voir grossir et se développer le tas de chutes – que je nomme poétiquement « œuvre d'art dérivée » – lorsque vous êtes en train de couper. Lorsque vous avez passé des heures sur un ouvrage sans avoir touché la machine, il est aussi rassurant de voir s'empiler les pièces de tissu sur la table que les chutes dessous.

Un peu comme dans les jardins, où sont dispersés des tas de feuilles mortes ou de gazon fraîchement tondu, les coins couture sont jonchés de peluches et de bouts de tissu. Ils font partie du décor et pourront même à l'occasion être récupérés pour de futurs projets. Le désordre, en couture, est inévitable, et je ne vous demanderai donc pas de faire preuve d'ordre excessif dans votre entreprise créative. Toutefois, quel que soit l'espace dont vous disposez, il vous faudra un bon système d'organisation pour pouvoir travailler efficacement et en toute sécurité.

Les épingles qui tombent par terre, par exemple, ne sont pas idéales pour les pieds nus, les bébés à quatre pattes ou les animaux curieux. De même, les fils qui traînent ont la fâcheuse habitude de se prendre dans les coutures (en particulier dans les ouvrages de patchwork) ou, pis, dans les roulettes de votre siège.

En un mot, être créatif n'empêche pas de faire preuve d'organisation !

Savoir ranger ses fournitures

Idéalement, les tissus et garnitures devraient être entreposés à l'abri de l'humidité, de la rouille et des mites. Celles-ci étant très friandes de lainages et autres fibres naturelles, procurez-vous des boules de cèdre ou de naphtaline pour les éloigner.

Gardez les grandes pièces de tissu roulées et nouées avec une bande élastique afin de vous épargner du repassage inutile (dans le cas du velours, ou de toute étoffe susceptible de se froisser et de s'abîmer, même les petits morceaux doivent être roulés et rangés à la verticale).

Conservez les chutes de vos différents ouvrages en guise de surplus pour d'éventuelles retouches ou réparations, ou pour confectionner un patchwork. Les boîtes et pots empilables (de préférence transparents) sont un bon moyen de ranger les menus objets, tels les outils, les fils et les boutons. Pliez, empaquetez ou roulez les petites pièces de tissu par familles de couleurs, afin de vous y retrouver plus facilement.

Si votre pièce était un microcosme, chaque article de tissu ou de mercerie aurait sa propre adresse. Un système de rangement composé d'étagères, de tiroirs ou de boîtes (de préférence transparentes) clairement étiquetés vous aidera à retrouver facilement les articles que vous recherchez.

Les petites passementeries – ruban, croquet, élastique, biais, etc. – ont tendance à se perdre ou à s'emmêler, ou encore à finir dans la poubelle. Si ce n'est trop vous demander, enroulez-les soigneusement autour d'un morceau de carton et rangez-les par familles. Encore une fois, les boîtes en plastique transparentes constituent une excellente option de rangement.

Prendre soin de ses ouvrages

On ne soulignera jamais assez l'importance de prendre soin de ses travaux de couture. Considérez-les comme vos bébés. Manipulez-les avec précaution, surtout si les étoffes sont particulièrement onéreuses à remplacer. Les ouvrages non surveillés, ne serait-ce que l'espace d'un instant, peuvent vite se retrouver décousus ou égarés dans la malle à jouets de vos enfants.

Protégez vos travaux la nuit et chaque fois que vous sortez de chez vous. Si vous les laissez sur une table, un mannequin ou un cintre, couvrez-les complètement d'un chiffon ou d'une housse. Je peux citer l'histoire (vraie) d'une robe de mariée sauvée par une housse de protection de la chute d'un nid (plein d'œufs) du toit, ou celle d'une autre robe de mariée protégée et rangée dans un placard, puis découverte en parfait état alors qu'un incendie avait ravagé une partie de la maison.

Si des enfants sont présents pendant que vous cousez, veillez à ce que tout matériel brillant mais dangereux – ciseaux, cutter rotatif ou épingles – soit hors de leur portée. Sinon, protégez vos ouvrages en gardant les portes fermées, et évitez d'attiser la curiosité naturelle des enfants en laissant vos objets précieux ou dangereux à leur portée. N'oubliez pas que la sécurité passe avant tout.

Les boîtes en plastique empilables protègent les tissus et le matériel tout en offrant une parfaite visibilité. Les petits articles comme les pampilles, rubans et boutons peuvent se ranger dans des sachets à fermeture hermétique.

Les essentiels…

Passion, inspiration, patience, épingles sont les mots clés de la couture.

Passion

En premier lieu, il est indispensable d'avoir l'idée de ce que vous voulez confectionner. Ensuite, il ne s'agira plus que d'acquérir les compétences pour le réaliser.

Vous n'avez jamais cousu un bouton de votre vie ? Vous n'avez pas hérité de la fibre artistique ? Ce n'est pas parce que vous exercez un métier où vous utilisez votre côté rationnel que vous êtes forcément dépourvu(e) de créativité. D'une manière ou d'une autre, nous avons tous un potentiel créatif, et – bonne nouvelle – il n'y a pas d'âge pour le développer. Les pensées créatives sont comme des graines : une fois plantées, elles ont besoin d'être nourries pour pousser, bourgeonner et fleurir.

Inspiration

Cherchez l'inspiration dans les boutiques, les ouvrages et les magazines plutôt que de vous cantonner à vos idées. Entourez-vous d'objets à la fois beaux et insolites (pas nécessairement liés à la couture), qui vous inspirent d'une façon ou d'une autre.

Remplissez un panneau en liège de toutes sortes de coupures de magazines, de photos, de dessins, de gribouillages, d'échantillons de tissu et de rubans divers pour ne jamais oublier ce qui vous inspire le

plus. Faites-en une sorte d'attrape-rêves, et donnez vie à ces rêves. Sinon, à la fin de la journée, les pensées créatives risquent de devenir confuses et emmêlées, perdues parmi les millions de pensées qui emplissent chaque jour votre esprit.

Trésors accumulés

Ah, le joli langage des fils... Certains d'entre nous restent très discrets sur leurs trésors amassés, tant il est vrai que nous hésitons entre fierté et culpabilité lorsqu'il s'agit d'évoquer notre collection grandissante de tissus et passementeries.

J'ai plusieurs amies passionnées de couture et de textiles. Dès que nous entendons parler de salons artisanaux ou d'expositions de patchworks, nous sommes comme des enfants comptant les jours jusqu'à Noël. Des mois à l'avance, nous planifions et rêvons à notre voyage au pays des merveilles, où des plaisirs sans nom nous attendent. Certaines d'entre nous se montrent modérées dans leurs achats, ne choisissant que des tissus dont elles ont besoin pour un projet particulier. D'autres (comme moi) se révèlent beaucoup moins raisonnables et achètent des quantités astronomiques d'étoffes et d'accessoires, pour le cas fort peu probable où le monde viendrait à manquer de tissu. Nous plaisantons (« celle qui meurt avec la plus grosse pile a gagné ») et éprouvons une immense satisfaction à admirer nos royaumes de textile.

N'hésitez pas à faire connaître à votre entourage votre goût pour les fibres ; cela vous donnera peut-être l'opportunité de récupérer du matériel et des étoffes de valeur dont les propriétaires n'ont pas l'usage. Je dois avouer qu'une proportion considérable de mes tissus vintage et de mes accessoires m'ont été donnés de cette manière.

Si, en triant vos trésors, vous découvrez un surplus et trouvez le courage de le découper, organisez une « réunion troc » avec vos amies au cours de laquelle vous pourrez échanger vos chutes. Ce genre d'occasion permet de libérer de l'espace, d'agrandir votre collection et même de trouver la pièce qu'il vous manquait pour votre patchwork en cours.

Entamer son stock n'est pas forcément un mal. Anniversaires, mariages, Noël, toutes les occasions sont bonnes pour créer des petits cadeaux personnels. Posséder des talents créatifs est une véritable bénédiction, et offrir un cadeau fait main est la meilleure façon de sceller une amitié ou de montrer son affection et son amour. Chaque fois que vous confectionnez quelque chose, même un tout petit rien, vous lui insufflez une partie de vous-même. C'est la manifestation physique de vos sentiments, traduits sous forme tridimensionnelle. Être capable de fabriquer quelque chose et de le partager avec ses proches est une sensation extrêmement satisfaisante (et qui peut vite devenir obsédante).

Si vous envisagez de vendre vos ouvrages, tenez compte à la fois du temps passé dessus et du coût des matières premières. Vous n'en tirerez peut-être qu'un faible bénéfice, mais que cela ne vous décourage pas ! Gardez toujours vos objectifs à l'esprit. À mesure que vous persévérerez, vous trouverez des moyens de développer et d'améliorer vos idées, de perfectionner vos techniques et de travailler plus efficacement et ingénieusement.

Que vous donniez, vendiez ou gardiez vos réalisations, l'important est de prendre plaisir à les confectionner.

Patience

Quel que soit votre niveau d'expérience, il arrivera souvent que vos réalisations ne soient pas exactement telles que vous les envisagiez. Consolez-vous en sachant que, à moins d'avoir fait un énorme trou au milieu de votre ouvrage, il y a peu d'erreurs qui ne peuvent être réparées. Les innombrables fautes que j'ai commises m'ont au moins appris à devenir experte au découd-vite.

La création d'un ouvrage en trois dimensions est un processus complexe qui ne garantit nullement le résultat escompté. Reprendre, modifier, repenser ou tout recommencer font partie du processus créatif. Chaque échec que vous rencontrerez en cours de route, toutefois, vous aidera à vous perfectionner et, qui sait, à améliorer le modèle d'origine.

Raccourcis et solutions express

Il existe différentes techniques destinées à vous aider à accélérer votre travail, mais, malheureusement :

Il n'y a pas de raccourcis

Désolée ! Gardez cela à l'esprit, et vous vous épargnerez bien des peines. Si vous pensez honnêtement pouvoir assembler deux pièces de tissu sans les bâtir au préalable, confectionner un ourlet sans le repasser ni l'épingler, ou sauter l'étape de la piqûre de soutien d'une encolure, détrompez-vous. Bien faire dès le début vous fera gagner plus de temps que vous ne croyez.

Si vous vous hâtez d'effectuer les coutures pour terminer votre ouvrage, n'oubliez pas que vous devez passer du temps à les préparer. Tandis que vous mettez la gomme pour atteindre – enfin – la ligne d'arrivée, gardez bien ceci à l'esprit : il vaut mieux investir son temps à préparer correctement les choses au début plutôt que de découvrir plus tard que les points ne tiennent pas, que la couture est bancale ou que des plis disgracieux ornent l'envers du tissu, et qu'il vous faudra tout défaire et recommencer.

Contrairement à certaines disciplines, la couture express n'existe tout simplement pas.

Épingles

Les épingles font partie des outils de base de la couturière. Mais toutes les épingles ne sont pas les mêmes ; il en existe différentes sortes pour différents types de travail, et vous vous faciliterez grandement la tâche en investissant dans le bon type d'épingles pour votre ouvrage. Vous trouverez plus de détails sur les épingles pages 18-19.

EUROPEAN · JAPAN · OLFA PATENTED · U.S.A.
45°
60°
30°

2

outils et matériel

- Épingles
- Pelotes à épingles
- Aiguilles
- Épingles de sûreté
- Fils
- Dés
- Outils de coupe et accessoires
- Outils de mesure
- Matériel de marquage
- Papier à patron
- Solutions de rangement
- Divers
- Repassage

Dans le sens des aiguilles d'une montre à partir d'en haut à gauche : épingles de couturière standard, épingles à tête en plastique ou en verre, épingles à patchwork, épingles à tête nacrée, épingles à soie et dentelle, épingles à tête plate.

LE SUCCÈS D'UNE NOUVELLE ENTREPRISE DÉPEND AUTANT DE L'ÉQUIPEMENT QUE DES LEÇONS TIRÉES DES ERREURS PASSÉES. PLUS VOTRE NÉCESSAIRE SERA FOURNI, MIEUX VOUS SEREZ ÉQUIPÉE POUR LA TÂCHE QUI VOUS ATTEND.

Épingles

On n'a jamais trop d'épingles : vous gagnerez du temps et de l'argent en achetant une grosse boîte d'épingles plutôt que plusieurs petits jeux d'épingles.

Il arrive, dans les boîtes neuves, que l'on trouve des épingles mutantes, sans pointe, résultant d'un défaut de fabrication. Jetez-les immédiatement. Faites de même avec les épingles rouillées, tordues ou émoussées. Mieux vaut avoir moins d'épingles de bonne qualité qu'une grande quantité d'épingles inutilisables.

Lorsque vous travaillez avec des tissus très fins ou de la dentelle, **les épingles pour dentelle** sont idéales, car elles sont fines et longues et ne laissent pas de marques. Elles ne sont toutefois pas adaptées aux étoffes épaisses, dans lesquelles elles pourraient plier.

Si vous envisagez de faire du patchwork, utilisez des **épingles à patchwork**. Très longues, elles glissent facilement dans plusieurs épaisseurs de tissu et de molleton.

Les épingles à tête plate sont fines, longues et aux extrémités en forme de fleurs colorées. Elles sont faciles à piquer et bien visibles sur les étoffes en bouclette, la dentelle, les patchworks et les tissus tricotés.

Les épingles standard en acier sont fines, robustes et ne rouillent pas. Elles se piquent discrètement dans les patrons, à l'endroit où vous devez transférer des marques et des informations sur le tissu.

Les épingles à tête de verre ne fondent pas lorsqu'elles entrent accidentellement en contact avec le fer à repasser.

Les épingles à tête nacrée sont mes préférées, car elles sont résistantes et glissent facilement dans la plupart des tissus. Elles sont aussi extrêmement visibles. Il est inexcusable de laisser des épingles à l'intérieur des vêtements mais, plus d'une fois, au cours d'essayages, je me suis retrouvée dans une situation embarrassante, ayant laissé des épingles dans les endroits les plus incongrus de vêtements destinés à des acteurs ou des futurs mariés. Les épingles à tête nacrée sont suffisamment visibles pour que vous n'oubliiez pas de les retirer.

Pelotes à épingles

Avant le XVIe siècle, les femmes conservaient leurs épingles dans de petites boîtes décoratives, généralement en argent, en ivoire ou en os. C'est à peu près vers cette époque que l'on eut l'idée de placer un coussin miniature à l'intérieur de ces boîtes afin d'éviter que les épingles en acier, très précieuses, ne s'émoussent.

Les épingles et les aiguilles avaient jadis tellement de valeur qu'elles figuraient parfois dans les inventaires de succession. Au XIXe siècle, les femmes accordaient beaucoup de prix à leurs pelotes à épingles et les mettaient bien en évidence, s'en servant pour piquer leurs épingles à coudre ou à chapeau. Elles les exposaient parfois sur la cheminée, en guise de porte-bonheur.

Carrés, sphériques, en forme d'animal ou de fruit, montés sur un socle de porcelaine ou sur une chaussure en étain miniature, faits maison ou industriels, remplis de sciure, de sable ou de bourre, les porte-épingles se déclinaient dans une infinité de styles. Quelques chutes de tissu coloré rembourrées suffisaient à créer une pelote, que l'on décorait ensuite de broderies, de rubans de soie, de perles et de glands. Aujourd'hui, la pelote en forme de tomate s'est imposée dans la plupart des foyers. Elle est rembourrée de coton et le petit bourgeon en forme de fraise qui y est fixé contient du sable ou de l'émeri, qui fait office d'abrasif et maintient les aiguilles et les épingles propres et en bon état.

Les pelotes remplies de laine riche en lanoline ou d'émeri fin aident également à garder les épingles pointues et à éviter la rouille.

Les pelotes montées sur bracelet facilitent l'épinglage des vêtements lors des essayages (en particulier si vous travaillez à genoux pour ajuster un ourlet).

Si, au cours de furieuses séances de couture, vous vous surprenez à jeter les épingles plutôt qu'à les remettre soigneusement dans leur boîte ou sur leur pelote, envisagez d'acquérir un porte-épingles magnétique. Les aimants sont en effet un moyen rapide et amusant de ramasser les épingles, mais évitez de laisser les épingles trop longtemps dessus, car cela leur donnerait l'irritante capacité d'adhérer aux autres surfaces métalliques, comme les ciseaux.

Vous pouvez également utiliser une petite boîte ou une coupelle pour garder vos épingles à portée de main pendant que vous travaillez. En fixant du ruban velcro adhésif sur le dessous de la boîte et sur votre plan de travail, vous éviterez de les renverser.

La seule chose à ne jamais faire : prendre vos épingles entre vos lèvres. Même si vous avez vu des ébénistes le faire avec des petits clous, ne les imitez pas. Une plaisanterie inattendue, un hoquet de surprise ou d'hilarité, et vous voilà bonne pour les urgences avec une aiguille plantée dans l'œsophage.

Aiguilles

Jadis, les aiguilles à coudre étaient façonnées dans de l'os, du bois, des épines, de l'argent, du bronze et du cuivre. Les aiguilles d'aujourd'hui sont le plus souvent en acier trempé. Elles sont parfois plaquées de nickel, d'or ou d'un alliage de platine et de titane qui les rend lisses, brillantes, anti-rouille et d'excellente qualité. Les aiguilles plaquées or glissent dans le tissu comme dans du beurre. Une fois que vous en aurez utilisé une, vous constaterez la différence et comprendrez pourquoi leurs utilisatrices y tiennent tant et en prennent autant soin. Certaines utilisent la même aiguille des années durant, et font tout pour ne pas la perdre ou la casser.

Une fois qu'une aiguille a été plantée dans une pelote molle et déjà surchargée d'épingles, il peut être très difficile de l'y déloger. Les petits carnets d'aiguilles sont un bon moyen de les ranger en toute sécurité. Si vous n'en trouvez pas dans le commerce, vous pouvez en confectionner vous-même en piquant à la machine le centre de quelques rectangles de feutre, afin de former un carnet miniature.

Le choix de vos aiguilles dépend du type de tissu et du fil utilisés. La plupart des aiguilles sont numérotées de 1 à 10. Plus le chiffre est élevé, plus l'aiguille est fine.

Les étoffes légères et les voilages nécessitent une aiguille fine (n° 9 ou 10), qui ne laissera pas un trou trop large une fois retirée. Les aiguilles moyennes ou courtes sont recommandées lorsque l'on veut que les points soient aussi peu visibles que possible, comme dans un ourlet. Les aiguilles longues sont idéales pour bâtir, car elles permettent de faire de longs points en rentrant et ressortant l'aiguille plusieurs fois dans le tissu. Les aiguilles épaisses sont réservées aux matériaux épais, comme les baleines en plastique.

Il existe tellement de différentes sortes d'aiguilles qu'il peut être difficile de décider laquelle utiliser. Un paquet simple (contenant jusqu'à cinquante aiguilles de tailles assorties) devrait amplement suffire pour débuter.

Un enfile-aiguille est un outil fort pratique. Comme son nom l'indique, il permet d'enfiler le fil dans les aiguilles à main ou à machine.

Fantaisie ou fonctionnelles, les pelotes à épingles se déclinent dans différents styles. L'ajout d'une fraise à émeri (en haut au centre) permet de conserver aiguilles et épingles bien aiguisées. Un porte-épingles de poignet est très pratique pour ajuster les ourlets.

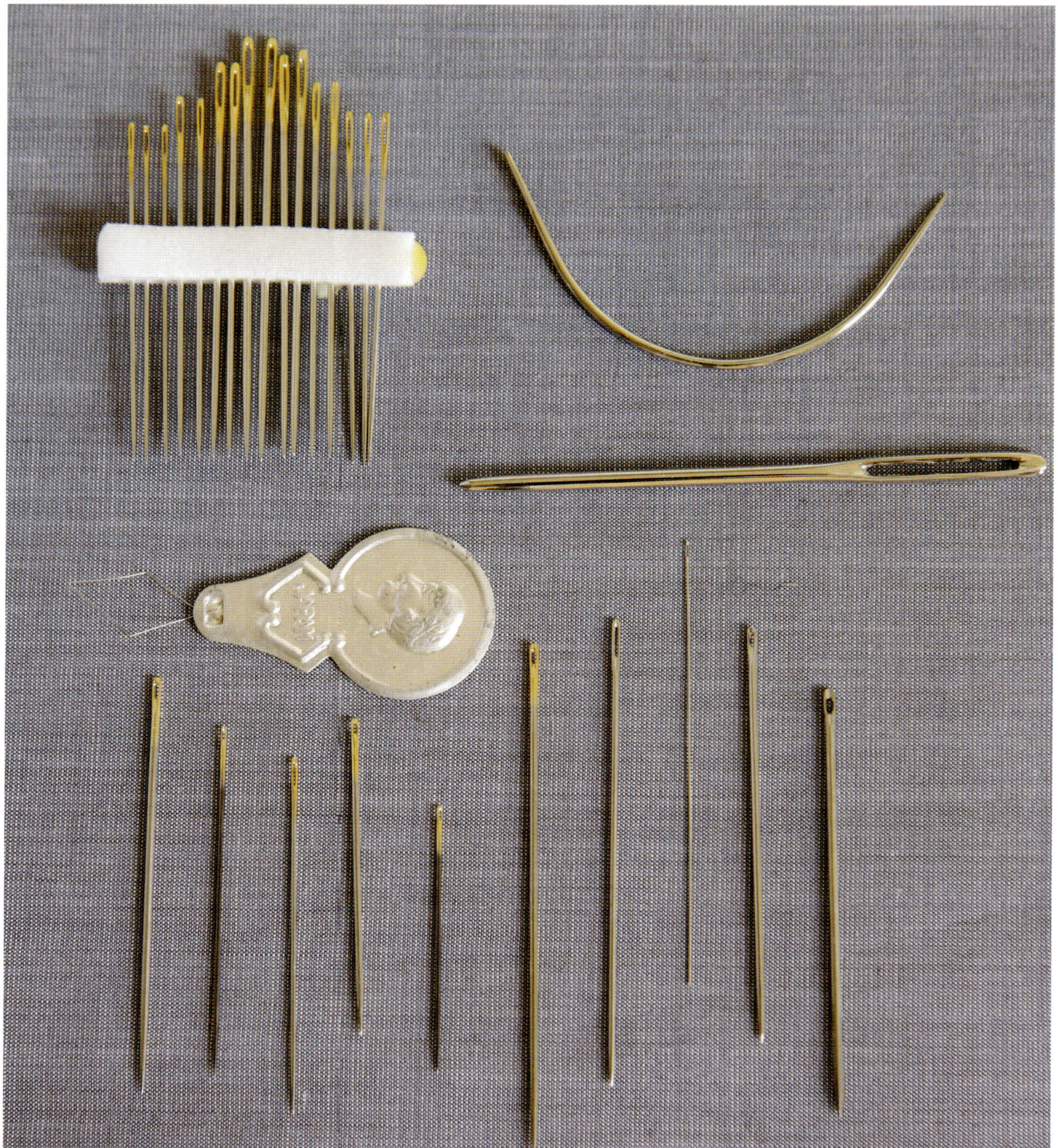

Votre assortiment d'aiguilles à coudre doit comporter diverses tailles. Les grosses aiguilles à bout obtus servent à la laine et à la tapisserie. Les aiguilles courbes sont réservées aux tissus d'ameublement. Un enfile-aiguille (au centre) est un accessoire pratique conçu pour les aiguilles à petit chas.

Types d'aiguilles

Chaque type d'aiguille correspond à une tâche particulière et se décline dans différentes tailles.

Aiguilles longues ou à applications : aiguilles de taille moyenne à chas rond, probablement les plus polyvalentes qui soient.

Aiguilles à broder : presque aussi longues et larges que les précédentes, mais à chas plus allongé, et donc plus faciles à enfiler. Ce sont des aiguilles polyvalentes, particulièrement adaptées à la broderie.

Aiguilles mi-longues ou à matelasser : aiguilles à chas rond, plus courtes que les longues, et donc faciles à glisser dans plusieurs épaisseurs de tissu. Idéales pour le matelassage, la confection et les coutures manuelles délicates, tel le piéçage d'un patchwork.

Aiguilles de modiste : longues aiguilles à petit chas, utiles pour faire des points provisoires, bâtir plusieurs épaisseurs ou effectuer du point devant. Elles sont typiquement employées dans la confection des chapeaux, car leur grande longueur leur permet d'être maniées dans le feutre, la paille et le bougran.

Aiguilles à repriser : semblables aux précédentes, mais avec un chas plus fin et plus long. S'utilisent pour repriser, bâtir et baguer les textiles épais, comme le molleton.

Aiguilles à chenille : identiques aux aiguilles à broder, mais avec un chas plus long et plus facile à enfiler. S'utilisent pour la couture manuelle et pour la broderie nécessitant des fils plus épais.

Aiguilles à tapisserie : elles ressemblent aux aiguilles à chenille, avec une pointe obtuse, conçue pour ne pas séparer les fibres de laine ou de canevas. Elles conviennent bien sûr à la tapisserie, mais aussi au point de croix et à la broderie sur canevas.

Aiguilles à pointe bille : tout comme les aiguilles à pointe bille pour machine, ces aiguilles s'utilisent pour les tissus tricotés ou extensibles. Leur pointe légèrement arrondie sépare les fibres au lieu de les percer.

Aiguilles à perler : les plus fines de toutes, conçues pour l'enfilage des perles et sequins. Leur extrême finesse les rendant très fragiles, elles ne sont pas adaptées aux autres travaux de couture.

Aiguilles à perler à gros chas : elles sont constituées de deux fils d'acier soudés à chaque extrémité, ce qui les rend plus faciles à enfiler.

Aiguilles à cuir : elles sont dotées d'une pointe acérée et courbe pour transpercer le cuir, le daim, la fourrure et la toile épaisse. Ne faites pas de point d'arrêt en début de couture, mais nouez l'extrémité des fils, afin d'éviter de percer trop de trous et d'affaiblir la couture.

Épingles de sûreté

La nécessité est certainement mère de l'invention, et maints accoutrements bizarres sont dus à un défaut d'épingles de sûreté. Ce fut le cas, par exemple, d'un de mes professeurs d'anglais, se présentant à ses élèves dans une blouse de laboratoire étrangement ficelée, afin de dissimuler sa braguette qui venait de lâcher.

Ayez toujours un stock d'épingles de sûreté de différentes tailles dans votre nécessaire à couture ; elles vous serviront à effectuer des réparations provisoires, à passer du fil élastique dans une glissière, à fixer les rubans et autres garnitures et à remettre un ourlet d'aplomb en cas d'urgence. Les épingles de sûreté sont également très utiles pour maintenir vos ouvrages vestimentaires lorsque vous les déplacez. En effet, les épingles ordinaires risquent à tout moment de tomber et de provoquer des catastrophes.

Fils

Les fils doivent toujours être solides et enroulés sur une bobine. S'il s'agit d'une bobine en bois sur laquelle le fil n'a pas bougé depuis que votre mère était jeune fille, ne l'utilisez surtout pas. Sa fonction est probablement plus esthétique que fonctionnelle.

Un bon fil est un fil résistant, relativement élastique, de calibre uniforme, dépourvu de toute imperfection (nœuds ou peluches) et adapté au tissu employé.

Évitez absolument les fils sans marque ou les bobines ridiculement petites (moins d'un tiers d'une bobine ordinaire) que l'on trouve souvent sous forme de kit, en compagnie d'épingles de sûreté miniatures et de deux ou trois petits boutons transparents. Ces fils, généralement de qualité inférieure et de grosseur irrégulière, se cassent ou s'emmêlent facilement.

En cas de doute sur le choix d'un fil, préférez toujours un fil en fibres naturelles, si possible de la même matière que celle du tissu (coton, soie ou laine).

En fonction des marques, les fils sont classés selon leur calibre ou poids, mais il n'y a pas de normes universelles. La taille des fils peut être exprimée en millimètres, en deniers ou en tex.

Lorsque vous choisissez la couleur d'un fil et que vous ne trouvez pas le coloris exact, optez pour une couleur un peu plus foncée que celle du tissu, car un fil paraît toujours plus clair seul que lorsqu'il est sur une bobine.

Si vous prévoyez de teindre l'article une fois qu'il sera achevé, la couture devra absorber autant de couleur que le tissu. Les fils à base de polyester resteront toujours plus clairs que le tissu une fois teints.

Le coton mercerisé est solide, légèrement brillant et adapté aux surpiqûres décoratives ainsi qu'aux travaux d'applications à la machine. Il se teint également très bien.

Les tissus d'ameublement doivent de préférence être cousus avec du fil spécial ameublement, durable et résistant, mais plus fin que le fil de surpiqûre.

Épais et solide, le fil de lin est idéal pour recoudre les boutons à la main. Il s'avère également utile pour les tissus épais comme la toile.

Le bâti (ou faufil) peut être fait avec n'importe quel fil fin, y compris du fil à surjet (voir pages 84-86 pour plus de détails sur le bâti).

À première vue, le fil à matelasser paraît très semblable aux fils standard, mais mieux vaut le réserver au matelassage plutôt qu'à la couture ordinaire.

Dés à coudre

Les dés ont une histoire aussi bien pratique que symbolique. D'après la légende, au début de l'époque coloniale américaine, alors que le port de bijoux s'apparentait à un péché aux yeux des puritains, on offrait un dé plutôt qu'une bague en témoignage d'amour éternel. Une fois les vœux du mariage officiellement échangés, la partie inférieure du dé était détachée pour former une alliance.

Autrefois, les dés étaient faits en os, en verre, en argent, en ivoire ou en porcelaine. La plupart des dés actuels sont en métal, en plastique ou en cuir.

Le dé n'est pas indispensable à tous les travaux de couture et, si vous n'en avez jamais utilisé avant, vous aurez peut-être du mal à vous y habituer. Une fois que vous en aurez trouvé un qui vous va parfaitement, gardez-le. Portez-le sur le majeur de votre main dominante afin de diriger et piquer l'aiguille lorsque vous brodez, matelassez, ou cousez des tissus très épais. Bien utilisé, le dé est un accessoire fort utile, qui permet d'accélérer le travail et de se protéger les doigts.

« Digitabuphile » est le titre (non officiel) donné à une personne collectionnant les dés.

Outils de coupe et accessoires

Comme la plupart des accessoires de couture, il existe une grande variété d'outils de coupe, mais quelques-uns seulement sont fondamentaux : une paire de ciseaux de couturière et une petite paire de ciseaux à broder (ou un coupe-fil). Mieux vaut opter pour la meilleure qualité que vous puissiez vous permettre. Si vous envisagez de faire beaucoup de patchwork, un matériel de coupe spécialisé, avec cutter rotatif, se révélera très pratique.

Ciseaux de couturière

La coupe est un exercice répétitif qui, à la longue, peut fatiguer la main et le poignet et, plus sérieusement, provoquer un syndrome du canal carpien. C'est pourquoi il est important de choisir des ciseaux les plus confortables possible et pas trop lourds à tenir. Ils existent en version pour droitiers ou pour gauchers.

Les ciseaux en acier trempé ou plaqués de titane fabriqués au Japon ou en Allemagne sont plus chers, mais d'excellente qualité. Ils minimisent la fatigue du poignet et durent relativement longtemps.

Des ciseaux de 20 à 22 cm de long du manche à la pointe des lames sont idéaux : ils glissent avec facilité et précision dans le tissu.

Une fois que vous aurez investi dans une bonne paire de ciseaux de couturière, ne les utilisez que pour le tissu. Gardez-les toujours à côté de vous et ne les prêtez à personne. Comme les bons couteaux de cuisine, les ciseaux doivent être rangés dans une boîte ou un étui en plastique ou en cuir lorsqu'ils ne sont pas utilisés. Le fait de couper accidentellement une épingle ou de les faire tomber peut endommager les lames, tandis que les utiliser pour couper du carton ou du papier les émoussera très rapidement.

Retirez les peluches des lames en les frottant avec un chiffon doux imbibé d'alcool à 90°.

N'essayez pas d'affûter vous-même vos ciseaux. Confiez-les à un professionnel dès que nécessaire.

Ciseaux à broder

Une petite paire de ciseaux pointus, à lames étroites et à pointes acérées, servira à couper les fils à broder, ainsi qu'à recouper les surplus de couture ou l'excédent de tissu des applications. Les ciseaux à broder étaient jadis joliment décorés et prenaient parfois la forme élégante d'une cigogne. Même avant de savoir quoi que ce soit sur la couture, je possédais une paire de ces ciseaux dans ma boîte à trésors.

Les ciseaux pélican sont des ciseaux de taille moyenne, spécifiquement conçus pour l'appliqué : ils permettent de couper l'excédent du tissu de dessus sans endommager le tissu de dessous.

Coupe-fil

Dans la liste des indispensables, le coupe-fil vient juste après la bonne paire de ciseaux.

Très courants et bon marché, généralement de couleur bleu marine ou dorée, les coupe-fil sont légers et simples à utiliser. Ils s'avèrent très pratiques pour couper les fils en cours de couture, ainsi que pour défaire les piqûres ou cranter les surplus des vêtements en cours d'essayage. Ils ne durent pas toute une vie, mais ils sont très peu coûteux et se remplacent facilement.

En raison de leur petite taille, ces accessoires s'égarent assez vite ; j'en conserve toujours plusieurs paires dans mon atelier, dont une que j'attache à ma machine avec une ficelle.

Les coupe-fil traditionnels sont plus lourds et paraissent plus robustes au creux de la main. Ils sont aussi plus chers, mais peuvent être réaffûtés (par un professionnel) si besoin, et voir ainsi leur durée de vie prolongée.

Cutters rotatifs et plaques de coupe

Les cutters rotatifs ressemblent un peu à une roulette à pizza ; ils sont extrêmement coupants et s'utilisent avec une plaque de coupe autocicatrisante. Utilisés improprement ou sans la plaque de coupe et la règle en plastique adéquates, les cutters rotatifs peuvent s'avérer très dangereux et provoquer de graves blessures. Gardez-les toujours hors de portée des enfants et des animaux domestiques.

Heureusement, ces cutters sont dotés d'une sécurité, qui dissimule la lame circulaire lorsqu'elle n'est pas utilisée. Assurez-vous de toujours bien mettre la sécurité après chaque utilisation. Certains cutters sont équipés d'un système de sécurité automatique qui se déclenche quand on tient le manche de l'outil ; ce sont les plus sûrs.

Rangez les plaques et les règles bien à plat et hors de la lumière directe du soleil, afin d'éviter toute déformation.

Les tissus difficiles à manier, comme les tricots qui roulent sur les bords, les doublures soyeuses et les voilages, ont tendance à glisser des lames de ciseaux. Du fait de la pression exercée, le cutter rotatif les empêche de se dérober. En outre, ne nécessitant aucun mouvement de coupe, ils sont moins fatigants à employer.

Les cutters rotatifs peuvent couper en ligne droite ou courbe, et sectionner plusieurs épaisseurs de tissu à la fois. On peut éventuellement fixer un guide réglable au manche du cutter afin d'ajouter précisément les surplus de couture au moment de couper.

Il est plus facile de couper droit lorsque le cutter rotatif est utilisé avec une règle de patchwork. Celle-ci est munie de bords épais qui servent de support au cutter ; elle empêche également la lame de glisser sur vos doigts ou au mauvais endroit du tissu. Le trio constitué du cutter rotatif, de la plaque de coupe et de la règle de patchwork est un moyen rapide et efficace de couper des pièces de patchwork et des lignes parfaitement droites, notamment pour confectionner du biais, des bandes de bord-côte ou du tissu pré-entoilé pour les ceintures.

Si vous passez accidentellement le cutter sur une épingle, cette partie de la lame sera endommagée et inefficace. Si vous utilisez le cutter sans une plaque de coupe adéquate, vous risquez d'émousser la lame et d'abîmer votre plan de travail. Épargnez-vous des frais de lames de rechange en travaillant toujours sur le bon type de plaque et en éliminant toutes les épingles susceptibles de vous gêner. Remplacez la lame régulièrement, car les lames émoussées nécessitent davantage de pression et risquent de ne pas couper toutes les épaisseurs.

Les plaques de coupe autocicatrisantes, quadrillées, sont très utiles pour mettre votre ouvrage d'équerre et couper très précisément plusieurs pièces de patchwork. Les angles sont également indiqués sur la plupart des plaques et des règles, afin d'aider à couper le tissu dans le biais.

Découd-vite

Les découd-vite sont de petits outils bon marché qui permettent de découdre rapidement toutes les piqûres, ainsi que le bâti lorsqu'on n'en a plus besoin.

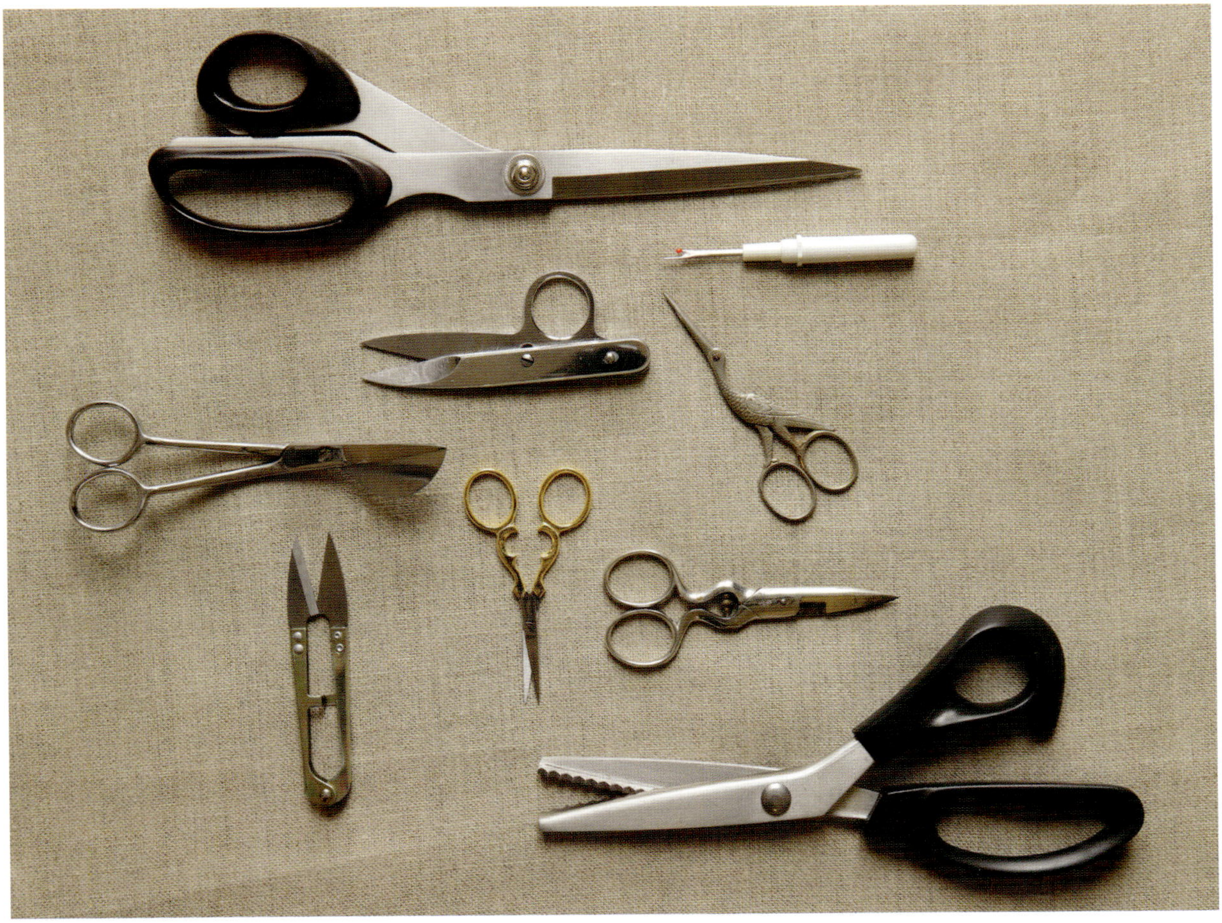

Dans le sens des aiguilles d'une montre, à partir du haut : ciseaux de couturière, découd-vite, ciseaux à broder « cigogne », ciseaux à broder, ciseaux cranteurs, ciseaux à broder décoratifs, coupe-fil, ciseaux pélican, coupe-fil traditionnel.

S'ils sont manipulés avec précaution, ils peuvent aussi servir à fendre le centre d'une boutonnière (voir la partie consacrée à l'ouverture des boutonnières, page 199).

Si vous devez choisir, optez pour un découd-vite de petite taille. Ils sont en effet généralement mieux affûtés et bien plus faciles à manier que les plus grands. N'oubliez pas de remettre le capuchon lorsque vous ne les utilisez pas.

Cutter à boutonnière

Semblable à un ciseau de sculpteur, cet outil sert à couper le tissu à l'intérieur d'une boutonnière (voir page 199).

Cutter rotatif, plaque autocicatrisante, règle de patchwork en plastique, gabarits de patchwork en plastique.

Outils de mesure

S'il est un outil de mesure que tout débutant devrait posséder, c'est le mètre ruban. Vous vous procurerez les autres au fil de vos progrès.

Mètre ruban

Un mètre ruban non rétractable est un outil indispensable pour prendre correctement les mensurations, mesurer les courbes sur les patrons (emmanchures et encolures, par exemple), dessiner des formes circulaires (comme des volants ou des jupes entièrement circulaires) et estimer les métrages. On peut aussi se procurer un mètre ruban rétractable (pratique à garder dans son sac à main) ou un mètre ruban extra-long (300 cm, soit le double d'un mètre ordinaire) pour les rideaux, patchworks et autres ouvrages de grande taille. Quel que soit le type choisi, veillez à ce qu'il soit souple, mais pas élastique ni gondolé.

Les mètres terminés par une bande de métal permettent de prendre les mesures d'entrejambe de manière plus discrète.

> Outil de base essentiel, le mètre ruban est utile à chaque étape de la confection d'un ouvrage : pour prendre vos mesures (voir p. 73 et 76-77), les adapter à votre patron (voir p. 69), rallonger ou raccourcir une pièce de patron (voir p. 71), réaliser de belles coutures arrondies (voir p. 116-118, 123, 152-156 et chapitre 11 sur les poches, les cols et les manches), mesurer et ajouter les surplus de couture, mesurer les ourlets (voir p. 156-166), obtenir les dimensions de l'ouvrage fini… D'autres outils plus perfectionnés pourront le remplacer à mesure que vous progresserez en couture, mais sachez que, si vous débutez, un mètre ruban souple, terminé par une bande de métal, vous sera d'un plus grand secours qu'une profusion de règles et d'équerres dont vous ne saurez que faire !

Prenez toujours vos mesures en commençant par le début du mètre. Je conçois que cela puisse vous paraître évident, mais l'erreur est vite commise et peut être très embarrassante. Il m'est arrivé de me tromper et de relever, pour une actrice très menue, des mensurations dignes d'une diva. Sa stupéfaction n'eut d'égale que ma propre mortification !

Règle plate graduée

Une règle transparente est très utile pour calculer, mesurer et marquer les surplus de couture sur les patrons, ainsi que pour tirer des traits à la craie sur les tissus et vêtements. Longues de 50 cm pour 5 cm de large, elles sont faites dans un plastique souple et fin, qui se casse facilement et peut se déformer sous les rayons du soleil (comme la plupart des instruments de mesure, d'ailleurs).

Règle pour patchwork

De même, les règles pour patchwork sont utiles pour marquer les lignes de surpiqûre sur les tissus, mais elles sont fabriquées dans un acrylique plus épais et plus résistant. Leur quadrillage millimétré facilite le marquage et la coupe à angle droit (90°) ; les angles à 45 et 60° sont également indiqués pour la découpe du biais ou autres pièces biseautées.

Si votre règle glisse trop sur le tissu, placez un morceau de vinyle transparent dessous.

Mètre de couturière

Les mètres métalliques servent à relever les mesures des ouvrages de grande envergure et à marquer de grandes longueurs de tissu.

Équerre de confection

Les équerres permettent d'obtenir de parfaits angles droits, notamment pour préparer et modifier les patrons, ajuster les ourlets et déterminer le droit-fil d'un tissu. Les équerres de confection sont généralement en plastique transparent léger.

Dans le sens des aiguilles d'une montre à partir d'en bas à gauche : règle graduée, règle plate en plastique, équerre en plastique, mètre ruban souple, couturomètre, rapporteur, mètre ruban à double système de mesure, mètre ruban rétractable.

Équerre ordinaire

À défaut de règle pour patchwork (relativement onéreuse), vous pouvez opter pour une équerre en plastique transparent, en vente dans les papeteries et magasins de fournitures de bureau. Les angles à 45, 60 et 90° servent à trouver le biais et à marquer les formes biseautées. (Ce type d'équerre ne doit être utilisé que pour prendre des mesures, en aucun cas comme support de cutter rotatif.)

Règles de couturière (mesure-ourlet)

Ces gadgets constituent un astucieux moyen de mesurer les surplus et les rentrés, de rabattre les ourlets et de marquer l'emplacement des boutonnières. Ils sont bon marché, amusants à utiliser et éminemment utiles. Les plus courants sont les couturomètres de 15 cm de long, dotés d'un curseur coulissant que l'on ajuste à la graduation voulue.

Matériel de marquage

Les outils de marquage permettent d'indiquer l'emplacement de certains repères de confection (pinces ou boutonnières, par exemple) sur le tissu. Ils servent aussi à transférer les motifs de broderie ou de matelassage. Certains fonctionnent avec une encre effaçable à l'eau ou à l'air ; d'autres laissent des marques que l'on peut facilement éliminer à la brosse ou au doigt ; d'autres encore laissent des traces permanentes.

Faites toujours un essai préalable sur une chute du tissu. Certains marqueurs étant plus adaptés que d'autres au tissu employé ou à l'ouvrage réalisé, veillez à en avoir plusieurs dans votre nécessaire. On peut aussi marquer les patrons avec du fil (voir pages 84-86).

Craie de tailleur

La craie de tailleur permet de dessiner les pièces de patron sur le tissu et d'indiquer les modifications à effectuer sur les vêtements en cours d'essayage ; elle s'enlève facilement par simple frottement ou à l'éponge légèrement humidifiée. On la trouve dans une vaste palette de formes (plate, ronde, triangulaire, rectangulaire) et de couleurs, et même en poudre.

La craie est un matériau très fragile, qui se casse quand on le fait tomber. Le fait de tracer des traits avec un bord émoussé nuira à la précision de votre travail ; choisissez toujours un bord bien affûté, ou bien utilisez la lame d'une paire de ciseaux bon marché pour aiguiser le bord de la craie.

La cire de tailleur sert à marquer provisoirement les lainages (avant de procéder au marquage par fil) ; elle disparaît sous la chaleur du fer à repasser. Elle se vend dans un nombre limité de couleurs.

Crayons de tailleur

Les crayons de tailleur possèdent des mines en craie de couleur (le plus souvent rose, bleue ou blanche) ; ils sont faciles à tailler et souvent munis d'une brosse à leur extrémité, destinée à éliminer les marques indésirables. Ils sont bon marché et aisément disponibles, mais leur mine a tendance à se briser facilement.

Marqueurs effaçables à l'eau

Ces feutres, généralement à encre bleue, sont particulièrement efficaces sur les voilages et tissus fins (à condition que ceux-ci ne soient pas uniquement lavables à sec). Ils servent aussi à tracer les motifs des surpiqûres décoratives (notamment pour les applications). Les traits s'effacent à l'éponge et à l'eau froide. Ne repassez jamais le tissu avant d'avoir ôté les marques, même si elles ont l'air d'avoir disparu, car elles subsisteraient de façon permanente. Vérifiez les instructions du fabricant avant d'utiliser ces marqueurs.

Marqueurs effaçables à l'air

Ces feutres, dont l'encre est souvent rose, violette ou blanche, fonctionnent sur la plupart des tissus. Là encore, faites un essai préalable sur une chute pour voir combien de temps l'encre met à disparaître. Cela peut prendre jusqu'à deux jours, moins si le temps est pluvieux ou si le climat est humide. Le repassage ravive les traits effacés.

Crayons Chinagraph

Plus gras que la craie de tailleur, ces crayons permettent de marquer les matériaux épais et stables comme le cuir et le vinyle. Ils existent dans divers coloris et s'achètent dans les magasins de fournitures pour artistes ou de bureau.

Pour marquer les tissus de poids moyen et à trame serrée, je préfère les crayons à mine rétractable, tel le portemine ultra-fin (0,7 mm) de la marque Clover (on peut aussi les munir d'une mine de graphite pour dessiner les patrons). Ils forment des traits très fins et bien nets, très utiles pour couper avec précision.

Arrière-plan : papier carbone de couturière dans divers coloris. En haut : blocs et bâtons de craie de tailleur dans différentes couleurs, et craie de tailleur en poudre. En bas : trois roulettes à patron, crayon de tailleur avec brosse en plastique, portemine à recharge, crayon Chinagraph, marqueur effaçable à l'eau, marqueur à encre blanche, marqueur effaçable à l'air.

WHAT NEEDLE
60/8
70/10
75/11
80/12
90/14
100/16
110/18
Special
Ball Point
Stretch
Universal
Jeans
Embroidery
Metallic
Quilting
Special
SEWING GAUGE
COLLAR POINTER
$2.05
& CORSET HOOKS
6 Sets
Sandra
Extra Long
Quilting Pins
(150 pins in plastic box)
EMBROIDERY/CREWELS
16
Sharps
15 needles
CLOVER MFG.CO.
FINEST
SILVER EYED
SHARPS
SNAP FASTENERS
Brass Rustless
Nickel 15mm

Papier carbone et roulette à patron

L'étrange roue à dents-de-scie de la roulette à patron me fait toujours penser à un éperon de cow-boy. Il en existe des versions moins agressives, à roues festonnées ou lisses, mais tout aussi efficaces.

Les roulettes peuvent s'utiliser avec du papier carbone de couturière pour transférer des informations de construction – surplus de couture, emplacement des plis, rentrés, pinces et garnitures – du patron au tissu. Choisissez un papier carbone dont la couleur ressortira bien sur le tissu. Les couleurs pâles comme le jaune clair sont préférables sur les tissus blancs ou crème.

Une fois que vous aurez découpé les pièces de tissu et avant de retirer les patrons, placez deux feuilles de papier carbone entre les deux épaisseurs de tissu, à l'endroit où vous devez les marquer, les faces colorées contre l'envers des tissus. Passez la roulette sur les lignes afin de reporter l'indication sur le tissu. Vérifiez que les lignes sont bien marquées avant de retirer le patron.

L'utilisation combinée de la roulette et du papier carbone pour transférer les indications du patron allège un peu le travail. Les lignes ainsi marquées réduisent le besoin de se référer au patron en cours de couture, elles améliorent la précision des piqûres et facilitent les retouches. Les roulettes servent aussi à dupliquer des pièces de patron originales, qu'il s'agisse de pièces en papier ou de pièces d'un vêtement existant.

Les roulettes laissant des marques sur toute surface molle, utilisez une plaque de coupe autocicatrisante sous le tissu afin de protéger votre surface de travail. Le report d'indications à la roulette convient à la plupart des tissus fermes, de poids moyen à lourd (mais pas aux dentelles et tissus légers ou voilages)..

Papier à patron

Les débutantes, ou celles qui ne cousent qu'à partir de patrons du commerce, peuvent se passer de papier à patron, mais celui-ci est utile lorsque l'on veut décalquer un patron existant, dessiner son propre patron ou en créer un à partir d'un vêtement.

Plus le papier est large, mieux c'est. Les rouleaux de papier à patron professionnels ont généralement entre 112 et 160 cm de largeur. Le papier est brun, blanc ou à pointillés et peut s'acheter dans les magasins de tissus.

Les fournisseurs de résidus industriels vendent parfois des rouleaux de papier bon marché. On peut aussi utiliser des feuilles de papier journal ou du papier de boucher, pour un prix dérisoire. Une autre solution sensée et économique consiste à utiliser du non-tissé léger et non thermocollant en guise de papier à patron.

Solutions de rangement

La couture, même au niveau le plus élémentaire, peut nécessiter un grand nombre d'outils et accessoires, dont beaucoup sont de petite taille et faciles à égarer. Bien ranger votre matériel, notamment par catégories et familles, vous facilitera grandement la tâche.

Nécessaire à couture

Le choix de la boîte dans laquelle vous rangez vos petits articles de couture relève du goût de chacun. Il peut s'agir d'une grande boîte à crayons ou d'un panier, mais aussi d'une boîte de fer-blanc, d'un coffret sur roulettes ou d'une boîte à compartiments escamotables.

Les nécessaires à couture que je préfère sont ceux qui ont une histoire. Ma mère, par exemple, utilise une vieille boîte à pharmacie japonaise pour ranger ses affaires de couture. Son père, médecin en Papouasie-Nouvelle-Guinée durant la Première Guerre mondiale, se l'était procurée après la capitulation japonaise en 1945.

Une boîte à matériel de pêche peut faire un bon nécessaire à couture, à condition qu'elle n'ait jamais été utilisée pour sa vocation première ! Chaque article a son compartiment et les modèles dépliables permettent de ranger chaque objet de manière très pratique.

Divers

Une table, une chaise et un bon éclairage sont trois éléments indispensables à la pratique de la couture.

Table de coupe

Quel que soit le type de coupe, vous aurez besoin d'un grand plan de travail à bords lisses ou biseautés, afin que le tissu ne s'y accroche pas. La hauteur idéale d'une table de coupe se situe juste au-dessus du niveau de la taille (de telle sorte que vos coudes soient perpendiculaires à la surface), et elle doit être beaucoup plus large que votre tissu afin que vous puissiez tourner autour pendant la coupe.

En deuxième position après la table sur mesure vient la planche à tréteaux, faite dans un bois laminé (ou dans une porte en bois d'occasion). Vérifiez que le plan de travail est bien fixé aux tréteaux par en dessous, ou solidement calé à l'angle de la pièce (ou les deux, idéalement) afin que la surface soit stable, mais facile à démonter si nécessaire.

Les tables de cuisine ne sont pas ergonomiquement adaptées à la position debout, mais elles sont de loin préférables au sol pour découper le tissu. Elles conviennent si vous pouvez vous asseoir en même temps que vous coupez. Si vous coupez un épais rouleau de tissu, placez la table contre le mur et posez un poids à côté du rouleau afin de l'empêcher de se dérouler et d'entraîner votre tissu dans sa chute.

De petites boîtes pour les menus objets et des boîtes à aiguilles anciennes donnent du cachet au nécessaire à couture.

À l'exception des pièces de très grandes dimensions, évitez autant que possible de couper à même le sol. C'est très mauvais pour le dos et cela risque de rendre votre travail particulièrement pénible.

Chaise adaptée à la couture

Pourquoi ne pas vous installer confortablement pendant que vous faites de la couture ? La tâche n'en sera que plus agréable. Il est en tout cas indispensable de songer à l'ergonomie lorsque vous choisissez un siège pour vos travaux de couture, car mieux vaut prévenir que guérir. La fortune que j'ai dépensée en séances de kiné pour soulager un cou, des épaules ou un dos douloureux peut à elle seule justifier cette démarche.

Lorsque vous êtes assise, vous devez vous tenir droite, mais rester détendue. Vos cuisses doivent être parallèles au sol et former un angle droit avec les jambes ; vos pieds doivent être à plat au sol et vos avant-bras et poignets confortablement posés sur le plan de travail.

Les chaises à hauteur réglable et soutien lombaire permettent de travailler confortablement sans fatiguer le dos ou le cou. La présence d'accoudoirs, en revanche, peut s'avérer plus nuisible qu'utile. Vos épaules doivent être détendues lorsque vous piquez à la machine.

Si vous optez pour une chaise à roulettes, vérifiez régulièrement que celles-ci ne sont pas bloquées par des fils ou chutes de tissu.

Pour bien choisir votre chaise, privilégiez :

- un siège à hauteur réglable et à dossier inclinable
- un dossier réglable perpendiculaire au sol
- un rembourrage sur l'assise et le dossier pour un confort optimal
- un rembourrage au niveau de la zone lombaire
- une base stable
- une bonne manœuvrabilité, vous permettant d'être aussi près que possible de la machine.

Même le meilleur siège du monde ne vous empêchera pas de vous sentir raide ou ankylosée au bout d'une longue séance de couture. Quel que soit votre degré de concentration, n'oubliez pas de faire des pauses régulières. Ne tombez pas dans le piège consistant à vous accorder une pause « dès que j'en aurai fini avec ce petit truc ». Ces « petits trucs », en effet, ont une durée très élastique qui finit par vous prendre beaucoup plus de temps que prévu, en particulier lorsque vous êtes proche de la ligne d'arrivée. Prenez le temps de vous extraire de la machine, de vous étirer, de marcher un peu et de vous rafraîchir, afin d'avoir l'énergie suffisante pour terminer correctement le « petit truc » en question.

Bon éclairage

Il n'est pas étonnant que les tailleurs et couturiers portent si souvent des lunettes. Un travail continu et méticuleux sur des tissus noirs ou de couleur foncée peut avoir raison de la meilleure des visions.

Évitez la fatigue oculaire en travaillant si possible à la lumière du jour, ou avec un bon éclairage zénithal et la lumière de votre machine. Une lampe de bureau réglable est une excellente façon d'obtenir un bon éclairage. Si vous préférez effectuer vos travaux de couture manuelle dans un fauteuil plutôt que devant votre machine, prévoyez une lampe pliante facilement transportable. Vous pourrez la placer de façon à obtenir le meilleur éclairage possible sur votre ouvrage et éviter de vous fatiguer les yeux.

Distinguer les tissus blancs, blanc cassé, crème, blanc perle et ivoire peut s'avérer très difficile ; le mieux est de les exposer à la lumière du jour pour les comparer. Trouver un fil assorti à une étoffe noire peut se révéler également ardu sous un mauvais éclairage. Là encore, la lumière du jour vous permettra de faire la différence entre du bleu marine, du gris anthracite et du vrai noir.

Il existe des lampes qui imitent la lumière du jour et permettent de bien distinguer les couleurs à assortir, sans fatigue excessive. Si vous cousez beaucoup la nuit, envisagez d'en acheter.

Pendant la Première Guerre mondiale, les soldats français disposaient d'un nécessaire à couture pour réparer leurs uniformes. Il était composé de bobines de fil, d'une trousse à boutons, de ciseaux à bouts ronds, de bobines en buis se dévissant et contenant des aiguilles, d'un dé à coudre et d'écheveaux de fil de différentes nuances, ainsi que d'une paire de lacets de rechange.

Repassage

Le repassage ordinaire sert à éliminer les plis et froissements des vêtements fraîchement lavés et il s'exécute en faisant glisser le fer sur le tissu.

En couture, on se contente de poser brièvement le fer sur le tissu et de le relever sans le faire glisser. Souvent, on n'utilise que la pointe du fer, que l'on applique sur l'envers du tissu. Le repassage est une étape très fréquente dans l'élaboration d'un vêtement ou de tout autre ouvrage ; il sert à préparer les parties à piquer, ainsi qu'à ouvrir les coutures avant qu'elles ne se croisent.

Le b.a.-ba du repassage

Évitez de repasser les épingles et les fils de bâti, qui pourraient laisser des empreintes permanentes sur le tissu (et les épingles à tête en plastique peuvent fondre.) Appliquez légèrement le fer, sachant que l'ouvrage aura peut-être besoin d'être modifié ultérieurement. Moulez les coutures courbes et les formes arrondies, comme celles que forment les pinces du buste, sur un coussinet de repassage. Utilisez l'extrémité d'un coussin pour manches pour les parties étroites.

Le repassage final s'exécute une fois les essayages terminés. Appliquez de la vapeur lorsque la matière le permet, et utilisez une pattemouille si vous devez repasser sur l'endroit du tissu. Pour les lainages, le lin et toutes les étoffes non adaptées au repassage vapeur, servez-vous d'une pattemouille imprégnée d'un produit spécial. Pour les tissus délicats et les motifs appliqués, vous pouvez intercaler du papier sulfurisé entre le fer et le tissu.

Si l'ouvrage nécessite des bords nets et durables (comme les plis d'un pantalon à pinces), faites tenir les plis en trempant une pattemouille dans une solution constituée d'un volume d'eau pour un volume de vinaigre blanc distillé.

Matériel de repassage

Fer à repasser

Plus votre matériel sera de qualité, plus vous le trouverez facile à utiliser. Inutile de dépenser des fortunes dans un fer, mais sachez que la qualité est proportionnelle au prix. Mieux vaut donc investir dans une marque connue. Un bon fer doit :

- avoir une molette réglable indiquant clairement les différents niveaux de température
- avoir une fonction à sec et une fonction vapeur
- pouvoir pulvériser de l'eau
- disposer d'une fenêtre au niveau du réservoir d'eau, afin de savoir quand il a besoin d'être rempli
- avoir une semelle toujours parfaitement propre et lisse (si possible antiadhésive)
- ne pas être trop lourd
- avoir une fonction autonettoyante.

Le fait d'utiliser de l'eau déminéralisée prolongera considérablement la durée de vie de votre fer. Sinon, des sédiments brunâtres provenant de l'eau ordinaire s'accumulent à l'intérieur et risquent de se répandre sur votre ouvrage.

Ne laissez pas de récipient plein d'eau à proximité du fer, car il pourrait facilement se renverser et imbiber tout votre ouvrage.

Utilisez toujours votre fer avec prudence, car il est très facile de se brûler avec la vapeur, ce qui est loin d'être agréable. En outre, les taches de brûlure sur les tissus sont indélébiles. Votre fer doit :

- ne jamais être posé près du bord de la planche
- rester hors de portée des enfants
- avoir une prise en parfait état et un fil non emmêlé.

Planche à repasser

La surface de votre planche à repasser doit être large, uniforme, propre et rembourrée, sans aucune trace collante (laissée par l'entoilage thermocollant, par exemple). Les revêtements en Téflon réfléchissent la chaleur, ce qui les rend propices au repassage, mais je préfère les housses en coutil épais ou en laine, qui absorbent la chaleur et conviennent mieux à la couture.

La fonction première du rembourrage des planches à repasser est de protéger les tissus que l'on repasse, mais il peut aussi faire office de troisième main – une surface sur laquelle on peut piquer pour bien préparer les fronces d'un volant, par exemple.

Les pieds de la planche doivent être solides, stables et réglables à la hauteur qui vous convient le mieux.

Les matelas à repasser de voyage (souvent revêtus de Téflon) sont des surfaces de repassage que l'on peut étendre sur une table ou un lit et que l'on roule à la manière d'une couverture. Elles sont utiles lorsque vous avez besoin de repasser un ouvrage de grande taille, comme un patchwork, ou lorsque vous envisagez de faire un peu de couture pendant les vacances.

Pattemouilles et protège-semelle

La chaleur d'un fer pouvant laisser des traces de brûlure ou faire fondre les synthétiques, mieux vaut utiliser une pattemouille sur ce genre de tissus, ou équiper la semelle d'un revêtement protecteur. Les pattemouilles en coton traité conviennent aux lainages de confection, ainsi qu'au lin, aux étoffes plissées et à certains tissus spéciaux. Un grand rectangle d'organza (de soie, pas synthétique) pourra faciliter le repassage des ouvrages délicats. Sa transparence permet également de voir l'ouvrage en dessous, et de réajuster, par exemple, l'emplacement d'une passementerie. Le papier sulfurisé, également translucide, peut aussi faire l'affaire.

Il n'y a rien de pire que de trouver des taches collantes sur sa planche à repasser ; si vous devez utiliser de l'entoilage thermocollant, couvrez votre housse et votre ouvrage de papier ou d'un matériau lavable bon marché (calicot prélavé, par exemple).

Coussinets de repassage

Vous êtes-vous jamais demandé comment repasser efficacement une courbe sans l'aplatir, ou comment atteindre les parties les plus étroites d'un ouvrage ? La solution réside dans l'utilisation de coussinets de repassage. Ces petits coussins d'une drôle de forme, à mi-chemin entre l'œuf et le jambonneau, sont recouverts de tissu et rembourrés de sciure ou de laine.

Le coussin pour les manches, quant à lui, est de forme tubulaire. On le glisse à l'intérieur d'une manche, de sorte que l'emmanchure se repasse sans former de plis disgracieux sur le tissu de dessous.

Si vous ne possédez aucun de ces accessoires, vous pouvez confectionner quelque chose d'approchant, par exemple en enroulant une petite serviette autour d'un rouleau de papier journal. Il existe aussi des coussinets plus mous et plus pliables, que l'on insère – avec la main ou à l'extrémité d'une jeannette – dans les parties difficilement accessibles d'un vêtement.

Jeannettes

Les jeannettes possèdent une surface plane et ferme, semblable à celle d'une planche à repasser, mais légèrement effilée, de façon à pouvoir repasser les manches et autres éléments étroits sans faire de faux plis sur le tissu de dessous.

En haut : jeannette. Au milieu : coussinet mou, coussinet ferme, récipient à eau et fer à repasser. En bas : coussinet pour manches, pattemouille, papier sulfurisé.

mem
mem
BSR
A
clr

3
machines à coudre

- Choisir une machine
- Connaître sa machine
- Accessoires
- Dépannage
- Surjeteuses

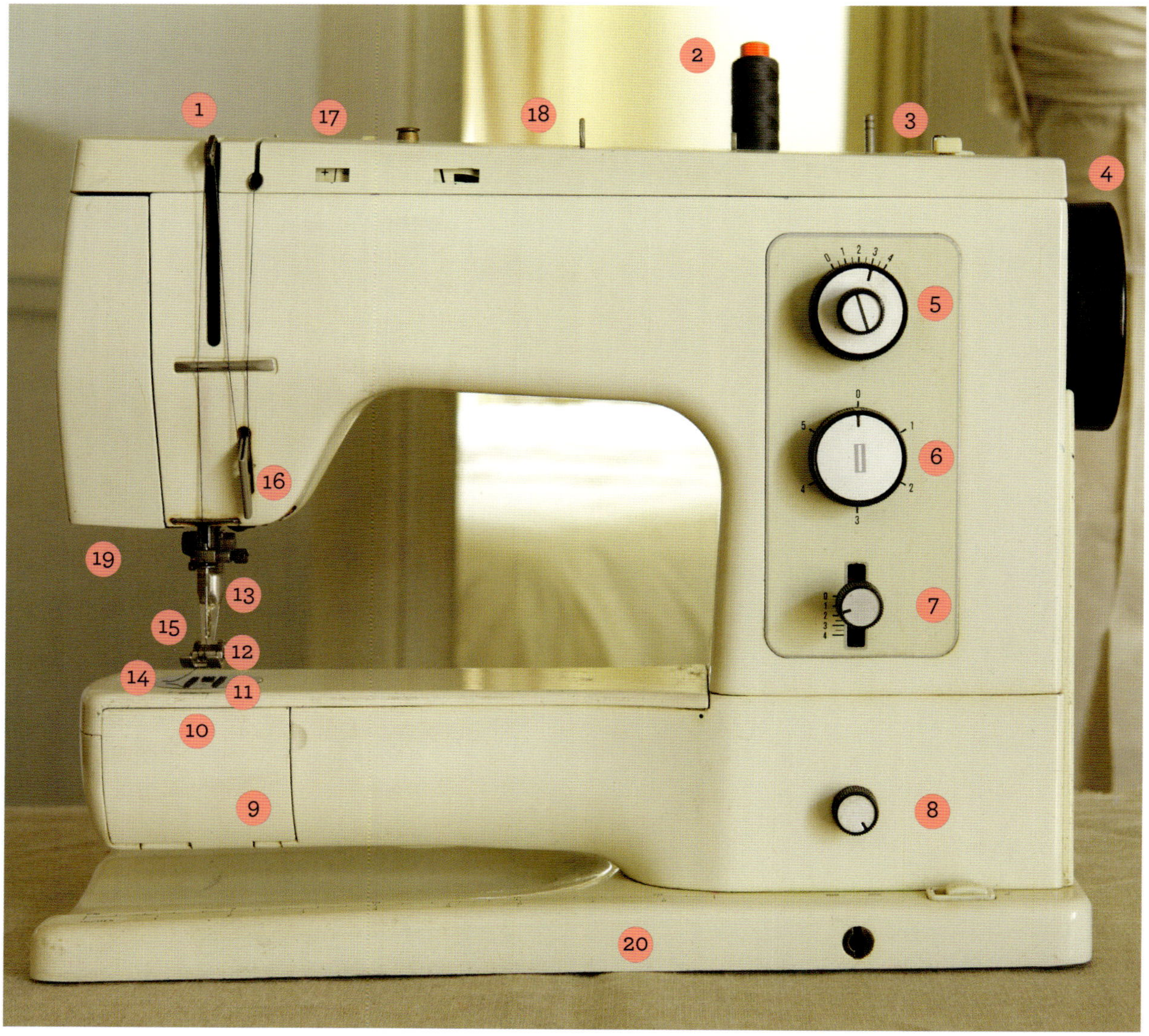

1. Releveur de fil
2. Porte-bobine
3. Dévidoir
4. Volant
5. Sélecteur de largeur de points ; la petite molette centrale sélectionne la position de l'aiguille
6. Molette pour boutonnière
7. Sélecteur de longueur de points et marche arrière
8. Débrayage des griffes d'entraînement
9. Logement de la canette
10. Canette et porte-canette (sous la plaque à aiguille)
11. Plaque à aiguille
12. Pied presseur (ou pied-de-biche)
13. Serre-aiguille et aiguille
14. Griffes d'entraînement
15. Tige
16. Guide-fil
17. Indicateur et régulateur de tension
18. Sélecteur de points (avec points décoratifs)
19. Lumière
20. Base

REMARQUE : consultez le manuel de votre machine pour de plus amples informations.

AU XIXe SIÈCLE, PLUSIEURS ESSAIS FURENT ENTREPRIS POUR INVENTER UNE MACHINE QUI POURRAIT IMITER LA COUTURE À LA MAIN. ELIAS HOWE FUT LE PREMIER À BREVETER UN MODÈLE OPÉRANT DE MACHINE À COUDRE. DANS LES ANNÉES 1850, ISAAC SINGER CONSTRUISIT LA PREMIÈRE MACHINE À COUDRE COMMERCIALISABLE DOTÉE D'UN MOUVEMENT D'AIGUILLE VERTICAL DE VA-ET-VIENT.

Choisir une machine

Le choix d'une marque et d'un modèle de machine à coudre dépendra du type de machine que vous avez éventuellement utilisé auparavant, du type d'ouvrage que vous souhaitez confectionner et du budget que vous voulez lui allouer. Si vous êtes débutante, mieux vaut opter pour une machine de prix intermédiaire.

Il est toujours utile de faire un peu de recherche préalable. Parlez à d'autres utilisatrices, consultez les livres et les magazines, recherchez sur Internet, dans les salons ou dans les magasins, et comparez toujours les prix d'un revendeur à l'autre. Enfin, comme pour n'importe quoi d'autre, essayez avant d'acheter.

Prenez le temps de vous rendre dans un magasin proposant le modèle que vous désirez. Repérez le vendeur qui vous paraît le plus patient et demandez-lui de vous expliquer et de vous montrer les différentes caractéristiques et accessoires de votre machine, puis emportez-la si possible pour effectuer un essai chez vous.

Expérimentez différents tissus, changez de pied-de-biche et de points, réglez la tension, remplissez une canette et amusez-vous à découvrir les différentes fonctions de la machine. La connaissance est bénéfique, rassurante et essentielle ; contrairement à l'univers de l'informatique, il n'existe pas d'aide en ligne qui vous permette de suivre pas à pas des explications techniques à toute heure du jour ou de la nuit.

L'achat d'une machine neuve auprès d'un revendeur de renom offre l'avantage de permettre de bénéficier d'une garantie ainsi que d'un contact sûr pour tout accessoire ou pièces détachées que vous souhaiteriez acquérir ultérieurement.

Les machines à coudre très bon marché qui ne proposent que du point droit et tiennent dans un sac à dos ne valent pas grand-chose. Mieux vaut dépenser votre argent pour quelques bobines de fil de bonne qualité que pour une machine bas de gamme qui ne peut piquer plusieurs épaisseurs, émet un bruit suspect et ne permet pas de choisir entre différents points. Optimisez vos chances de réussite en investissant dans un modèle fiable.

La plupart des machines modernes sont plus légères que dans le passé, et les modèles électroniques vous offrent une myriade d'options, y compris de la broderie fantaisie. Elles sont également très chères et pas nécessairement idéales pour les débutantes. Un jour, lorsque j'aurai envie de dépenser une somme extravagante dans une machine électronique dont les capacités dépasseront mon imagination, je m'en offrirai peut-être une.

Mes machines à coudre préférées sont les anciens modèles métalliques Bernina, créés bien avant l'ère de

Neuve ou ancienne, une bonne machine à coudre doit :

- être robuste
- produire un point régulier (en avant comme en arrière)
- proposer plusieurs types de points
- entraîner le tissu de manière fluide sous le pied-de-biche
- produire une boutonnière bien construite
- émettre un doux ronronnement pendant que vous travaillez
- être adaptée à votre niveau d'expérience.

l'informatique. Ces machines sont simples d'utilisation, fiables, polyvalentes, et leurs pièces détachées sont faciles à trouver. Leurs propriétaires les gardent généralement toute leur vie, ce qui explique pourquoi ces modèles sont si rares sur le marché de l'occasion.

Tant que vous savez ce que vous cherchez, les machines d'occasion bien entretenues peuvent constituer d'excellentes affaires.

Connaître sa machine

Cela peut paraître évident, mais le meilleur moyen d'obtenir le maximum de votre machine est de bien la connaître. Les machines neuves s'achètent toujours avec un manuel ; les manuels pour les machines d'occasion, ou pour celles et ceux qui les auraient perdus, sont disponibles sur Internet ou auprès d'un revendeur.

Installation du fil

Quel que soit le modèle ou la marque de votre machine à coudre, les préparatifs sont à peu près les mêmes. Certaines machines ont le porte-bobine en position horizontale (souvent avec un support facultatif pour maintenir la bobine à la verticale), tandis que d'autres soutiennent la bobine verticalement. Même si les principes sont les mêmes, il n'est pas possible ici de donner des instructions applicables à toutes les machines ; référez-vous à votre manuel d'utilisation. Toutefois, il existe quelques éléments à vérifier. Assurez-vous :

- de ne pas tenir compte du dévidoir lorsque vous installez le fil
- que le fil passe bien par chaque disque, fente ou boucle indiqués sur le manuel
- que le fil passe bien lorsqu'on le tire dans les disques de tension
- de faire un essai avant d'enfiler l'aiguille : le fil doit glisser de manière fluide (Sinon, ou s'il vous semble trop serré ou trop lâche, c'est que vous avez dû sauter une étape. Défaites-le complètement et recommencez.)
- que le fil ne s'enroule pas autour de l'aiguille lorsque vous l'enfilez de l'avant vers l'arrière.

Canettes

Les machines à coudre fonctionnent avec deux sources de fil : la bobine principale, située en haut de la machine, et la canette (une petite bobine de plastique ou de métal), située en bas. La canette doit être préalablement remplie avec le fil de la bobine principale. Il est conseillé d'avoir un bon stock de canettes pour chaque coloris de fil utilisé, ainsi qu'un range-canettes dans lequel les placer de manière visible.

Évitez d'enrouler du fil sur une canette déjà remplie. De nombreux fabricants vous donneront ce conseil, et même s'ils ne le font pas, sachez qu'il est particulièrement irritant d'arriver à la fin d'une canette et de se rendre compte que l'aiguille a pris l'extrémité d'un fil d'une autre couleur qui était en dessous.

Selon la marque de votre machine, les canettes sont en position horizontale (chargement par le haut) et se logent alors directement dans un porte-canette fixe, ou bien en position verticale (chargement par le devant) et s'insèrent dans un porte-canettes amovible.

Dans la plupart des cas, le remplissage de la canette nécessite de défaire le fil supérieur jusqu'à la bobine, de l'enrouler autour de l'axe de la canette, puis de la canette elle-même une fois qu'elle est placée sur le dévidoir. La plupart des modèles récents embobinent automatiquement la canette une fois le dévidoir enclenché (en le poussant vers le bas ou latéralement). Pour embobiner la canette sur les machines plus anciennes, il faut débloquer (en tournant dans le sens contraire des aiguilles d'une montre) la partie intérieure du volant, puis appuyer sur la pédale. Pour reprendre la couture, remettez la canette dans le porte-canette et réenclenchez le volant (dans le sens des aiguilles d'une montre).

Aiguilles pour machine à coudre

Les aiguilles pour machine à coudre sont munies d'un talon, plat sur un côté et arrondi de l'autre. La partie plate du talon comporte une petite rainure au-dessus du chas, que l'on place vers l'arrière de la machine. L'avant de l'aiguille est donc arrondi et, sous le talon, une rainure court jusqu'au chas, par lequel on fait passer le fil.

Pour changer l'aiguille, dévissez la vis située près de l'aiguille, retirez la vieille aiguille et insérez la neuve dans le serre-aiguille, puis revissez. Les côtés plat et bombé du talon vous aideront à l'installer dans le bon sens.

Les différents types d'aiguilles

Les aiguilles pour machine à coudre sont interchangeables d'une machine à l'autre, mais il est préférable de s'en tenir à la marque d'origine, fournie avec la machine. Les marques de machine à coudre européennes, comme Bernina, Pfaff, Husqvarna, Viking et Elna, ont tendance à utiliser des aiguilles allemandes (Schmetz, par exemple). Les autres marques connues, telles Singer et Janome, ont leurs propres aiguilles, mais celles-ci sont interchangeables.

Les principales marques d'aiguilles sont Schmetz et Klasse (toutes deux allemandes), ainsi qu'Organ (japonaise). Certaines marques se distinguent par leurs talons colorés, selon le type d'aiguille. Évitez toute confusion de taille et de type en rangeant les aiguilles dans leur paquet d'origine une fois la couture terminée. Pour mieux faire la différence entre les divers types, je marque le talon des aiguilles à pointe bille et des aiguilles Stretch au marqueur permanent.

Avec le temps, les aiguilles s'émoussent, se tordent ou se cassent. Le fait de coudre avec une aiguille émoussée abîme le tissu et peut être à l'origine de points manqués. Changez régulièrement l'aiguille de votre machine (idéalement, au bout de huit heures de piqûre) pour éviter ce problème.

Les différents types d'aiguilles conviennent à divers tissus et se déclinent dans une large gamme de tailles (voir tableau, page suivante), ce qui vous permet de choisir l'aiguille adaptée à votre ouvrage. Les principaux types d'aiguilles sont décrits ci-dessous.

Aiguilles universelles Elles conviennent à toutes les machines à coudre domestiques et se terminent par une petite pointe bille, adaptée aux textiles tissés ou tricotés. Elles sont adaptées à diverses sortes de tissus – sergés, flanelles, lins, rayonnes ou mousselines.

Aiguilles Microtex Un paquet d'aiguilles Microtex devrait toujours figurer dans votre assortiment d'aiguilles pour machine. Leur pointe extra-fine, en effet, perce facilement les tissus, sans tirer ni accrocher les fibres. Elles produisent des points parfaitement réguliers, tout à fait propices aux surpiqûres décoratives. Les aiguilles Microtex conviennent à tous les textiles tissés, qu'ils soient légers (mousseline), de poids moyen (satin) ou lourds (y compris la suédine), à condition d'utiliser une taille appropriée au tissu.

Aiguilles à pointe bille Elles ressemblent à des aiguilles ordinaires, mais possèdent une pointe légèrement arrondie qui fait s'écarter les fibres. Ces

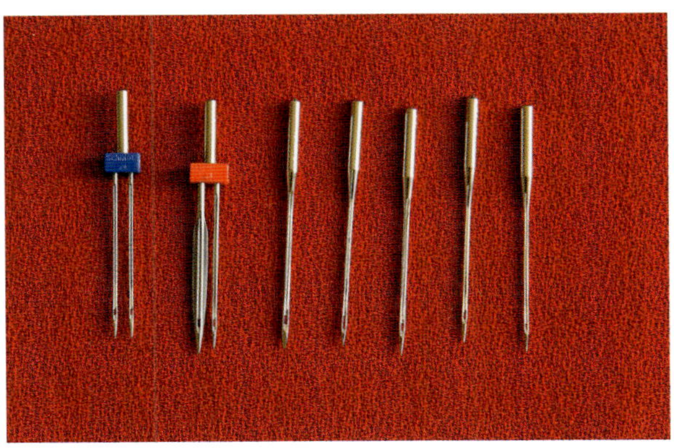

Aiguilles double, double lancéolée, pour cuir (100), pour fil métallique (80), Microtex (90), à pointe bille (80), universelle (70).

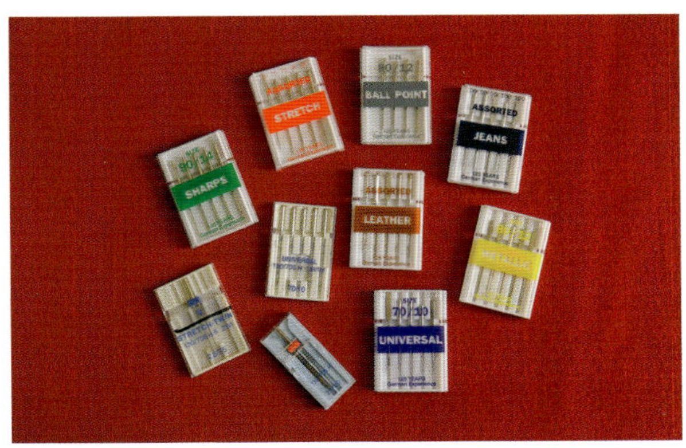

Constituez-vous un assortiment d'aiguilles pour machine afin de pouvoir piquer les différents tissus que vous pourriez utiliser.

TAILLE DES AIGUILLES POUR MACHINE À COUDRE

Taille d'aiguille	Usage et compatibilité des tissus
60	Voilages, mousseline, organza, georgette, étamine, dentelles très fines
70 75	Tissus fins, soies et lins légers, voile, doublures synthétiques, tulle
80	La plupart des tissus de confection et de patchwork à trame stable, cotons et polycotons, lainages légers, soies, taffetas
90	Tissus lourds et résistants, comme le coutil, le feutre, le sergé, la toile à matelas, l'étoffe pour costume, certaines étoffes à rideaux, la suédine, les tissus renforcés d'entoilage
100	Tissus d'ameublement, textiles tissés très serré ou denses, tissus matelassés, denims, gabardine, étoffe pour costume épaisse, toile, toile de jute, cuir et suède de poids moyen, damassé, feutre épais
110 120	Tissus très denses, comme la toile épaisse ou le cuir/suède lourd

aiguilles s'utilisent sur le velours extensible, les jerseys, les tissus pour lingerie, les étoffes tricotées (simple, double fil ou coton), la laine polaire, l'interlock et les tissus côtelés. Sur ces textiles, des aiguilles standard perceraient les fibres, ce qui provoquerait des trous visibles sur votre ouvrage.

Aiguilles Stretch Si vous utilisez une aiguille ordinaire pour coudre de l'élastique, des tricots à mailles très extensibles ou des tissus comme le Lycra, vous obtiendrez des points irréguliers et sautés. Les aiguilles Stretch ont une gorge (rainure arrière au-dessus du chas) de forme différente, qui pallie ce problème.

Aiguilles pour cuir Plus épaisses que les aiguilles ordinaires, elles ont une pointe biseautée qui pénètre sans déchirer la surface. Les aiguilles pour cuir peuvent également coudre le plastique, le suède, les vinyles et les imitations fourrure. Elles existent dans une vaste gamme de tailles ; choisissez-les en fonction de l'épaisseur du tissu employé.

Aiguilles à jean Aiguilles très solides, à pointe acérée et à large chas, utilisées pour coudre le denim et autres tissus lourds (plus le chas est gros, plus vous pouvez utiliser un fil épais).

Aiguilles doubles (ou jumelées) Il s'agit de deux aiguilles rattachées au même talon. Leur taille dépend de l'écartement des deux aiguilles (indiqué en millimètres). Ces aiguilles s'utilisent avec deux bobines de fil sur le dessus de la machine afin de créer des doubles lignes de surpiqûres décoratives et de nervures. Elles peuvent être de type universel, pour jean ou pour broderie, ainsi qu'à pointe bille pour les tissus Stretch. Sur les ourlets élastiques, les aiguilles doubles à pointe bille imitent le point produit par les surjeteuses industrielles.

Aiguilles à quilter Les aiguilles ordinaires ne piquent pas toujours très bien les différentes épaisseurs de tissu et de molleton utilisées dans le matelassage, c'est pourquoi il vaut mieux investir dans un paquet d'aiguilles à quilter si vous comptez vous adonner à cette activité. Le solide talon et la pointe effilée de ces aiguilles percent sans difficulté les grosses épaisseurs.

Aiguilles pour fil métallique Si vous avez déjà essayé de piquer avec du fil métallique, et constaté que celui-ci se cassait tout le temps, ces aiguilles revêtues de Téflon ou de nickel, qui réduit la friction sur les fils les plus fragiles (métalliques ou en polymère invisible), sont la solution. Leur talon se dote d'une large rainure qui laisse passer le fil de manière fluide.

Aiguilles pour fil à broder Ces aiguilles plaquées nickel ont un chas plus gros, qui permet au fil à broder de passer sans peine dans l'aiguille lorsque vous piquez à grande vitesse.

Les tailles d'aiguilles

La taille des aiguilles correspond à la largeur de la pointe. Des informations microscopiques de taille et de code sont lisibles – à la loupe, ou à l'œil nu avec une excellente vue – sur la partie arrondie du talon.

Les aiguilles pour machine à coudre s'achètent par paquets d'une seule taille, ou par paquets de tailles assorties, plus utiles lorsque vous débutez ou ne savez pas exactement quel tissu choisir pour votre ouvrage. Certains paquets comprennent un petit guide sur les tissus les plus adaptés.

Chcisissez une taille d'aiguille appropriée au type et au poids du tissu, ainsi qu'au fil utilisé. Les paquets d'aiguilles comportent généralement deux nombres – la taille européenne d'abord (nombre situé entre 60 et 120), puis la taille américaine (entre 8 et 19). Plus le nombre est petit, plus l'aiguille est fine.

Tension

La tension est la pression exercée sur le fil supérieur afin que celui-ci forme des points avec le fil inférieur (sur la canette). La tension est correcte lorsque les fils se croisent directement entre les épaisseurs de tissu, sans le plisser, et lorsque les points ont le même aspect sur l'endroit et l'envers. Une tension trop faible est aussi fâcheuse qu'une tension trop forte, car elle forme des points lâches qui se voient lorsqu'on tire sur la couture.

Les machines ont un cadran de tension sur lequel une position intermédiaire correspond au réglage approprié à la plupart des tissus de poids moyen (plus le chiffre est élevé, plus la tension est forte).

Pour effectuer un point zigzag sur du tissu fin, la tension ne doit pas être trop serrée.

Vérifiez la tension de la machine sur une chute de votre tissu avant d'entamer votre ouvrage.

La tension de la canette est réglée sur une position standard au moment de la fabrication de la machine. Si, toutefois, vous avez ajusté la tension supérieure mais qu'un problème de tension persiste, vous pouvez resserrer ou relâcher la vis miniature qui se trouve sur le porte-canette afin de résoudre le problème.

Tension du fil trop forte : le tissu plisse le long de la couture.

Tension du fil trop faible : des boucles se forment sur le dessus de la couture.

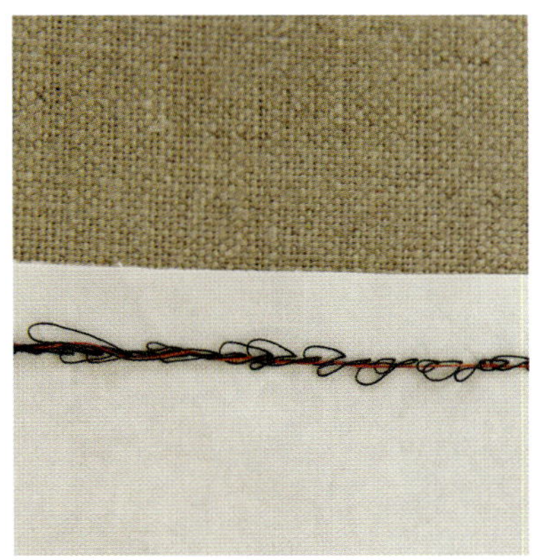

Canette mal installée : des boucles se forment sur le dessous de la couture.

Pied-de-biche

Le pied-de-biche, ou pied presseur, est une pièce amovible en forme de patin qui repose sur le tissu et le maintient fermement sur les griffes d'entraînement à mesure que vous piquez. Certaines machines ont un système à vis pour fixer les pieds, d'autres fonctionnent à l'aide d'un clip ou d'un crochet.

Pour commencer à coudre, placez le tissu sur la plaque à aiguille de la machine, et sous le pied-de-biche relevé. Baissez le pied sur le tissu pour débuter la piqûre (on relève et on abaisse le pied-de-biche grâce au levier situé à l'arrière ou sur le côté de la machine). On peut le changer pour certaines tâches, comme la confection de boutonnières ou la pose de fermetures à glissière. La plupart des machines à coudre sont vendues avec une boîte d'accessoires comprenant les principaux pieds-de-biche. Mais dans l'univers du matériel de couture, les pieds-de-biche forment une grande famille dans laquelle il peut être difficile de faire son choix.

À mesure que vous prendrez de l'assurance et que vous enrichirez votre matériel, vous découvrirez que ces accessoires à l'allure parfois étrange permettent non seulement de gagner du temps, mais aussi de vous faciliter la tâche et de donner à votre ouvrage une touche professionnelle. Et lorsque vous aurez attrapé le virus de la couture, vous les ajouterez peut-être à votre liste de Noël (comme la plupart des accessoires de couture, ce sont de petits objets qui font des cadeaux fort peu encombrants).

Les pieds-de-biche qui sont les plus couramment employés sont décrits en premier ci-après, suivis par d'autres modèles susceptibles de vous être utiles (mais pas nécessairement disponibles sur toutes les machines).

Pied universel

En termes de polyvalence, le pied universel détient la palme d'or. Ce pied bien nommé est celui qui figure sur votre machine lorsque vous l'achetez neuve, et généralement lorsque vous l'acquérez d'occasion. Ce pied exerce une pression uniforme sur les tissus et convient aux piqûres droites ou zigzag.

Pied pour fermeture à glissière

La médaille d'argent revient au pied pour fermeture à glissière. Selon le modèle de votre machine, il peut se décaler d'un côté à l'autre (la position de l'aiguille pourra également changer latéralement), à moins que vous n'ayez un pied droit et un pied gauche séparés, qui vous permettront de piquer aussi près que possible du bord de la fermeture à glissière. On l'utilise aussi pour poser un passepoil.

Pied pour boutonnière

Moins courant que les deux précédents, mais indispensable à la finalisation de certains ouvrages de couture, le pied pour boutonnière obtient la médaille de bronze. Tout simplement, ce pied presseur est conçu pour mesurer la longueur du bouton et réaliser automatiquement les deux barres de points zigzag qui formeront la boutonnière avant de fendre le tissu à l'intérieur.

Pied pour roulotté

Ce pied est conçu pour réaliser de jolis ourlets étroits sur les tissus fins et les voilages, en enroulant deux fois le bord. Il aide à éliminer les fils qui dépassent du bord de coupe avant de commencer à le roulotter. Les roulottés droits font généralement entre 2 et 6 mm de large, ou beaucoup plus (10 mm) pour les draps ou les nappes, en fonction du pied fourni avec votre machine. Les bords festonnés, qui forment une finition festonnée sur l'ourlet des voilages, peuvent être réalisés à l'aide d'un pied pour roulotté spécial, permettant de piquer au point zigzag.

Le maniement du pied pour roulotté exige une certaine pratique, notamment pour guider le tissu sous le pied. Mais une fois maîtrisée, la technique vous permettra de réaliser sans difficulté de très jolis ourlets.

Pied pour fermeture invisible

Ce pied-de-biche se distingue par ses rainures inférieures qui empêchent les dents de la fermeture à glissière de se prendre dans l'aiguille, et vous permettent de piquer aussi près d'elles que possible

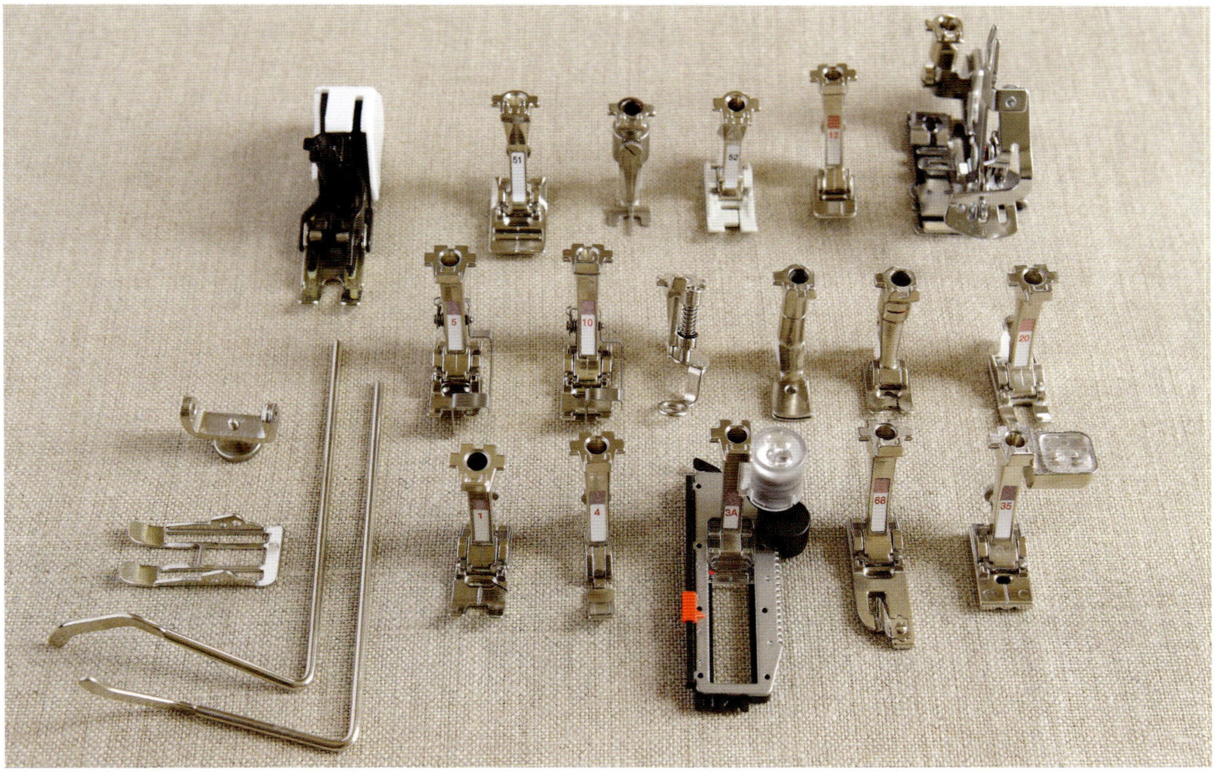

En bas, de gauche à droite : accessoires pour le pied transporteur (en haut à gauche), pied universel, pied pour fermeture à glissière, pied pour boutonnière, pied pour roulotté, pied pour fermeture invisible. Au centre : pied pour couture invisible, pied pour bords piqués, pied à repriser, pied fronceur, pied pour broderie, pied pour broderie ouvert. En haut : pied transporteur à double semelle, avec accessoires en dessous, pied à galets, pied pour poser les boutons, pied zigzag non adhésif, pied de surjet, pied plisseur.

sans passer par-dessus. Ce pied ne convient qu'aux fermetures à glissière invisibles, pas aux modèles ordinaires.

Pied pour couture invisible

Ce pied possède un guide qui divise l'avant du pied et maintient le rempli en place tandis que l'aiguille pique à l'intérieur de l'ourlet. La couture invisible produit un ourlet invisible, ou à peine visible sur l'endroit du vêtement.

Pied pour bords piqués

Semblable au précédent, ce pied est muni d'un guide sur sa partie avant droite qui maintient le tissu en place pendant que vous piquez parallèlement aux bords, aux lignes de piqûre ou aux plis. Il produit une finition professionnelle et garantit aux débutantes tout comme aux couturières chevronnées un résultat net et parfaitement uniforme.

Pied à repriser

Ce pied comporte une partie ronde « ouverte » qui offre une excellente visibilité pendant le reprisage, le piqué libre, la confection de monogramme, le pointillé (quilt) et la broderie.

Pied fronceur

La couture perdrait beaucoup de son intérêt sans ce pied presseur à la base solide, plus épaisse à l'avant. On forme des fronces dans le tissu en réglant la machine sur un point long et en plaçant le doigt à l'arrière du pied pour y maintenir le tissu. Cet accessoire vous fait gagner un temps précieux, en bloquant l'épaisseur des plis dans la piqûre, en évitant d'avoir à piquer deux rangs de fronces puis d'ajuster les plis sans casser les fils. Il est particulièrement adapté aux tissus de poids léger à moyen.

Pied plisseur

Ce pied à l'apparence aussi étrange que complexe vous permet de plisser ou froncer des mètres de tissu sans effort. La jauge réglable permet de contrôler la taille et la fréquence des plis ou fronces avec une grande précision. On peut l'utiliser pour froncer une longueur de tissu ou pour froncer un tissu en même temps que celui-ci est cousu à un autre tissu, en dessous.

Pied guide-cordonnet

L'usage de ce pied-de-biche est révélé par la large rainure située sur le dessous. Cette rainure maintient en place les cordonnets ou autres fines ganses lorsque vous les piquez au point droit ou zigzag. Il est conçu pour les finitions décoratives, telle la broderie machine sur fils couchés.

Pied ganseur

Très proche du précédent, ce pied se distingue par le fait que la rainure inférieure se trouve juste à côté du trou d'aiguille. Cela maintient le passepoil ou la ganse sur un côté pendant que vous le cousez sur le tissu, ou lorsque que vous effectuez un bord piqué décoratif contre une couture gansée.

Pied transparent

Ce pied se dote d'une base transparente qui permet de visualiser l'ouvrage sous-jacent ; il est idéal pour tout ouvrage d'application ou de broderie blanche. Les rainures du dessous permettent de passer plus aisément sur les coutures décoratives, particulièrement épaisses.

Pied pour poser les boutons

Ce pied presseur offre un moyen rapide de poser des boutons à la machine lorsqu'il y en a beaucoup ou que vous êtes très pressée. Il maintient le bouton en place pendant que l'aiguille passe dans les trous au point zigzag. Il ne convient toutefois pas aux boutons à tige.

Pied Téflon

Parmi la vaste gamme de pieds presseurs métalliques, le pied Téflon fait figure d'intrus avec son aspect de botte en caoutchouc blanche. Malgré son côté insolite, il est parfait pour piquer les plastiques et les cuirs. La surface en Téflon réduit la friction entre le pied et le tissu, ce qui lui permet de glisser aisément.

Pied pour broderie

Par rapport aux pieds complexes et sophistiqués précédemment cités, celui-ci paraît simple, presque ordinaire. Cependant, l'ouverture dont il bénéficie permet de visualiser la piqûre, notamment sur les ouvrages d'application ou de broderie.

Pied transporteur

Il vous arrivera peut-être de découvrir, en fin de travail, que le tissu supérieur dépasse d'un ou deux millimètres le tissu inférieur. L'usage d'épingles devrait résoudre ce problème, mais ce n'est pas toujours le cas, en particulier lorsque vous cousez de grandes longueurs de tissu très fluide.

C'est l'entraînement du tissu qui en est responsable : les griffes d'entraînement (qui entraînent le tissu sous le pied-de-biche) déplacent le tissu situé directement au-dessus d'elles un tout petit peu plus vite que le tissu qui est posé par-dessus (le plus près du pied-de-biche).

En équipant votre machine d'un pied transporteur, le problème ne se posera plus et vos deux épaisseurs seront entraînées exactement à la même vitesse, faisant parfaitement coïncider les bords. Ce type de pied peut s'utiliser également pour matelasser à la machine.

Certains modèles de machine à coudre récents sont déjà munis d'un pied transporteur ; on appelle cela un système à double entraînement.

Accessoires

Les machines sont fournies avec de petits accessoires conçus pour vous assister dans vos tâches de couture ou pour entretenir la machine.

Plaque à aiguille universelle

La plaque métallique posée au ras de la surface de travail, juste au-dessus des griffes d'entraînement, s'appelle la plaque à aiguille ; elle est dotée de lignes parallèles (ou repères de couture) qui mesurent la distance entre l'aiguille et le bord du tissu et vous permettent d'obtenir un surplus de largeur uniforme. Si votre surplus de couture est plus large ou plus étroit que l'une des lignes parallèles, mesurez la distance à partir de la position de l'aiguille (baissée) et placez un bout de ruban adhésif ou à masquer sur la plaque.

Tournevis

La boîte à accessoires de votre machine comporte généralement un petit tournevis destiné à ajuster la tension de la canette ou à ouvrir différentes parties de la machine lors de son nettoyage.

Brosse à peluches

Lorsque vous cousez, des peluches et de petits morceaux de fil se prennent inévitablement dans la plaque à aiguille, le porte-canette et d'autres parties de la machine. Évitez de les y laisser car cela nuirait au fonctionnement de la machine et finirait par l'endommager. Une petite brosse plate en poils de nylon vous sera utile pour retirer les peluches des profondeurs de la machine. Une pince à épiler pourra également servir à ôter les fils les plus inaccessibles. Si la brosse n'est pas fournie avec votre machine, vous en trouverez dans les magasins de machines à coudre ou les merceries. Couvrez votre machine lorsque vous ne l'utilisez pas afin d'empêcher la poussière d'y pénétrer.

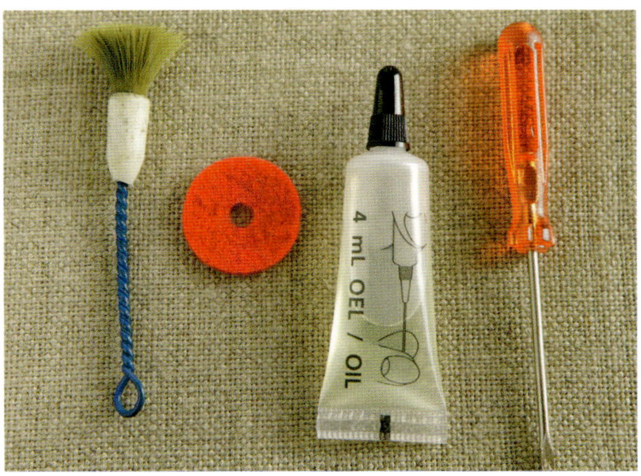

Accessoires de machine à coudre : brosse à peluches, thibaude (pour porte-bobine), huile de machine, tournevis.

Huile de machine

Le graissage constitue une étape essentielle de l'entretien de votre machine. Cela permet de la lubrifier et d'empêcher les pièces de rouiller. Un petit tube d'huile de machine devrait toujours accompagner l'achat d'une machine à coudre. Si vous héritez d'une machine qui n'a pas été utilisée depuis des années, ou si vous avez négligé de l'entretenir, les résultats peuvent être très médiocres. Un bon graissage à l'huile devrait résoudre le problème. Consultez le manuel de votre modèle, appliquez l'huile aux endroits indiqués, effectuez une piqûre sur une chute de tissu, puis essuyez bien la machine pour retirer toute trace d'huile avant d'entamer votre ouvrage.

Ne vous laissez pas aller à la tentation de remplacer l'huile de machine par tout autre type d'huile. Protégez la machine, et vos tissus précieux, en utilisant uniquement de l'huile pour machine à coudre (en vente chez les revendeurs et dans les merceries).

Dépannage

Lorsqu'elle fonctionne correctement, la machine à coudre peut être votre meilleure alliée. À d'autres moments, toutefois, elle peut devenir votre pire ennemie. Le tableau de la page suivante recense les principales défaillances, et les moyens de les résoudre. Mais avant de tenter quoi que ce soit d'autre, commencez par réenfiler la machine, puis retirez et réinstallez correctement la canette ; cela suffit souvent à résoudre le problème.

DÉPANNAGE DE LA MACHINE À COUDRE

Problème	Cause	Solution
Des points sautent	L'aiguille est mal installée dans la machine.	Retirez et réinstallez l'aiguille, en la serrant soigneusement.
	La machine ou l'aiguille ne sont pas correctement enfilées.	Réenfilez la machine et remplissez de nouveau la canette.
	L'aiguille est usée ou tordue.	Remplacez l'aiguille.
	Le fil est de mauvaise qualité.	Achetez toujours des fils de bonne qualité, adaptés à la tâche.
	Le fil est trop épais pour le tissu.	Utilisez un fil plus fin (bobine et canette).
	L'aiguille n'est pas adaptée au tissu.	Consultez le tableau des aiguilles page 44 et changez l'aiguille en conséquence.
	Des peluches se sont accumulées dans les griffes d'entraînement ou le porte-canette.	Nettoyez les deux endroits à l'aide de la brosse.
	Le tissu piqué est trop épais (ourlets de jean, par exemple).	Placez un petit morceau de papier plié derrière le pied-de-biche lorsque vous commencez une couture épaisse.
Le fil casse	La machine est mal enfilée.	Réenfilez la machine et la canette.
	Le fil est de mauvaise qualité.	Achetez du fil de bonne qualité.
	La tension est excessive.	Ajustez la tension et vérifiez-la sur une chute de tissu.
	Le fil ne se dévide pas régulièrement de la bobine.	Réenfilez la machine à partir de la bobine.
	L'aiguille est usée ou tordue.	Remplacez l'aiguille, puis réenfilez la machine.
	Le fil est trop épais pour la taille de l'aiguille.	Utilisez un fil adapté au tissu ou une aiguille à chas plus gros.
La machine est lente ou bruyante, ou produit des points désordonnés	Le fil n'est pas passé par les disques de tension.	Réenfilez la machine à partir de la bobine.
	Vous avez raté une étape dans l'enfilage de la machine (le relève-presseur, par exemple).	Réenfilez la machine à partir de la bobine.
	La canette est mal installée dans le porte-canette.	Retirez la canette de son boîtier, réinsérez-la et réinstallez le fil inférieur.
	Les extrémités de fil se prennent dans le début de la piqûre (certains modèles requièrent de tenir les fils au départ).	Démêlez les fils et coupez-les. Réenfilez la bobine et la canette si nécessaire. Laissez une bonne longueur de fil supérieur et inférieur, et tenez-les sans les tirer en commençant à coudre.
	Des peluches sont dans les griffes d'entraînement	Nettoyez les deux endroits à l'aide de la brosse.
	Le porte-canette est mal installé ou saturé de peluches et fils.	Nettoyez le porte-canette et vérifiez qu'il est débarrassé de ses peluches. Si le problème persiste, resserrez très progressivement le porte-canette avec le tournevis, en faisant chaque fois un essai jusqu'à ce que la piqûre soit normale.

Problème	Cause	Solution
La machine est lente, elle est bruyante ou encore elle produit des points désordonnés.	La machine manque d'huile.	Ajoutez quelques gouttes d'huile pour machine dans les endroits indiqués. Piquez une chute de tissu pour répartir l'huile dans la machine et éviter qu'elle ne tache votre ouvrage.
L'entraînement du tissu n'est pas correct.	Les fils sont pris autour de la canette et/ou du porte-canette.	Retirez le porte-canette de la machine ; démêlez, coupez et retirez les fils ; réinsérez le boîtier dans la machine ; tournez légèrement le volant pour commencer.
	La sélection du point ou de la longueur de point (ou les deux) est incorrecte.	Changez le type et la longueur de point de manière progressive, en faisant un essai sur une chute de tissu après chaque changement.
	Le surplus de couture est trop épais.	Coupez le surplus de couture pour réduire l'épaisseur.
	Des peluches se sont accumulées dans ou sous les griffes d'entraînement.	Retirez la plaque à aiguille et surélevez les griffes d'entraînement. Nettoyez avec une brosse.
	Les griffes d'entraînement sont mal placées	Vérifiez les griffes et mettez-les en position haute.
	Le pied-de-biche est mal fixé à la machine.	Retirez le pied-de-biche et réinstallez-le.
L'aiguille casse	Le fil est pris dans le levier relève-presseur ou dans l'aiguille.	Retirez l'aiguille cassée et insérez-en une nouvelle. Désenfilez et réenfilez la machine.
	L'aiguille est mal installée dans la machine.	Retirez l'aiguille cassée et insérez-en une nouvelle. Réenfilez la machine.
	La sélection du point a été changée lorsque l'aiguille était baissée.	Retirez l'aiguille cassée et insérez-en une nouvelle.
	La machine est mal enfilée.	Retirez l'aiguille cassée et insérez-en une nouvelle. Désenfilez et réenfilez la machine.
	La tension est excessive.	Retirez l'aiguille cassée et insérez-en une nouvelle. Ajustez progressivement la tension, en faisant chaque fois un essai sur une chute de tissu.
	La jonction des coutures est trop épaisse pour l'aiguille.	Retirez l'aiguille cassée, insérez-en une nouvelle ; réenfilez la machine ; coupez et échelonnez les surplus de couture pour réduire l'épaisseur. Voir. 50 : « Les points sautent ».
	Mauvaise manipulation du tissu, forçant l'aiguille à heurter la plaque à aiguille.	Retirez l'aiguille cassée et insérez-en une nouvelle. Vérifiez son installation avant de commencer à coudre, et évitez de tirer sur le tissu.
	Le pied-de-biche est mal fixé ou inapproprié au type de point.	Retirez l'aiguille cassée et insérez-en une nouvelle. Retirez le pied-de-biche et réinstallez-le.
Le tissu fronce	La tension est excessive.	Ajustez progressivement la tension, en faisant à chaque fois un essai sur une chute de tissu.
	Le fil est trop épais pour le tissu.	Choisissez un fil plus fin.
La pédale ne fait pas démarrer la machine	Le dévidoir n'a pas été débrayé une fois le remplissage terminé.	Arrêtez le remplissage à la main avant que la canette ne soit trop remplie. Dévidez et coupez l'excédent de fil.
	Le cordon s'est détaché de la machine ou de la prise d'alimentation.	Rebranchez la prise correctement.

Surjeteuses

Avant l'invention de la surjeteuse par Joseph Merrow (qui breveta sa « machine à crocheter » en 1877), les couturiers et couturières passaient d'interminables heures à coudre des tissus et à surfiler les bords. Des exemples de vêtements anciens – dans les musées, les collections privées ou les ouvrages spécialisés – révèlent la délicatesse des finitions d'alors, toutes méticuleusement réalisées à la main. Et de nombreux couturiers et petites mains actuels ont confectionné des vêtements, des sacs et une infinité d'autres ouvrages sans avoir recours à une surjeteuse.

La machine à coudre et la surjeteuse servent l'une comme l'autre à coudre des pièces de tissu, mais elles se présentent différemment. Une machine à coudre peut proposer un point de surjet (ou overlock) pour surfiler les bords des coutures, mais la surjeteuse ne peut piquer droit ni offrir la diversité de points des machines à coudre. Les surjeteuses peuvent ourler et consolider les coutures, ce qui prolonge la durée de vie des vêtements.

Aux yeux des novices, les surjeteuses semblent très compliquées. Elles sont dotées de trois ou quatre bobines de fil, que l'on enfile indépendamment sur des aiguilles situées au-dessus et au-dessous des griffes d'entraînement (également appelées boucleurs).

Les surjeteuses à trois fils sont des machines peu sophistiquées, conçues pour la finition des bords et des ourlets. À vocation purement décorative, elles ne disposent pas d'un point de couture et de surjet simultanés et ne sont donc pas recommandées pour la couture. Les surjeteuses domestiques à quatre fils, en revanche, sont rapides et peuvent coudre et surjeter en même temps (à condition de ne laisser aucune épingle passer dessous en cours de travail). Les aiguilles supérieures des surjeteuses à quatre fils produisent une ligne de piqûre droite, tandis que les boucleurs forment les boucles qui entourent le bord du tissu. Ces surjeteuses sont idéales pour coudre les tissus Stretch, ayant un entraînement différentiel ajustable selon le degré d'élasticité.

Juste devant l'aiguille supérieure droite se trouve une lame (couteau supérieur) qui se déplace de haut en bas contre le couteau inférieur afin de couper les fils qui dépassent et les bords de coupe avant de les surfiler de manière bien nette dans les boucles de la surjeteuse. Le seul risque présenté par la vitesse combinée de la machine et de la lame est que l'ampleur du tissu peut se prendre sous la lame et provoquer une entaille dans votre ouvrage. Ce type d'incident est très

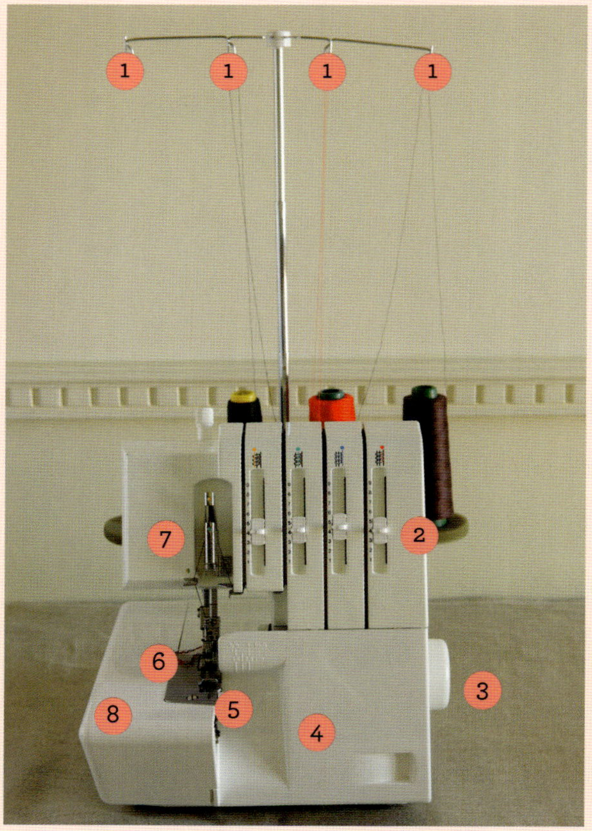

1. Guide-fils
2. Sélecteurs de tension (au nombre de quatre – une pour chaque fil, avec des contrôles indépendants pour la tension supérieure et inférieure du boucleur)
3. Volant
4. Couvercle du boucleur
5. Couteaux (lames de coupe supérieure et inférieure)
6. Aiguille
7. Guide-fil
8. Plateau (cache les sélecteurs de largeur de coupe et de longueur de point)

courant et toute personne ayant utilisé une surjeteuse suffisamment longtemps l'aura rencontré au moins une fois.

Assurez-vous que votre ouvrage repose bien à plat et que le lé de tissu reste éloigné de la lame pendant que vous travaillez ; allez-y doucement.

Les épingles sont les pires ennemies des surjeteuses. Les machines à coudre peuvent passer par-dessus les épingles lorsque celles-ci sont perpendiculaires à la ligne de piqûre, mais même en remontant la lame, les surjeteuses ne peuvent pas coudre sur les épingles.

Surfiler dans une couleur semblable à celle du tissu donne toujours un résultat professionnel. Au lieu d'utiliser l'inévitable bobine de fil blanc (ou noir), optez pour n'importe quel fil ordinaire, à condition qu'il soit fin, pour ne pas produire une piqûre ou un ourlet trop épais. Si vous utilisez de petites bobines, surveillez la quantité de fil restant à mesure que vous travaillez. Il est également conseillé d'échanger les bobines, les boucleurs utilisant plus de fil que les autres aiguilles.

Les surjeteuses sont plus compliquées à enfiler que les machines à coudre. Toutefois, inutile d'être diplômé ès sciences pour enfiler une surjeteuse ; il suffit de suivre le code de couleur de chaque aiguille, généralement indiqué sur la machine même. Un moyen rapide de changer de fil consiste à couper le fil (près des bobines) et à faire deux nœuds séparés (c'est-à-dire qui ne soient pas l'un sur l'autre) entre l'ancien et le nouveau fil. Ensuite, tirez doucement chaque fil séparément, en relâchant les disques de

Bord surjeté réalisé avec une surjeteuse à trois fils ; le fil brun vient de l'aiguille supérieure, le fil rouge du boucleur supérieur et le fil noir du boucleur inférieur.

tension lorsque le nœud passe à travers. Coupez le nœud avant d'enfiler la ou les aiguille(s) supérieure(s). Les autres aiguilles du boucleur ont un chas plus gros, qui laisse facilement passer les nœuds.

Une fois que vous vous serez familiarisée avec votre surjeteuse, vous ne vous arrêterez plus de surfiler des bords, et vous vous demanderez comment vous avez pu vous passer d'une telle machine. Non seulement elles sont rapides (de 1 000 à 9 000 tr/min), mais aussi très amusantes à utiliser.

De fait, certaines d'entre nous sont tellement épatées par la vitesse et la finition des surjeteuses qu'elles sont tentées de réaliser leurs ouvrages de A à Z à la surjeteuse.

machines à coudre

Avec les doigts las et râpés,
Avec les paupières lourdes et rouges,
Une femme était assise, en guenilles peu féminines,
Maniant son fil et son aiguille : Pique ! Pique ! Pique !

Thomas Hood, « The Song of the Shirt »(Chanson de la chemise).

4

tissus et entoilages

- Vocabulaire des textiles
- Entretenir les tissus
- Décatir les tissus
- Déterminer le droit-fil
- Défauts des tissus
- Travailler avec différents tissus
- Entoilages

C'EST EN COMPRENANT COMMENT LE TISSU EST CONSTRUIT ET COMMENT L'UTILISER DE MANIÈRE EFFICACE QUE L'ON AUGMENTE SES CHANCES DE RÉUSSIR UN OUVRAGE. LES PATRONS RECOMMANDENT DES TISSUS SPÉCIFIQUES POUR CHAQUE OUVRAGE PARTICULIER : IL EST JUDICIEUX DE S'Y CONFORMER.

Les textiles peuvent être en fibres naturelles ou synthétiques, tricotés ou tissés. Selon la façon dont ils sont tissés, ils ont un aspect différent. Leur nom dépend de leur composition, de leur armure, ou des deux. Par exemple, la soie, le coton et le polyester sont des fibres, mais le satin et le damassé sont des types de tissage (armure); on peut donc avoir du satin de soie, du satin polyester, du coton damassé ou de la soie damassée.

Les lisières des tissus imprimés portent souvent des indications relatives au motif, au fabricant et aux couleurs utilisées.

Vocabulaire des textiles

Apprendre la terminologie des tissus vous aidera à mieux comprendre les patrons et les instructions.

Lisières

Les lisières sont les bordures des lés, tissées très serré, et parfois percées de petits trous, qui courent dans la longueur du tissu ; c'est l'endroit où les fils de trame rejoignent les fils de chaîne extérieurs et repartent sur la largeur du tissu.

Les lisières des tissus imprimés comprennent parfois des informations relatives au motif, comme le nom de l'imprimé, du styliste ou de la manufacture, ainsi qu'un nuancier des couleurs utilisées. Il est recommandé de conserver ces informations en guise de référence, au cas où vous voudriez racheter du tissu plus tard.

Le tissage de la lisière est plus serré que la partie principale du tissu et peut froncer au lavage. Lorsque vous calculez la largeur totale de tissu dont vous aurez besoin pour les pièces de votre ouvrage, ne tenez pas compte des lisières. Si vous n'avez pas tout à fait assez de tissu, placez le surplus de couture des pièces de patron contre la lisière, puis entaillez celle-ci, ou coupez-la tout bonnement, lorsque vous finirez les coutures.

Chaîne et trame

Lorsque le tissu est tissé sur un métier, les fils verticaux (dans la longueur) parallèles aux lisières forment la chaîne. Les fils horizontaux qui passent par-dessus et par-dessous ceux-ci constituent la trame.

Droit-fil

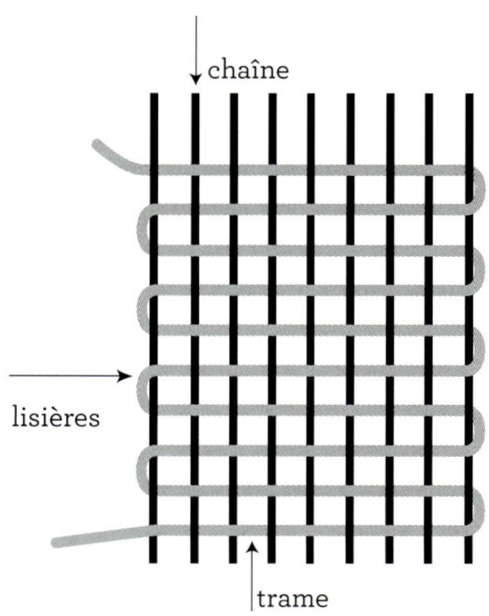

TABLEAU SIMPLIFIÉ DES TEXTILES

Les fibres qui composent les tissus peuvent être naturelles ou synthétiques. Les fibres naturelles se divisent elles-mêmes en fibres d'origine animale ou d'origine végétale. Le tableau ci-dessous est loin d'être exhaustif, mais il donne des informations utiles sur certains des tissus les plus couramment employés.

			POIDS	USAGES	REMARQUES
FIBRES NATURELLES	Végétales	Coton	Léger à lourd	Chemises, jupes et robes, denim	Généralement facile à travailler ; se froisse facilement
		Chanvre	Moyen à lourd	Certains vêtements	Mêmes propriétés que le lin et le coton
		Lin	Léger à lourd	Chemises, jupes, robes et pantalons	Généralement facile à travailler ; se froisse très facilement
		Ramie	Léger à moyen	Chemises et robes	Jusqu'à cinq fois plus solide que le coton ; absorbant
	Animales	Soie	Léger à lourd ; peut être brute (rugueuse et grossière) ou traitée (brillante)	Tenues de soirée, accessoires, sous-vêtements	Peut être glissante et un peu difficile à manier
		Laine	Léger à lourd	Costumes, vestes, pantalons et jupes	Facile à travailler ; peut être façonnée
FIBRES SYNTHÉTIQUES	(souvent mélangées à des fibres naturelles, comme coton et viscose ou laine et nylon)	Lycra	Léger à moyen	Vêtements de sport et de loisir	Facile d'entretien ; parfois glissant à coudre
		Nylon	Léger à moyen	Chemises, robes et pantalons, vêtements de loisir	Résistant ; garde sa forme et sa texture
		Rayonne	Léger à moyen	Chemises, robes et pantalons	Ne déteint pas ; douce, confortable
		Polyester	Léger à lourd	Vêtements et ameublement	Ne se froisse pas ; sèche rapidement ; peut être glissant

Le *droit-fil* est le sens de la longueur ; il suit les fils de chaîne, parallèlement aux lisières. C'est ainsi que le tissage se déforme le moins. Placer et couper un patron *dans le droit-fil* consiste à s'assurer que la distance est bien la même entre la lisière et le droit-fil indiqué sur le patron ; on s'assure ainsi qu'il est bien orienté.

Sens travers

Le *sens travers* suit les fils de trame, perpendiculairement aux lisières. Il correspond à la largeur du tissu. Couper dans le sens travers signifie placer la ligne du patron perpendiculairement aux lisières.

En général, mieux vaut couper toutes les pièces d'un patron dans le même sens, car certains tissus se déforment et peuvent présenter des disparités lorsqu'ils ne sont pas coupés dans le même sens. Cela ne s'applique toutefois pas aux imprimés, ou aux tissus à motifs volontairement associés dans les deux sens. Cependant, si vous manquez de tissu et qu'il n'y a pas d'autre option, vous pourrez avoir à couper des pièces dans les deux sens. Dans ce cas, essayez de ne couper que les petites pièces les moins visibles (tels les empiècements intérieurs ou parementures) dans le sens travers.

Biais

Le biais correspond à la diagonale ; il forme un angle de 45° par rapport aux lisières et constitue le sens le moins stable de l'armure. Les pièces coupées dans le biais, toutefois, sont plus extensibles et épousent mieux les courbes du corps que celles coupées dans le droit-fil. Les tissus coupés dans le biais peuvent être moulés pour prendre des formes arrondies.

Les pièces dans le biais n'ont pas besoin d'être coupées ou manipulées avec soin. Mais lorsque le vrai biais n'est pas tout à fait respecté, les pièces peuvent se déformer, pendre disgracieusement et faire gondoler les coutures. (Pour plus de détails sur le biais et la confection de bandes de biais, voyez page 174.)

Envers et endroit

L'endroit d'un tissu est la face que l'on voit de l'extérieur ; l'envers, en revanche, est la face intérieure. Les imprimés ont un endroit et un envers facilement reconnaissables. Certains tissus, dits « double face », s'emploient indifféremment sur l'endroit ou l'envers. D'autres présentent des différences d'une face à l'autre, mais chacune a son intérêt et les deux peuvent être associées pour produire un effet particulier. Si vous n'arrivez pas à distinguer l'endroit de l'envers, choisissez une face et tenez-vous-y.

Les instructions figurant sur les patrons de couture distinguent les pièces coupées sur l'envers en les ombrant. Les patrons sont le plus souvent – mais pas toujours – coupés face endroit vers l'extérieur ; vérifiez bien les instructions avant de couper.

Déformation

Un tissu est dit « déformé » lorsqu'il a été tordu ou étiré de manière excessive. On le remarque davantage sur les tissus à rayures ou à motifs, mais cela n'épargne pas les textiles unis. En coupant et cousant des patrons dans un tissu déformé, vous avez toutes les chances d'avoir des les coutures qui gondolent, se tordent et vous causent toutes sortes de soucis.

Mailles

Les tissus en maille, ou tricotés, élaborés différemment des textiles tissés, sont plus élastiques. Les fils orientés dans le sens de la longueur sont appelés côtes ; ils s'imbriquent dans les fils de la largeur, ou rangées. Les mailles s'étirant davantage dans la largeur, le fait de couper un patron dans le droit-fil vous donnera plus d'élasticité autour du corps, et rendra les coutures verticales moins déformables.

Symboles d'entretien des textiles

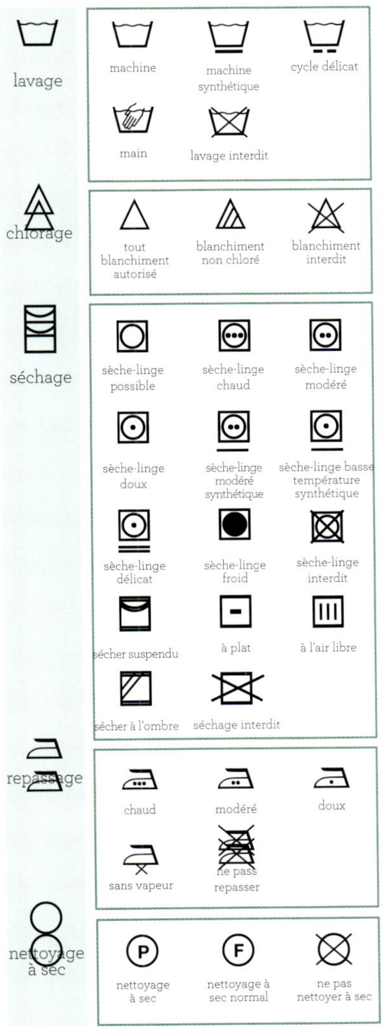

Entretenir les tissus

Il peut être utile de se renseigner sur la façon dont votre tissu se comportera, avant de le couper et de le coudre. Les étiquettes donnent des informations indispensables sur la composition du tissu, mais aussi des consignes de lavage, de séchage, de repassage et de nettoyage à sec. Recopiez la composition (100 % coton, par exemple) et les instructions d'entretien figurant sur le rouleau de tissu avant de quitter le magasin. Cela pourra vous être utile, notamment si vous avez tendance à oublier vite ou si vous achetez des stocks pour un usage ultérieur. Ces informations sont particulièrement importantes dans le cas des mélanges, tel le coton et la soie. Les symboles standard sont indiqués dans le tableau ci-contre.

Décatir les tissus

La chaleur (du repassage ou de l'entoilage thermocollant) et/ou l'humidité (du lavage ou du nettoyage à la vapeur) altèrent la qualité, la structure et l'aspect des tissus. Les vêtements dont les coutures gondolent après un premier lavage indiquent que la matière ou les garnitures n'ont pas été préalablement rétrécies avant l'assemblage des différentes pièces. Les couleurs qui déteignent figurent également dans la liste des catastrophes à redouter lorsqu'on lave l'ouvrage tout juste terminé.
Un tissu destiné à être lavé doit être nettoyé, séché et repassé avant d'être coupé et cousu, exactement de la même manière qu'il le sera une fois l'ouvrage réalisé. Voici quelques conseils pour décatir un tissu :

- Si le tissu est lavable en machine, surfilez les bords de coupe (à la surjeteuse ou au point zigzag), puis lavez-le. Étendez-le bien à plat sur le fil à linge (ne le suspendez pas par-dessus plusieurs fils, car cela le déformerait). Si sa composition le permet, séchez le tissu dans un sèche-linge. Repassez-le avant de couper les pièces.
- Si les instructions notent « lavage main uniquement », pliez grossièrement le tissu et placez-le dans un seau d'eau froide additionnée de détergent doux. Laissez-le reposer toute la nuit, puis éliminez l'excédent d'eau en enveloppant le tissu dans des serviettes de toilette et en pressant doucement (ne le tordez pas, car cela déformerait le droit-fil). Faites sécher le tissu plié à plat.
- Les tissus « nettoyables uniquement à sec » peuvent être repassés à la vapeur, ou décatis au pressing.
- Repassez soigneusement le tissu pour éliminer les plis et la pliure centrale (si le tissu a été uniquement passé à la vapeur).
- Décatissez également les passementeries et fermetures à glissière (voir page 210 pour plus de détails).

Trouver le droit-fil

Une fois le tissu prélavé et repassé, il convient de déterminer si le droit-fil est correct. Cette étape est importante si l'on veut que les pièces de patron soient convenablement coupées et que le vêtement achevé retombe bien, sans se tordre.

Tout d'abord, faites un bord droit dans la largeur du tissu selon l'une des méthodes suivantes :

1 Entaillez la lisière et déchirez le tissu dans la largeur. Pour éviter de travailler avec un bord déformé, repassez soigneusement le bord déchiré à la vapeur. Certaines armures ne sont pas appropriées à ce type de déchirure (voir encadré en bas à droite).

2 Tirez sur un ou deux fils extérieurs et retirez-les complètement. Cette méthode fonctionne bien sur les tissus à poils, comme la veloutine de coton ou le velours côtelé fin.

3 À l'aide d'une épingle, soulevez un fil de chaîne. Si le fil casse, répétez le processus sur le même fil ou sur le fil adjacent. Cela se prête bien aux voilages et aux tissus lâches, comme le lin très fin, ainsi qu'aux cotonnades, comme le voile.

4 Si le tissu comporte un motif de carreaux ou de rayures faisant partie intégrante du tissage, servez-vous de ces lignes comme guide visuel pour couper le tissu.

Une fois que vous aurez obtenu un bord bien net, pliez les lisières l'une sur l'autre. Si la largeur forme une ligne courbe ou inclinée, redressez le tissu en le tirant ou le repassant dans le biais (diagonale), ou combinez les deux méthodes.

Les défauts des tissus

Heureusement, les défauts des tissus sont plus visibles que ceux des humains. Avant d'acheter un tissu, vérifiez toujours qu'il ne présente pas d'imperfections, de coulures, d'irrégularités de motif, de raccords ni de salissures. Les vendeurs couperont la partie défectueuse et la vendront au rabais ou l'ajouteront gratuitement à votre lé. Parfois, le rouleau de tissu comporte une étiquette indiquant qu'un défaut a été repéré par le fabricant.

Déchirer ou ne pas déchirer ?

Oui : cotons fins et à armure unie, soies, polyesters et certains synthétiques.

Non : crêpes, damassés, étoffes froissées, étamine, jersey, tissu Stretch, armures doubles, laine polaire, tissu floqué ou bouclé (entre autres).

Il est plus sûr de ne déchirer que les armures unies, ou de ne déchirer qu'une petite partie du tissu pour tester. Sinon, demandez conseil au vendeur. Le fait de déchirer un tissu peut considérablement déformer le bord, et s'avérer problématique si vous avez tout juste de quoi faire votre ouvrage. En cas de doute, coupez plutôt que de déchirer.

Entoilage tissé non thermocollant, rigide et d'épaisseur moyenne

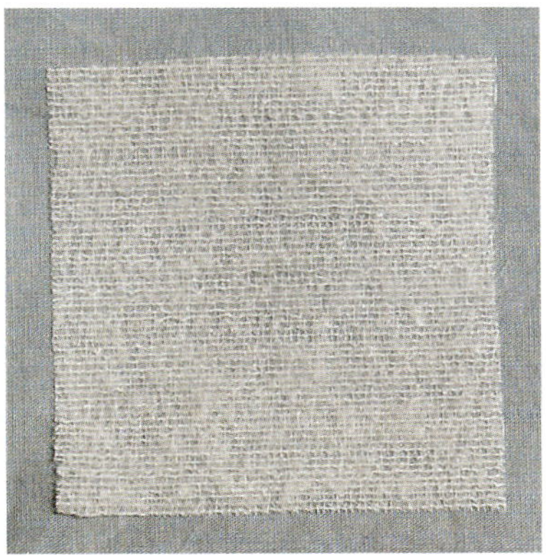

Entoilage tricoté thermocollant, fin, utilisé pour les tissus extensibles

Entoilage non tissé thermocollant, d'épaisseur moyenne

Les petites irrégularités et aspérités sont caractéristiques de certaines fibres naturelles, comme le lin, la soie sauvage ou les cotons bruts, et ne sont pas considérées comme des défauts.

Si vous trouvez des imperfections visibles dans votre lé de tissu, marquez-les à la craie et indiquez-les sur la lisière afin de vous souvenir de ne pas utiliser la partie défectueuse.

Travailler avec différents tissus

Lorsque les tissus rayés, à carreaux, à poils et à motifs sont coupés et cousus avec soin, les coutures restent discrètes et l'ensemble paraît fluide et d'un seul tenant – un vrai plaisir pour les yeux. Mal assemblés, toutefois, ces tissus peuvent donner des résultats catastrophiques. Sachez, lorsque vous utilisez ce type de tissus, qu'un résultat parfait demande une bonne dose de cogitation, de patience et de doigté, et ce à chaque étape. D'autres textiles, comme le satin et les étoffes très fines, sont beaucoup plus faciles à travailler, à condition toutefois de savoir les manipuler correctement. (Vous trouverez de plus amples informations à leur sujet pages 87 à 95.)

Entoilages

En couture, le terme « entoilage » s'applique à un textile tissé ou non tissé que l'on coud ou colle sur l'envers du tissu afin de stabiliser et renforcer les parties particulièrement fragiles ou sollicitées. Cela donne de la structure aux pièces susceptibles de se déformer, comme les parementures, les cols, les poignets et les ceintures. Les boutonnières ont également besoin d'être renforcées sur le dessous afin que les points très serrés qui les entourent ne gauchissent pas le tissu.

Certains entoilages sont bâtis sur le tissu principal ; les entoilages thermocollants, eux, se dotent d'une face revêtue d'un adhésif qui fond au contact de la chaleur et se fixe au tissu principal à l'aide d'un fer à repasser.

Si la parementure d'un vêtement est coupée à même, doublez-la (à la couture ou au fer) d'entoilage jusqu'à la pliure. Chaque fois que le patron exige qu'une pince soit renforcée, réduisez l'ampleur du tissu en pratiquant une fente au centre de la pince et en l'ouvrant au fer avant de fixer l'entoilage (l'entoilage de la pièce peut être coupé sans tenir compte de la valeur de la pince). Le type d'entoilage que vous choisirez dépendra :

- du poids du tissu
- de la fonction particulière de l'entoilage
- de la compatibilité entre l'entoilage et le tissu : leurs consignes d'entretien doivent être identiques.

Entoilage non tissé, non thermocollant, fin.

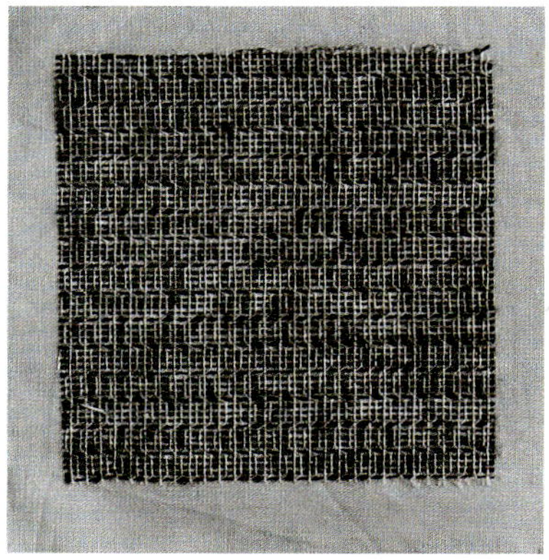

Entoilage thermocollant d'épaisseur moyenne.

Entoilage non tissé thermocollant, épais.

Entoilage tissé thermocollant, fin.

Entoilage thermocollant fin.

Entoilage tissé thermocollant, fin.

Entoilage non tissé thermocollant pour tissus extensibles.

Entoilage tissé thermocollant, fin.

Entoilage double face pour applications.

Pour choisir l'entoilage le plus approprié, faites des échantillons de différents types d'entoilages sur votre tissu ou demandez conseil auprès d'un vendeur.
Voci un récapitulatif des différents types d'entoilage.

Entoilages thermocollants ou non ?

L'entoilage thermocollant adhère à une autre surface sous l'action de la chaleur. La partie collante de l'entoilage, à placer contre le tissu, se reconnaît à son léger lustre. L'avantage de l'entoilage thermocollant est qu'il est très rapide à appliquer. Toutefois, il ne convient pas à tous les types de tissus, notamment aux synthétiques, qui ne peuvent tolérer qu'un degré de chaleur plus faible que celui exigé pour faire fondre l'entoilage.

Maniez toujours l'entoilage thermocollant avec précaution : il est quasiment impossible de le retirer sans déformer ou endommager la pièce. Assurez-vous que la partie collante est bien contre l'envers du tissu et que le tissu et l'entoilage sont parfaitement lisses.

Coupez l'entoilage un peu plus petit que la pièce à laquelle il doit être fixé, afin d'éviter toute épaisseur disgracieuse au niveau des jointures et empêcher que les bords ne collent au fer ou à la planche à repasser. Il est très difficile de retirer de l'entoilage collé au fer : anticipez en couvrant votre planche de papier sulfurisé ou d'une chute de tissu propre.

L'entoilage léger peut être fin comme de la gaze et difficile à voir ; manipulez-le avec grand soin.

Entoilage tissé

L'entoilage tissé, non thermocollant, est bâti, puis cousu sur l'envers du tissu. On peut le couper dans le même sens du fil que la pièce à laquelle on veut le fixer, ou dans le biais pour une meilleure adhérence aux formes corporelles.

La toile tailleur est bâtie à la main à l'intérieur des manteaux de bonne qualité, afin de donner sa forme à la structure.

On peut utiliser de l'organdi ou de l'organza comme entoilage des tissus translucides.

L'entoilage tissé thermocollant peut rétrécir à l'application. Pour éviter cela, pliez grossièrement la pièce d'entoilage avant de la couper et mettez-la à tremper dans une bassine d'eau chaude, jusqu'à ce que celle-ci refroidisse. Retirez l'entoilage, égouttez-le en le pressant dans une serviette, puis faites-le sécher sur le fil, les côtés thermocollants (plus rugueux) vers l'extérieur. Si cela vous paraît trop laborieux, suspendez l'entoilage (côtés thermocollants vers l'extérieur) sur un cintre et passez-lui un bon coup de vapeur à l'aide du fer à repasser avant de le fixer aux pièces de tissu.

Entoilage non tissé

Le non-tissé ne s'effrange pas, n'a pas de droit-fil et peut être coupé dans n'importe quel sens. Il convient tout particulièrement à la broderie décorative et aux applications. Le non-tissé est moins susceptible de rétrécir que le tissé, mais il peut former des bulles et des faux plis. Pour renforcer les sacs ou les vêtements structurés, on peut utiliser un entoilage particulièrement épais.

Entoilage tricoté

Le tricot de nylon est un entoilage doux et élastique, utilisé pour renforcer les tissus extensibles et la maille sans les rigidifier ni altérer leur fluidité.

Entoilage double face

Si vous aimez la technique de l'appliqué, vous adorerez l'entoilage thermocollant double face, qui vous facilitera grandement la tâche. Ce type d'entoilage est souvent dénommé par son nom de marque, comme Vliesofix ou Vliesline. On ne l'utilise que pour les applications, jamais à la place de l'entoilage normal.

Dessinez votre forme sur le côté papier de l'entoilage. Si elle n'est pas symétrique, n'oubliez pas de l'inverser (considérez l'entoilage comme l'envers du tissu). Découpez la forme juste à l'extérieur du trait.

Repassez délicatement au fer pour coller l'entoilage sur l'envers du tissu à appliquer, en suivant les instructions du fabricant. Découpez soigneusement le long du trait. Détachez la protection en papier et collez cette face sur le tissu principal. (Pour plus d'informations sur les applications, y compris avec entoilage, voyez pages 217 à 220.)

DIRECTIONS FOR TAKING MEASUREMENTS
The dress blocks
Easy Fitting Blocks
Close Fitting Block
6340
Simplicity
Miss
Size 16
Bust 36
McCALL'S
5998
CASUAL CO
7-8 years
Butterick
BUST 40
2145
4/9
Style

5
utiliser des patrons

- Patrons de couture du commerce
- Contenu des patrons
- Comprendre les indications
- Modifier les patrons de couture
- Garder les pièces de patron
- Prendre les patrons d'un vêtement existant
- Toiles de moulage
- Prendre les mesures
- Tableau des mesures

LORSQUE VOUS PÉNÉTREREZ DANS L'UNIVERS DE LA CONFECTION, IL VOUS FAUDRA EN TOUT PREMIER LIEU APPRENDRE À LIRE ET À COMPRENDRE LES PATRONS DE COUTURE DU COMMERCE.

Patrons de couture du commerce

Les patrons de couture du commerce proposent des modèles de prêt-à-porter dans diverses tailles. Ils sont fiables et constituent un moyen efficace de confectionner soi-même ses vêtements.

Le dessin technique et la description figurant sur le dos de la pochette priment sur l'illustration ou la photo ornant le devant de la pochette. C'est là (au dos) que résident les informations capitales. Par exemple : quelle sera la silhouette du patron (sera-t-elle ajustée ? très ample ?) ? Comment se feront les ajustements : par des pinces ou par la coupe ? L'ampleur de la jupe est-elle donnée par des fronces ou des plis ? Où est l'ouverture et comment se ferme le vêtement ?

Les débutantes devront choisir un patron doté d'informations simples, ce qui peut paraître paradoxal, mais s'explique par le fait que certains patrons ressemblent parfois plus à des cartes topographiques qu'à des formes destinées à composer un vêtement (et, comme les cartes, ils ne sont pas toujours faciles à replier).

Si vous devez bénir ou maudire quelqu'un lorsque vous utilisez des patrons de couture, adressez-vous à Ellen Curtis Demorest ou Ebenezer Butterick. Ce sont les deux personnes qui, indépendamment, ont mis au point les patrons de couture et les ont commercialisés dans les années 1860.

McCall's, Simplicity, Vogue, Burda, Neue Mode, New Look et Butterick sont les marques les plus connues de patrons de couture. Ceux-ci s'achètent dans les merceries, le rayon couture des grands magasins ou sur Internet. Certaines marques, toutefois, supposent que vous connaissez déjà bien la couture et proposent des patrons adaptés à un niveau avancé. Demandez conseil aux vendeurs quant au niveau d'expérience requis pour un modèle donné. Si possible, faites-vous accompagner par quelqu'un de plus expérimenté, qui pourra vous aider à choisir vos patrons et vos tissus. Sinon, et si vous n'avez pas l'intention de suivre un cours de couture, choisissez un patron simple, peu ajusté et nécessitant peu de coutures.

On trouve aussi des patrons d'occasion. Les modèles vous paraîtront un peu désuets, mais si vous faites abstraction du tissu, des garnitures et d'autres détails, et vous concentrez sur la forme globale du vêtement, vous pouvez faire de bonnes affaires.

Bien que les patrons de couture aient l'air tous identiques à première vue, vous apprendrez vite à la différencier d'une marque à l'autre, et à choisir ceux qui vous vont le mieux ou qui sont les plus faciles à réaliser. N'hésitez pas à indiquer sur la pochette du patron si le résultat a été à la hauteur de vos espérances, si les instructions ont été faciles à suivre, si vous avez dû procéder à des modifications et s'il serait nécessaire d'effectuer des retouches au cas où vous devriez le refaire.

Contenu des patrons

Les patrons de couture se composent de trois parties.

1. **La pochette,** qui donne des indications relatives aux tailles et aux formes de silhouette, aux types de tissu à choisir, au métrage et aux articles de mercerie (fermetures à glissière, boutons, fils, élastique, garnitures, etc.) nécessaires à la confection du vêtement.
2. **Les pièces de patron,** imprimées sur du papier de soie translucide.
3. **La notice explicative,** qui vous donne le plan de coupe et vous indique comment couper, coudre et finir le vêtement.

Tout cela peut paraître déroutant aux yeux d'une débutante mais, heureusement, les patrons de couture sont présentés de manière relativement standard quelle que soit la marque (voir encadré ci-contre).

La notice explicative vous montrera comment disposer les diverses pièces de patron en gaspillant le moins de tissu possible, combien de pièces couper pour chacune d'entre elles, et s'il faut les couper dans une épaisseur simple ou double.

Les pièces de patron elles-mêmes comportent divers traits et marques, dont :

- les lignes de coupe, indiquées par des ciseaux,
- les lignes de couture, indiquées par une ligne pointillée ou, parfois, par le dessin d'un pied presseur de machine à coudre,
- d'autres repères indiquant l'emplacement des coutures, des plis et des endroits précis où faire coïncider deux pièces, ou celui des éventuelles rectifications et des fronces.

Il est important de reporter sur le tissu les marques figurant sur les pièces de patron ; pour savoir comment procéder, voyez page 84. Le report des marques peut paraître fastidieux, mais c'est du temps bien employé pour obtenir un résultat aussi parfait que possible. Cela vaut surtout pour les détails un peu compliqués, comme les coutures obliques ou le placement des poches. Le fait de marquer le surplus de couture améliorera également la précision de votre ouvrage.

Avant de commencer à couper ou à coudre, lisez attentivement tout le patron. Assurez-vous que vous comprenez les divers termes employés, et vérifiez que vous disposez de tout le matériel nécessaire. Il peut être très décourageant de se lancer dans un projet pour s'arrêter en milieu de parcours parce que vous avez oublié d'acheter une fermeture à glissière.

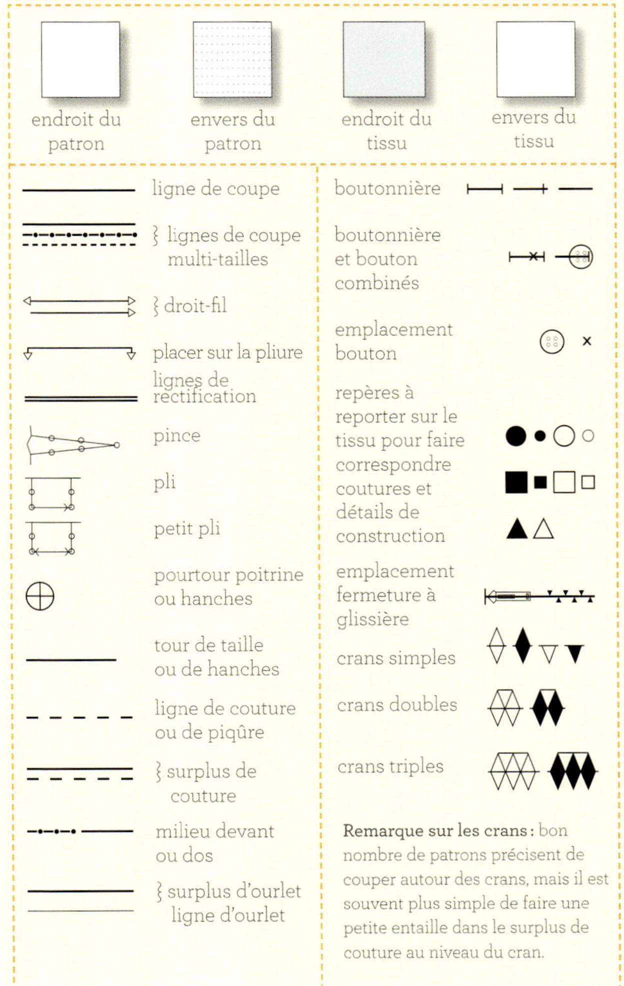

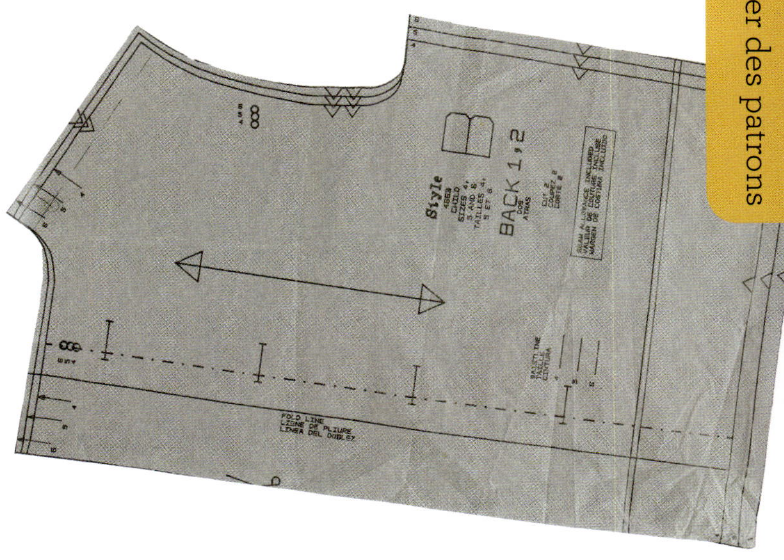

Comprendre les indications

Chaque pièce de patron doit comporter certaines informations de base :

- **Le nom** de chaque pièce (par exemple, empiècement devant, panneau latéral dos, haut de manche).
- **Le numéro ou le nom du modèle :** les patrons proposent généralement plusieurs variantes d'un modèle de base (cols ou manches différents). Les pièces de chacun des modèles présentés sur la pochette sont marquées d'un chiffre ou d'une lettre.
- **Les instructions de coupe :** combien de pièces vous devez couper et comment vous devez les couper. *Couper 2* signifie qu'il faut couper deux fois la pièce ; si vous coupez dans deux épaisseurs de tissu, endroit contre endroit ou envers contre envers, vous obtiendrez automatiquement une pièce « miroir » du patron. *Couper une paire* signifie que, sur une épaisseur simple, vous devrez retourner le patron pour couper la deuxième pièce. *Couper simple sur la pliure* est souvent indiqué sur la pièce, mais cette instruction est aussi matérialisée par une ligne parallèle au bord, dotée de flèches – orientées vers le bord – à chaque bout. Alignez le patron avec la pliure du tissu.
- **Le droit-fil :** le droit-fil correspond à la longueur, ou chaîne, du tissu. Il est représenté par une longue flèche, qui doit donc être parallèle aux lisières.
- **La ou les taille(s) :** la plupart des patrons de couture ont plusieurs lignes de coupe correspondant aux différentes mensurations ; faites bien attention à toujours reporter ou couper la même taille d'un bout à l'autre de l'ouvrage. Si vous faites la même taille en haut et en bas, coupez toujours les pièces selon la taille voulue. Si votre taille varie entre une partie du corps et l'autre – par exemple, si vous faites du 44 en tour de poitrine mais du 42 en tour de taille – modifiez la ligne de coupe du patron en passant d'une taille à l'autre aux repères prévus à cet effet. Parfois, les pièces comme les parementures sont dessinées individuellement dans chaque taille, d'autres fois, toutes les tailles sont indiquées sur une seule pièce de patron.
- **Le milieu devant ou milieu dos :** il peut s'agir de bords coupés ou placés sur la pliure, selon les instructions du patron.
- **Les crans :** ce sont des repères permettant de faire coïncider des pièces destinées à être assemblées.
- **La largeur des surplus de couture :** souvent indiquée par une ligne sur les patrons.
- **Les lignes de construction :** lignes de couture (piqûre) et détails tels que pinces, plis et nervures.
- **Le placement des détails :** positionnement des poches et des pattes, par exemple.

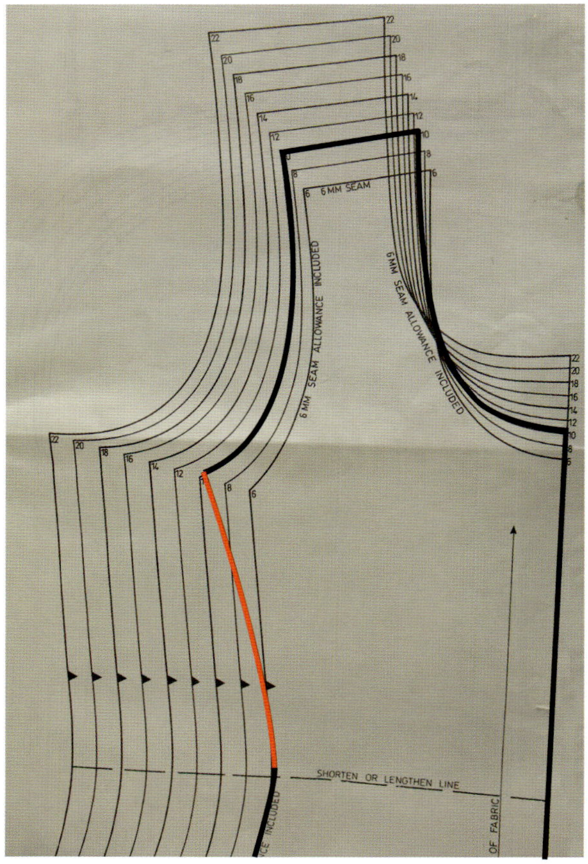

Modification de la taille sur un patron multi-tailles (ligne rouge) ; le patron sera coupé le long des lignes rouge et noire.

D'autres indications

Il se peut que vous rencontriez également les termes suivants :

- **Endroit vers vous/envers vers vous :** cela vous indique comment couper la pièce dans le cas de patrons asymétriques.
- **Haut et bas :** ces termes peuvent figurer sur les patrons de forme abstraite (par exemple un drapé) ou dont les côtés se ressemblent beaucoup.
- **Niveaux horizontaux :** ces repères indiquent l'endroit idéal pour rallonger ou raccourcir le patron si nécessaire. Ces lignes s'avèrent également utiles lorsqu'il s'agit de faire coïncider des pièces ou de réduire ou augmenter les tailles.

Surplus de couture

La taille montrée sur le patron est une indication de la taille finie du vêtement. Le surplus (dit encore rentré, marge ou réserve) est la quantité de tissu qu'on laisse au-delà des lignes de coutures achevées.

La plupart des patrons du commerce incluent une généreuse largeur de surplus, généralement de 15 mm, ce qui permet d'ajuster la taille finie en cas de besoin. Si vous pensez que le patron que vous coupez ne sera pas suffisamment grand, vous pouvez agrandir les surplus, à condition de *marquer à la craie* et de *coudre sur la ligne de couture originale*.

Il est également conseillé d'agrandir les surplus lorsque l'étoffe est instable ou a tendance à s'effilocher. Il est plus facile de couper une pièce plus grande – que vous recouperez éventuellement par la suite – que d'improviser des solutions pour les pièces coupées trop petites.

Un surplus trop petit affaiblit la couture, et peut provoquer l'effilochage du tissu ; en revanche, un surplus trop grand ajoute de l'épaisseur, ce qui peut altérer le seyant d'un vêtement (pour connaître les façons de réduire le surplus afin d'obtenir une finition plus nette, voir le chapitre 8).

Si le patron compte un surplus de 15 mm, cousez en faisant coïncider le bord de vos pièces avec la ligne de 15 mm qui est indiquée sur la plaque à aiguille de la machine.

Modifier les patrons

On peut modifier les patrons pour en changer quelque peu la forme et les dimensions selon l'une des options suivantes :

- en ajoutant ou retirant de la longueur,
- en ajoutant de l'ampleur (par exemple des fronces sur une tête de manche),
- en ajustant les tailles, par exemple si votre tour de poitrine ne correspond pas à la même taille que votre tour de taille ou de hanches,
- en créant des lignes stylistiques, comme un empiècement de jupe,
- en modifiant la forme du vêtement (par exemple, encolure ronde transformée en encolure en V),
- en ajoutant des détails, comme des pattes d'ouverture, des poches et des cols,
- en déplaçant et en changeant le degré d'ajustement (en déplaçant les pinces) ou en faisant des pinces dans des pans, des plis ou des nervures.

Toute rectification sur une pièce de patron doit être répétée sur les pièces adjacentes. N'oubliez pas de bien vérifier que les crans et autres repères coïncident.

Rallonger un ourlet

Placez une feuille de papier sous le patron, le long du bord d'ourlet, et fixez-la avec du ruban adhésif. Avec une règle, mesurez et marquez la longueur voulue à différents endroits de la ligne, en commençant par faire des points et en les reliant en une ligne continue.

Raccourcir un ourlet

Avec une règle, mesurez et marquez la nouvelle ligne d'ourlet au-dessus de la ligne originale du patron. Reliez les marques en une ligne continue et coupez le long de cette ligne pour retirer l'excédent de papier.

Rallonger ou raccourcir une robe

Pour modifier la longueur du corsage d'une robe ajustée, placez vos marques entre la poitrine et la taille. Rectifiez la longueur d'ourlet d'une robe ajustée au niveau des hanches ou de l'ourlet.

La longueur de corsage des robes très cintrées à la taille (silhouette « princesse ») peut être modifiée entre la poitrine et la taille. dans ce cas, rectifiez l'ourlet sous la ligne des hanches (sans oublier que tout ajustement d'ourlet affectera l'évasé de la jupe et, peut-être, le métrage de tissu).

Rallonger ou raccourcir une jupe

Modifiez la longueur d'une jupe droite sous la ligne des hanches ou au niveau de l'ourlet. Rectifiez la longueur d'une jupe évasée en vous reportant aux instructions pour « raccourcir un ourlet », page précédente.

Rallonger ou raccourcir un pantalon

Pour modifier la longueur de fourche d'un short ou d'un pantalon, retouchez sous les pinces et la fermeture à glissière, mais au-dessus de la fourche.

Modifiez les jambes d'un pantalon en leur milieu, afin de conserver les détails d'ourlet et les éventuelles pinces. Si vous devez procéder à d'importantes modifications, divisez la quantité et retouchez à moitié au-dessus et à moitié au-dessous du genou.

Rallonger ou raccourcir un corsage

Modifiez la distance entre l'encolure et la taille du dos en retouchant entre la pince de la poitrine et la taille (en prenant la pince de la taille, le cas échéant ; repositionnez les éventuels repères sur la pince de la taille et reliez-les par une ligne continue).

Remonter une pince de poitrine

La pointe de la poitrine est généralement indiquée sur le patron. La pointe des pinces se trouve habituellement 2 cm en dessous, afin de ne pas l'exagérer. Si vous avez une poitrine haute, il vous faudra peut-être remarquer la pointe de la poitrine. Redessinez ensuite les lignes de la pince à partir du bord extérieur du patron, en les faisant converger à la nouvelle pointe de poitrine. Pour remonter ou rabaisser une pince de poitrine de manière conséquente, décalquez la pince du patron et repositionnez-la à l'endroit voulu.

Rallonger ou raccourcir des manches

Sur une manche droite terminée par un poignet travaillé, effectuez les modifications au milieu de la manche. Les manches sans ornements de poignet peuvent être rectifiées au milieu de la manche ou à l'ourlet.

Modifier le tour de taille

Déterminez tout d'abord la quantité à augmenter ou à réduire au niveau de la taille et divisez ce nombre par le nombre de panneaux (si vous confectionnez une jupe à nombreux godets, il vous faudra rectifier une toute petite quantité à chaque couture).

Pour augmenter le tour de taille, fixez une feuille de papier sous la taille, au niveau des coutures latérales, et marquez le long du bord de la ceinture. Redessinez la ligne de couture à partir de ce point, en l'obliquant progressivement vers le bord du patron existant.

Pour réduire le tour de taille, marquez l'ajustement sur le bord de la ceinture du patron. Redessinez la ligne de couture à partir de ce point, en l'obliquant progressivement vers le bord du patron existant, au niveau de la hanche.

Rallonger une pièce de patron

Appliquez la méthode « couper-espacer » : déterminez tout d'abord de combien vous devez rallonger le patron. Coupez le patron le long de la ligne de rectification (ligne « rallonger ou raccourcir »). Placez une autre feuille de papier au dos des deux pièces, en écartant ces dernières aux dimensions voulues. Assurez-vous que les bords coupés sont parfaitement parallèles. Collez ou épinglez les pièces sur le papier de fond ; si besoin, recoupez les bords entre les deux pièces.

Si le patron comporte des pinces, redessinez les lignes des pinces afin qu'elles coïncident parfaitement.

Raccourcir une pièce de patron

Déterminez tout d'abord de combien vous devez raccourcir le patron. Marquez cette mesure au-dessus de la ligne de rectification (« rallonger ou raccourcir »), puis pliez la ligne marquée afin qu'elle coïncide avec la ligne « raccourcir ». Fixez avec du ruban adhésif.

Si le patron comporte des pinces, redessinez la pince de point à point, en vous aidant d'une règle pour tracer des traits droits.

Vous trouverez plus d'informations sur ces techniques dans le chapitre dédié à la mise en forme et aux ajustements (pages 134-139). Sachez qu'à chaque fois qu'un patron est coupé (sauf pour le rallonger ou le raccourcir), les surplus de couture doivent être ajoutés de part et d'autre de la ligne de coupe afin de maintenir une taille et une aisance constantes.

Ranger les patrons

Gardez toujours un exemplaire du patron original (avant qu'il soit modifié) en le décalquant sur du papier à patron ou du papier boucherie, soit à l'aide de papier carbone et d'une roulette à patron, soit en utilisant seulement la roulette et en redessinant sur les marques. C'est particulièrement efficace si vous confectionnez une toile d'essai. Les patrons de couture étant

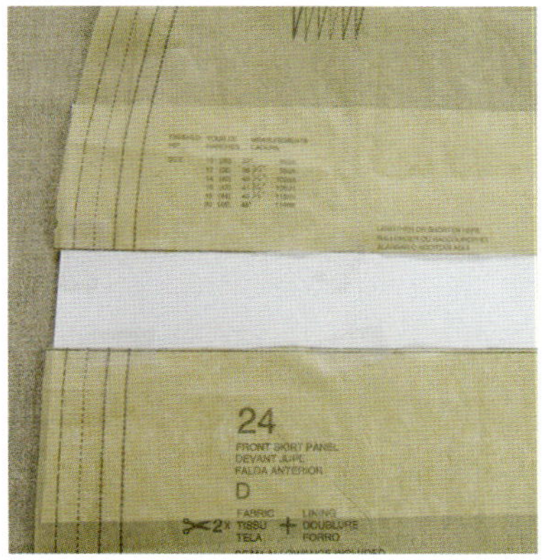

Pour rallonger un patron, « coupez et espacez » les pièces.

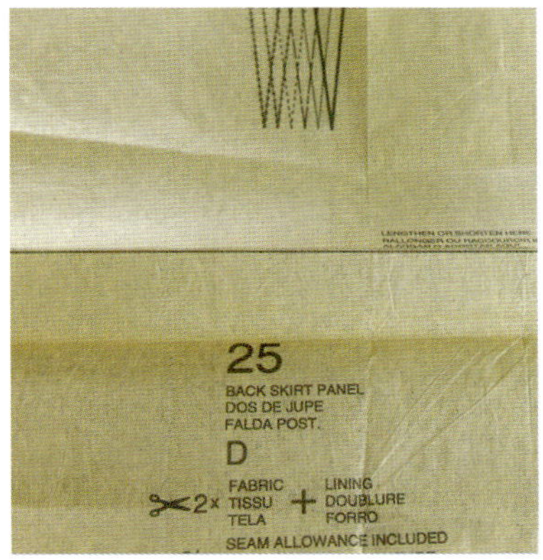

Pour raccourcir un patron, pliez le long des lignes de rectification.

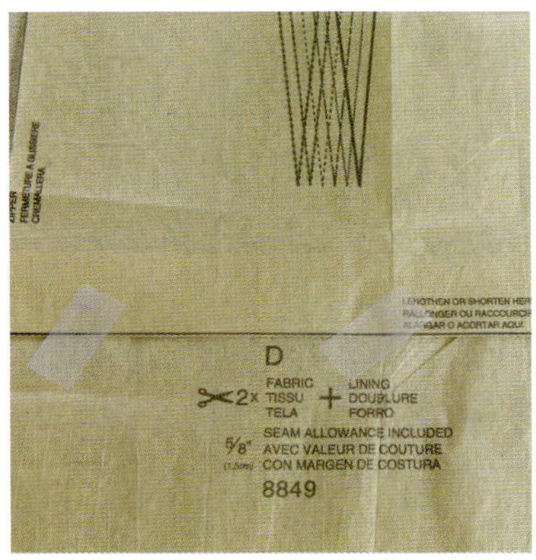

Fixez la partie pliée avec du ruban adhésif, puis décalquez ou coupez.

Confection d'un patron à partir d'un vêtement, en le décalquant sur du papier kraft.

Décalquage du même patron avec un entoilage spécial (à petits points).

échelonnés pour fournir plusieurs tailles dans une même pochette, le fait de décalquer les formes plutôt que de les couper directement permet de garder les patrons intacts pour un usage ultérieur, et évite de perdre les pièces.

Il est terriblement agaçant de perdre une pièce importante. Dès que vous en avez terminé avec les patrons, épinglez-les ensemble et rangez-les dans une pochette hermétique ou une boîte à couvercle, avec les instructions, les articles de mercerie et tout autre accessoire. Une fois l'ouvrage achevé, remettez toutes les pièces du patron dans leur pochette originale. Si les patrons sont de très grande taille ou collés sur du carton, suspendez-les à un crochet à patron ou à une patère, et fixez-y un croquis ou une étiquette avant de les suspendre à un crochet ou une tringle horizontale, bien à plat contre le mur.

Confectionner un patron à partir d'un vêtement

Une autre manière d'obtenir des patrons est d'utiliser des vêtements existants, en particulier des vêtement qui vous vont parfaitement. Il existe deux façons de procéder.

Si votre vêtement préféré est irrémédiablement usé ou taché, vous n'aurez pas trop de scrupules à le démonter pour le reproduire. Repassez-le avant toute chose, et ouvrez les coutures au fer. Marquez les repères sur chaque pièce avant de couper directement sur les lignes de couture, puis décalquez les pièces sur du papier à patron, ou épinglez-les directement sur le nouveau tissu. Ajoutez les surplus de couture.

L'autre solution consiste à épingler le vêtement sur du papier et à utiliser une roulette à patron (ou une série de marques d'épingle) pour marquer les lignes de couture. Les jupes trapèze, les T-shirts et autres formes simples sont très faciles à reporter de cette manière. Ajoutez des surplus de couture sur toutes les pièces, ainsi que pour les fermetures. Vous pouvez aussi utiliser de l'entoilage spécial patron (voir illustration ci-contre à gauche).

Toiles de moulage

Une toile est un prototype du vêtement réalisé dans un tissu bon marché, de même poids et qualité que le tissu choisi pour le vêtement définitif. La toile est cousue à la machine, sans finir les surplus. C'est une excellente façon de vérifier le seyant d'un vêtement avant de couper le tissu, surtout si vous utilisez beaucoup de tissu ou si celui-ci est onéreux.

Rares sont ceux ou celles d'entre nous à avoir une taille mannequin : un modèle recopié sur un magazine de mode aura l'air très différent sur une personne « normale ». C'est pourquoi le fait de confectionner une toile de moulage vous permettra de voir précisément si le style convient à votre silhouette.

Les toiles sont indispensables pour :

- révéler les modifications à effectuer sur le patron afin d'obtenir un vêtement parfaitement seyant,
- identifier les difficultés de construction ou les éventuelles inexactitudes d'un patron,
- déterminer les proportions et l'aspect global du modèle avant de le confectionner dans du tissu.

La confection d'une toile peut vous sembler une perte de temps mais, même si vous êtes débutante, essayez cette méthode ; à terme, cela vous fera gagner beaucoup de temps. (Pour plus d'informations sur l'essayage et l'utilisation des toiles de moulage, voyez page 146.)

Prendre les mesures

Les vêtements gagnent à être parfaitement seyants, et la première étape pour obtenir un vêtement bien coupé est de connaître vos mensurations. Vous pourrez ainsi choisir la taille de patron la plus proche de la vôtre. Remarquez, toutefois, que les tailles des patrons de couture varient d'un pays à l'autre et qu'il faut toujours comparer vos mensurations avec celles du patron, plutôt que de prendre votre taille habituelle.

Si vous ne faites pas une taille standard de la tête aux pieds (par exemple, si vous faites un 42 au niveau de la poitrine et un 40 au niveau de la taille), vous pouvez utiliser les patrons multi-tailles pour compenser la différence et adapter les tailles (c'est-à-dire raccorder les deux tailles aux endroits adéquats). En cas de doute, ajoutez de larges surplus.

En cours de travail, il est conseillé d'essayer le vêtement et d'effectuer les retouches au fur et à mesure, afin d'obtenir un vêtement parfaitement adapté à votre morphologie. Vous devrez demander l'aide d'un(e) ami(e) pour prendre les mesures les plus difficiles.

Pour des mensurations précises, mettez-vous en sous-vêtements ou en justaucorps. Si cela vous gêne trop d'être ainsi exposée aux regards d'une tierce personne, portez au moins des vêtements légers.

Pour prendre les mesures d'une personne, le mètre ruban doit être tenu serré, mais pas trop, et toujours parallèle au sol. Pour mesurer les parties arrondies, le mètre ruban doit être tenu droit.

Les longueurs doivent toujours être prises au même niveau. Pour vous aider, attachez une ficelle autour de votre taille en la secouant jusqu'à

Poitrine	7 centimètres
Taille	2,5 centimètres
Hanches	5 centimètres
Profondeur fourche	1,5 centimètre

Marges d'aisance requises pour les tissus non extensibles.

Mesure de la circonférence d'un cercle sur le tissu.

ce qu'elle s'adapte à votre taille naturelle. Si vous n'êtes pas habituée à porter des vêtements serrés à la taille, ou si vous n'avez pas de taille bien marquée, cela pourra vous paraître un peu étrange.

Les mesures à prendre sont indiquées sur les schémas des pages suivantes. Même si vous utilisez un patron du commerce, prenez les mesures correspondant au modèle et vérifiez-les avec celles du patron. Pour les modèles qui épousent la forme du corps, prenez des mesures de manière très précise. Par exemple, les tours de poitrine sont très variables, mais l'ampleur n'est pas également répartie tout autour du corps.

Les modèles amples n'ont pas besoin de mesures précises, simplement des principales circonférences (taille, poitrine, hanches) et des longueurs finies (par exemple, la manche et l'extérieur de la jambe). L'option la plus simple pour déterminer quelles mensurations sont requises est probablement de regarder les mensurations utilisées sur votre patron, puis de prendre les vôtres.

L'aisance est la valeur que l'on ajoute aux mensurations afin que le corps bouge confortablement dans les tissus non extensibles. Vous trouverez l'aisance moyenne des différentes parties du corps dans le tableau ci-contre à gauche. Il s'agit de la marge minimale d'aisance qui sera comptée dans un patron pour un vêtement ajusté (les modèles plus amples compteront une plus grande marge d'aisance ; le patron vous indiquera s'il s'agit d'un vêtement ajusté, semi-ajusté ou ample).

L'élasticité des différents tissus est très variable. Si vous utilisez un patron pour tissu extensible, vérifiez s'il indique le degré d'élasticité recommandé et demandez conseil au vendeur si cette information fait défaut sur le rouleau de tissu. Vérifiez le degré d'élasticité dans les deux sens, et placez le sens le plus élastique dans la largeur.

Formule pour calculer les formes circulaires

Les jupes amples, les capes et les volants d'ourlet se construisent facilement à partir d'une forme circulaire. Pour mesurer des formes circulaires, calculez le rayon du cercle. Le rayon est égal à la circonférence (ici, de la taille) divisée par 6,28 (pi x 2). Par exemple, un tour de taille de 66 cm, divisé par 6,28, donnera un rayon de 10,5 cm.

Pliez le tissu en deux, puis servez-vous du trou à l'extrémité du mètre ruban pour faire pivoter le tissu autour d'une épingle et marquer le cercle. Ajoutez le surplus de couture avant de couper.

PRINCIPALES MESURES FEMMES

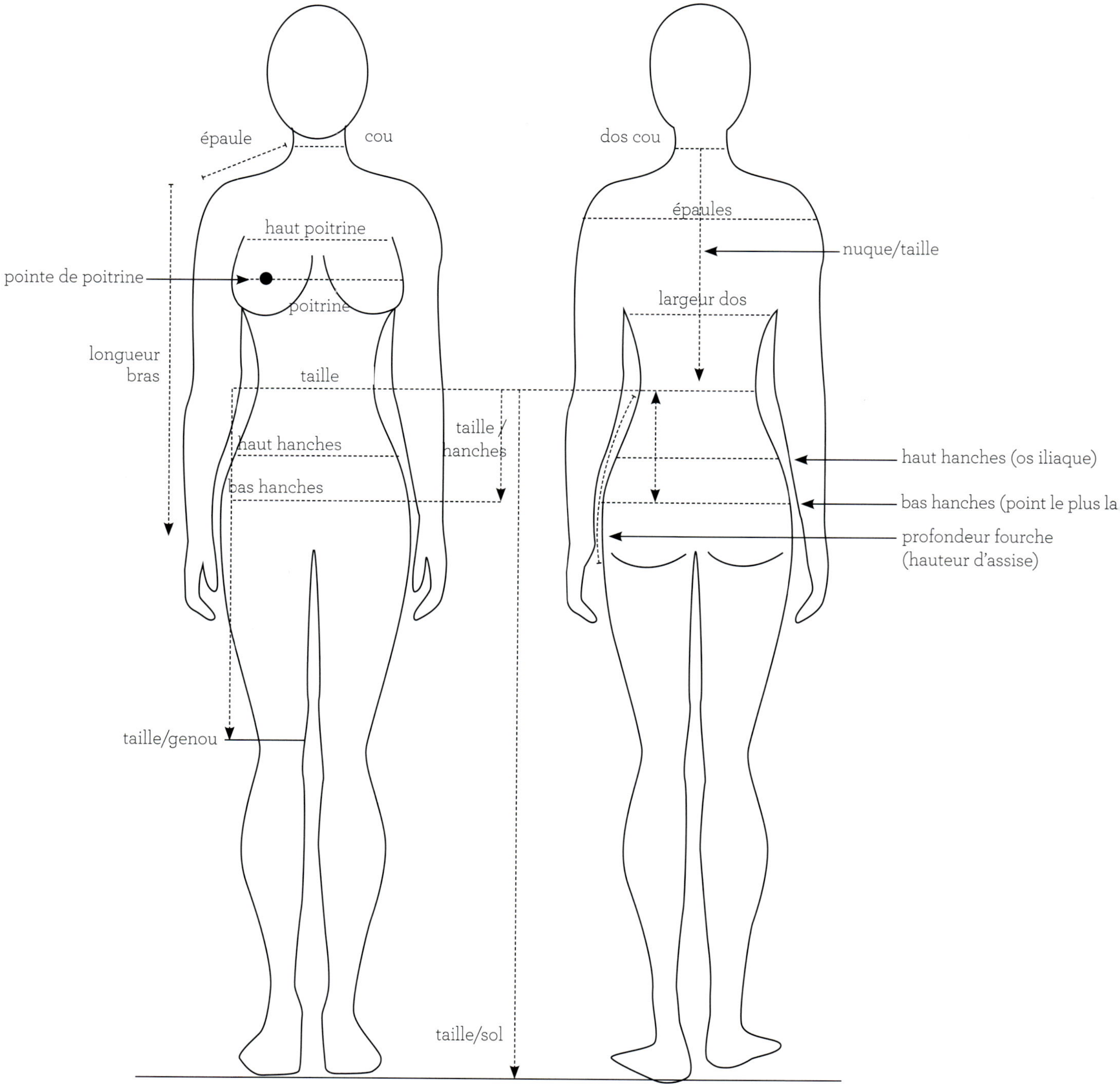

PRINCIPALES MESURES HOMMES

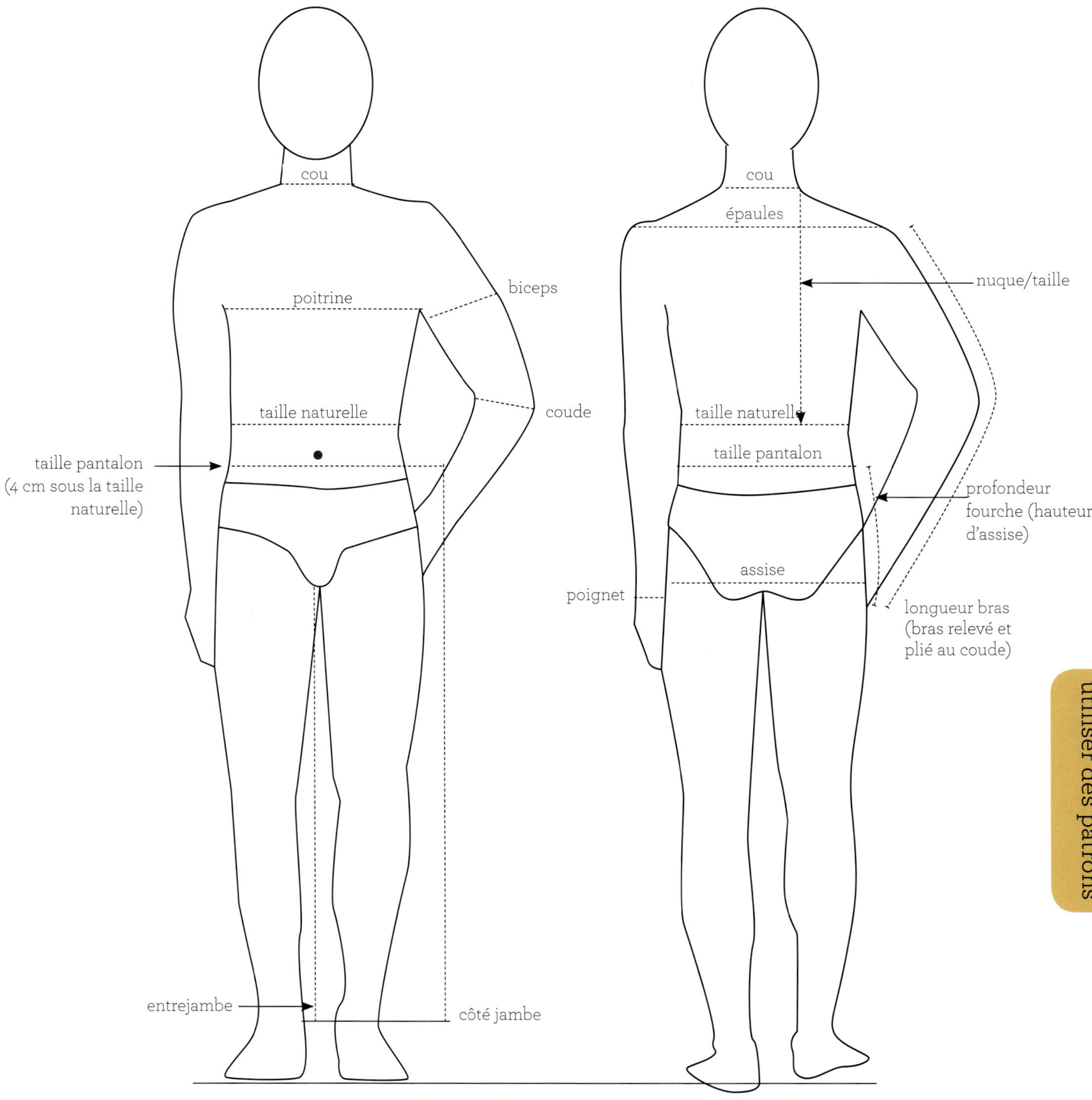

• MACHINE

6
couper et bâtir

- Préparer les pièces du patron
- Plan de coupe
- Épingler ou marquer
- Couper
- Travailler avec des tissus difficiles
- Bâtir et marquer au fil
- Bâtir à la main

SI VOUS AVEZ DÉJÀ EFFECTUÉ DES TRAVAUX DE RÉNOVATION DANS VOTRE MAISON, VOUS SAVEZ QUE LA PRÉPARATION PEUT PRENDRE AUTANT DE TEMPS – SINON PLUS – QUE L'EXÉCUTION DU PROJET PROPREMENT DIT. LA COUTURE REQUIERT ÉGALEMENT BEAUCOUP DE PATIENCE, D'ORGANISATION ET D'EFFORT.

Préparer les pièces de patron

Tout d'abord, découpez les pièces du patron. Sortez-les de la pochette, séparez-les et lissez-les bien. À l'aide de ciseaux à papier (pour ne pas émousser vos ciseaux de couture), découpez les pièces le long de la ligne de coupe correspondant à la taille désirée. Ou bien transférez les lignes correspondant à votre taille sur le tissu à l'aide d'une roulette à patron. Cependant, si vous ne faites pas exactement la même taille partout – par exemple, si le tableau des tailles du patron met votre tour de poitrine à une taille différente de celle correspondant à votre tour de taille – il vous faudra couper entre les deux tracés (voir page 68). Découpez soigneusement le patron, en coupant également les crans ou en entaillant de quelques millimètres l'intérieur du surplus.

Plan de coupe

La façon dont les pièces seront disposées sur le tissu relève des instructions de coupe du patron de couture. On appelle cela le *plan de coupe*. La disposition idéale est celle qui gaspille le moins de tissu. Les patrons proposent les meilleures dispositions possibles pour différentes largeurs de tissu, ainsi que des plans particulièrement adaptés aux tissus à poil ou à motif, dits plans *avec sens*.

Étendez le tissu sur votre plan de travail. Lissez-le de la main pour éliminer toute poche d'air ou faux pli et le faire reposer bien à plat, les lisières parallèles au bord de la table (ou à une ligne tracée sur la table) et le sens travers perpendiculaire. Si possible, toute la pièce de tissu doit être étendue à plat sur le plan de travail, sans retomber. Sinon, soutenez l'excédent de tissu à l'aide d'une chaise. Un objet lourd, comme un livre, s'avérera utile pour éviter que le tissu excédentaire n'entraîne le reste hors de la table.

Si vous alignez les deux lisières et que le tissu gondole sur les côtés, pratiquez de petites entailles dans la lisière. Les lisières étant tissées très serré et susceptibles de rétrécir au lavage, mieux vaut ne pas les inclure dans votre ouvrage lorsque vous coupez les pièces (si vous devez inclure les lisières en raison d'une quantité limitée de tissu, crantez-les au moment où vous surfilez les coutures ou bien éliminez-les aux ciseaux si vous surfilez les coutures au point zigzag ou si vous les finissez autrement).

Pliez le tissu dans la longueur, *endroit contre endroit* (si le tissu est particulièrement étroit, vous pouvez le plier dans l'autre sens, en faisant coïncider les bords de coupe). Le fait de plier le tissu en deux et de couper les pièces sur deux épaisseurs vous permet de gagner du temps sur le marquage, l'épinglage et la coupe.

Si vous n'arrivez pas à distinguer l'endroit de l'envers du tissu, il y a de fortes chances pour que personne d'autre n'y parvienne ; choisissez donc une des deux faces et maintenez-vous-y. Marquez à la craie ou épinglez une étiquette provisoire à l'intérieur du surplus, sur *l'envers* de chaque pièce, avant de détacher le patron du tissu ; cela vous permettra de vous rappeler quelle face du tissu est l'« endroit ».

Chaque fois que vous pliez un tissu en deux, placez la pliure vers vous et épinglez les lisières tous les 5 cm pour maintenir le tissu en place.

Les patrons de forme asymétrique ou les pièces faites dans un tissu difficile à raccorder ne devront pas se trouver sur la pliure. Ces pièces de patron devront être découpées une à une afin que les motifs puissent être facilement raccordés ; coupez d'abord la pièce la plus grande ou la plus visible (généralement le milieu devant), puis utilisez cette pièce pour la placer sur le tissu à couper, en faisant coïncider les coutures (pour plus d'informations, voyez la rubrique sur les tissus difficiles, pages 87-95).

Les patrons de couture présentent fréquemment de légères variantes, appelées modèles, pour chaque ouvrage (par exemple, des manches courtes ou des manches longues, ou encore des encolures de formes différentes). Pour chaque modèle, vous trouverez dans les instructions des conseils pour les disposer de la manière la plus économique, selon les différentes largeurs de tissu. Encerclez le plan de coupe correspondant à la largeur de votre tissu et repérez bien toutes les pièces nécessaires à ce modèle particulier.

Épingler ou marquer

Il existe deux façons de disposer les patrons sur le tissu et de les couper. La méthode la plus courante, pour les débutants, consiste à épingler tous les patrons au tissu, puis à les découper. L'autre méthode consiste à tracer le contour de tous les patrons à la craie ou au marqueur textile avant de les découper. Cette deuxième solution est généralement utilisée par les professionnels qui se servent de patrons en carton (plus durable que le papier) réutilisables.

Quelle que soit la méthode choisie, placez correctement les patrons sur le tissu, face adéquate vers vous (il s'agit généralement de l'endroit du patron, de sorte que les instructions de coupe soient lisibles). Assurez-vous également que le droit-fil soit parallèle aux lisières. Pour ce faire, mesurez la distance entre

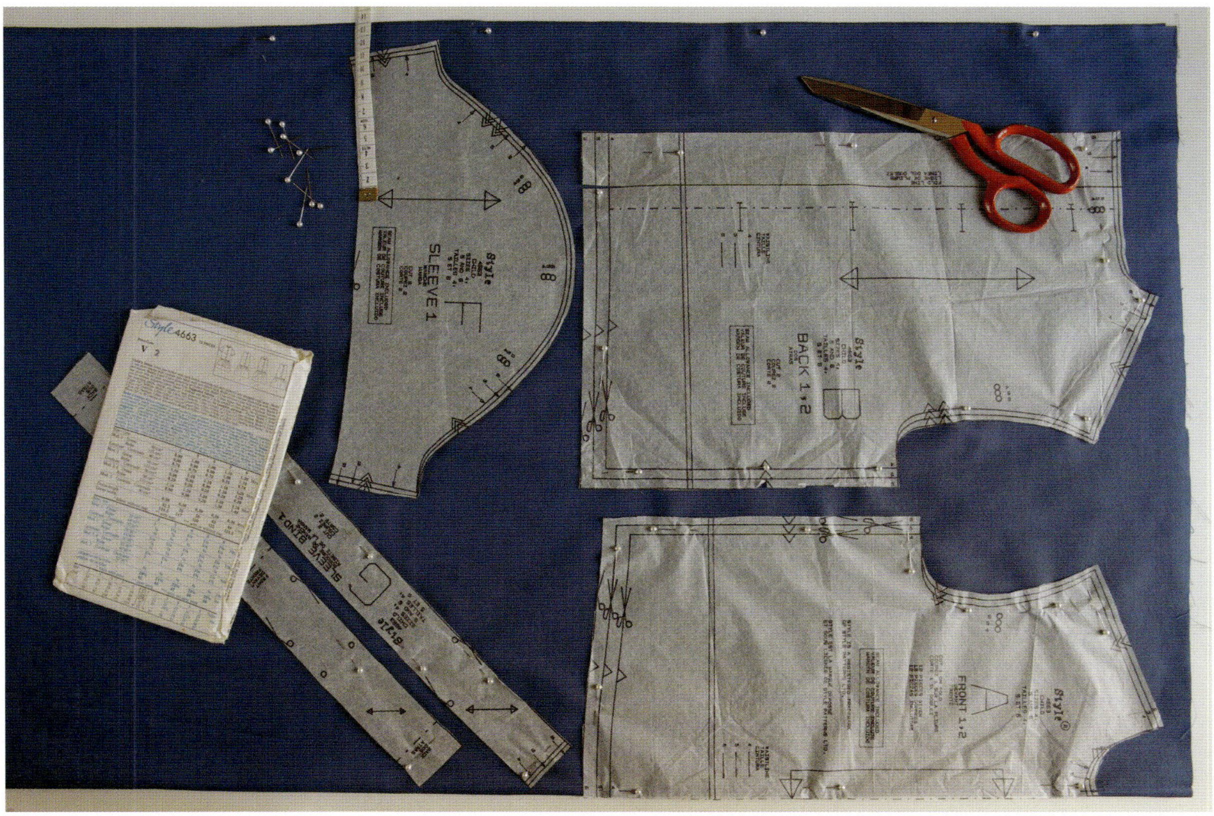

Placez les patrons sur le tissu conformément au plan de coupe, en veillant à ce que les lignes du droit-fil soient bien orientées, à ce que vous coupiez le bon nombre d'exemplaires de chaque pièce et à ce que les pièces importantes soient placées sur la pliure.

une extrémité du droit-fil du patron et la lisière. Avec une épingle, maintenez le patron en place tandis que vous le faites pivoter jusqu'à ce que l'autre extrémité du droit-fil soit à égale distance de la lisière.

Utilisez votre main non dominante (et/ou un poids quelconque) pour tenir délicatement le tissu pendant que vous épinglez. Chaque fois que les patrons se trouvent sur la pliure du tissu (comme le milieu devant et le milieu dos), lissez (ou tapotez) le tissu à partir de la pliure avant d'épingler le patron. De même, pour les autres pièces de patron, lissez le tissu vers l'extérieur du droit-fil.

Épinglez les patrons tous les 5 cm environ le long des lignes droites, et plus fréquemment dans les courbes (emmanchures et encolures, par exemple) ainsi que sur les tissus glissants.

Épinglez toujours à l'intérieur des bords du patron, loin des lames de ciseaux. Épinglez tout le patron sur le tissu et reportez les informations nécessaires – les pinces, les plis et l'emplacement des garnitures… – avant de commencer à couper. Vous pouvez également décalquer les traits des pinces (ou autres) une fois le contour découpé, à condition que vous n'ayez pas encore retiré le patron.

Si vous devez découper plusieurs exemplaires d'une même pièce – par exemple, les huit godets d'une jupe –, vous devez couper le patron plusieurs fois, même s'il est placé sur la pliure. C'est à ce moment-là que le traçage des contours est plus simple et plus rapide que l'épinglage.

Marquage correct

Le type de marqueur que vous choisirez dépendra du tissu utilisé, ainsi que de ses consignes d'entretien. Testez la craie ou le marqueur sur un bord extérieur du tissu au préalable.

Plus vos marques seront fines, plus votre ouvrage sera précis. Les marqueurs larges ou émoussés sont la bête noire des couturières. Le manque de précision du marquage aura un effet cumulatif sur les dimensions finales. Les cols, par exemple, ne coïncideront pas parfaitement avec les encolures, et les petites pièces de patchwork mal coupées et assemblées donneront un résultat plus grand ou plus petit que prévu. Les débutantes coupent souvent à l'extérieur d'un gros trait de craie ; pour plus de précision, coupez toujours à l'intérieur des traits de craie, ou directement sur un trait fin. Si vous n'êtes pas sûre que votre pièce a été découpée très précisément, comparez-la avec le patron original.

Coupe

Vérifiez – plutôt deux fois qu'une – que toutes les pièces dont vous avez besoin sont épinglées ou reproduites au marqueur avant de commencer à couper. Ainsi, si vous découvrez que vous manquez un peu de tissu, vous pouvez repenser votre ouvrage en lui ajoutant une pièce de tissu contrastant ou assorti plutôt que de racheter du tissu qui ne sera peut-être pas tout à fait de la même teinte. Ou, pire encore, d'avoir à racheter un tissu qui ne se fait plus.

Servez-vous de votre main non dominante pour tenir délicatement le tissu en place pendant que vous coupez directement sur les traits (ou à l'intérieur d'un gros trait de craie) avec des mouvements réguliers. Le bout des lames des ciseaux n'a pas besoin de se refermer complètement chaque fois, sauf lorsque vous coupez de petites parties, comme les entailles.

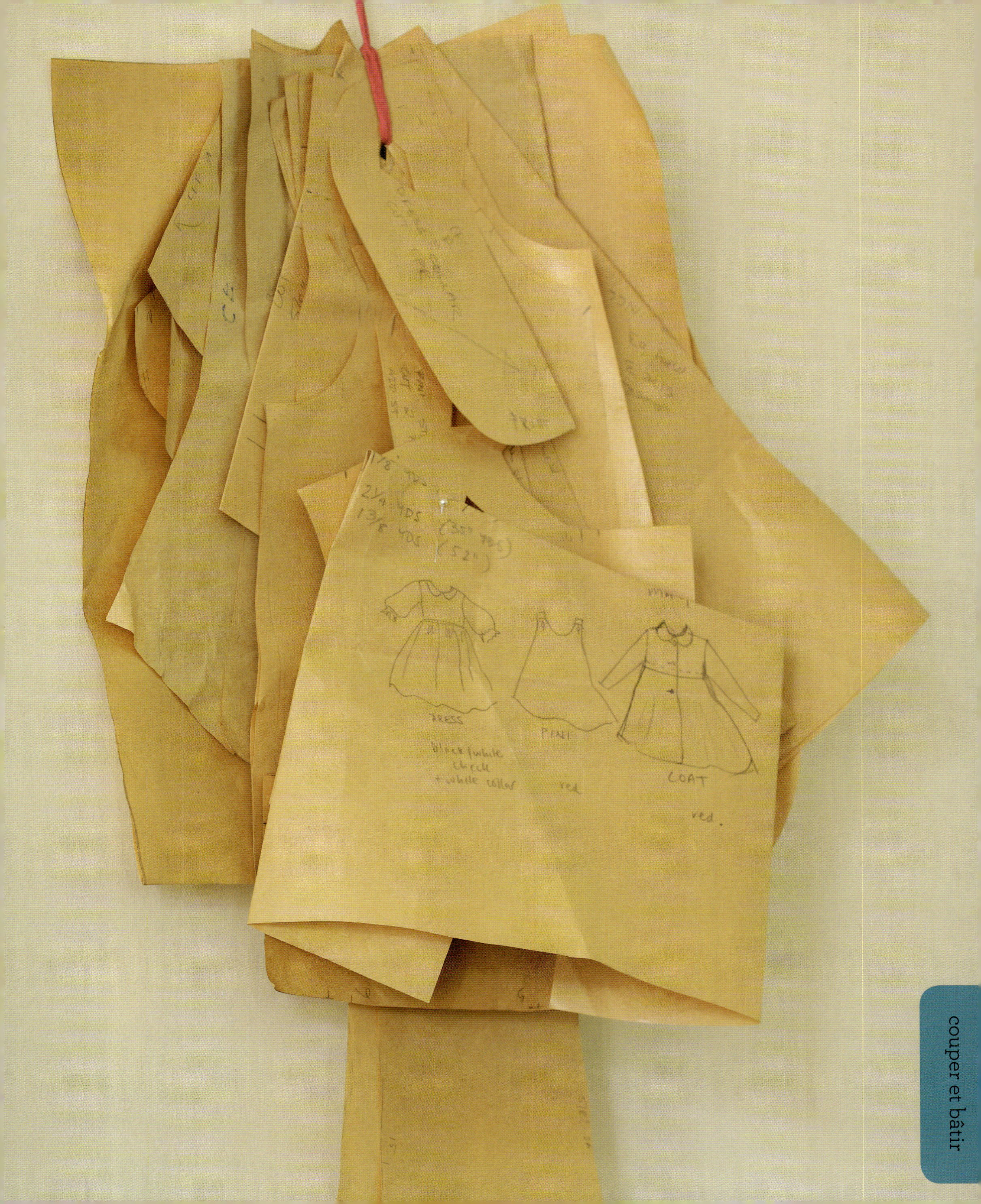
2 1/4 YDS
1 3/8 YDS
DRESS
PINI
COAT
black/white check + white collar
red
red.

Bâti et marquage au fil

Pièce de vêtement en cours de bâtissage manuel.

Pièce de vêtement partiellement bâtie à la machine au ras de la ligne de couture, en pointillés.

Le bâti, ou faufil, est une technique permettant d'effectuer des points provisoires avant l'assemblage définitif. Qu'il soit fait à la main ou à la machine, il est essentiel de le maîtriser afin de pouvoir évaluer la longueur, la taille et les proportions, ainsi que le placement des garnitures. Vous pourrez ensuite défaire très facilement ces points et effectuer d'éventuelles retouches avant de procéder à la couture définitive. Il existe deux sortes de bâti : le bâti destiné à marquer une simple épaisseur de tissu et le bâti servant à assembler provisoirement deux pièces de tissu.

Bâtir une simple épaisseur

On utilise ce type de bâti dans deux circonstances.

Le bâtissage des coutures à la machine ou à la main sera remplacé par la piqûre permanente. Ce type de bâti devra donc être exécuté au ras de la ligne de construction (par exemple dans le surplus de couture), de sorte que lorsque la piqûre définitive sera effectuée sur la ligne, le bâti pourra être aisément retiré ou restera invisible à l'intérieur de la couture.

Le marquage au fil se fait au point devant pour marquer les lignes de construction et s'en servir comme point de repère au cours des premiers essayages. Ces points seront retirés avant que le vêtement soit terminé. Les lignes de construction susceptibles d'être marquées au fil sont le milieu devant, le milieu dos, les lignes de pli, le niveau d'ourlet et l'emplacement des poches et autres détails. Bien que le marquage au fil soit un processus laborieux (il faut du temps pour retirer les points), il est précis et extrêmement efficace.

Évitez absolument de repasser (à sec ou à la vapeur) le marquage au fil des tissus délicats, car les points pourraient marquer définitivement le tissu. Un fil crème, blanc ou de toute autre couleur pâle est préférable pour les bâtis à la main, car il y a peu de risque que sa couleur déteigne sur le tissu au moment du repassage.

Le *bâti tailleur* est une sorte de marquage au fil utilisé pour reporter certaines informations de construction (contours, pointes et lignes de pince arrondies, emplacements de poche et pliures) du patron au tissu. Utilisez une double épaisseur de fil et bâtissez à points très lâches dans les deux épaisseurs de tissu, endroit contre endroit, en faisant de petits points espacés d'environ 3 cm. Écartez ensuite délicatement les deux épaisseurs et coupez les fils entre les deux. Vous obtiendrez une ligne brisée de petites touffes de fil.

Le premier essayage d'un vêtement (voir pages 145-147 pour plus d'informations sur les essayages) sera plus rapide et plus efficace si les lignes de couture et de construction ont été préalablement bâties. Les

Confection d'un bâti tailleur dans le patron et le tissu pour marquer l'emplacement des pinces.

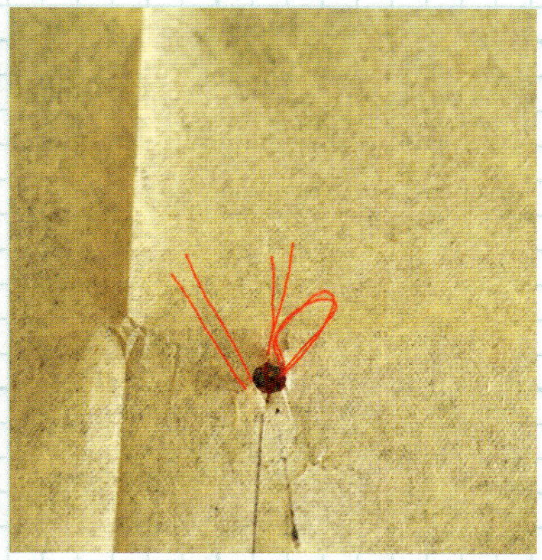

Gros plan d'un bâti tailleur à la pointe d'une pince.

Bâti tailleur suivant les lignes de pli d'une jupe (marquées à la craie).

Séparation des deux pièces de tissu et coupe des points de marquage.

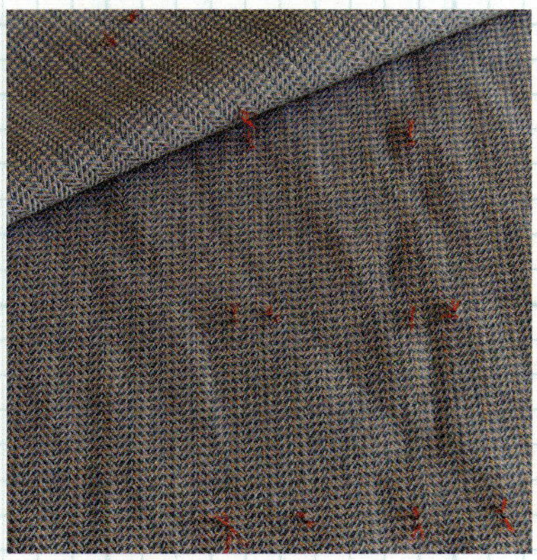

Une fois les tissus séparés, le bâti tailleur des lignes de pince apparaît.

ourlets peuvent également être bâtis à la longueur souhaitée avant d'être provisoirement maintenus en place pour les essayages.

Une fois le vêtement essayé, le marquage au fil peut servir à remplacer les informations ayant été marquées à la craie ou avec des épingles. Cela permet de conserver ces informations avant de terminer les ajustements.

Bâtir à la machine

Le bâti est une mesure provisoire qui rend l'information marquée sur l'envers visible sur l'endroit. Si vous bâtissez à la machine, utilisez le point le plus long, et déstabilisez-le en réduisant la tension du fil supérieur, de telle sorte que le fil de canette puisse être facilement retiré par la suite.

Les points de bâti sont délibérément longs, afin de pouvoir être faciles à retirer à l'aide d'un découd-vite ou d'un coupe-fil une fois la piqûre définitive effectuée. Le fait de tirer les fils de bâti dans un tissu délicat peut laisser des trous ; mieux vaut couper les points et les retirer sur l'envers.

Bâtir plusieurs épaisseurs

On bâtit une surface à une autre afin d'obtenir une épaisseur plus solide. On peut par exemple bâtir de l'entoilage aux parementures avant de procéder à la finition des bords. Un tissu fluide, léger ou instable pourra être bâti à un autre afin d'avoir plus de corps et de rendre le vêtement plus résistant.

Les costumes de théâtre, par exemple, sont souvent bâtis à du calicot afin de durer tout le temps de la saison.

Pour bâtir deux épaisseurs ensemble et les traiter comme une seule épaisseur, étendez le tissu extérieur à plat sur le tissu de renfort, *envers contre envers*. Épinglez les bords supérieurs ensemble, lissez l'épaisseur supérieure vers le bas, puis épinglez et bâtissez les deux épaisseurs à la main ou à la machine. Si vous le faites à la machine, réduisez la tension du fil supérieur. Une fois les points permanents effectués, il ne vous restera plus qu'à ôter les points de bâti.

Pour les premiers essayages, vous pouvez bâtir les coutures avec un point droit, à la main ou à la machine.

On peut aussi bâtir plusieurs pièces ensemble pour les essayages préliminaires, comme les cols aux encolures, afin de vérifier qu'ils reposent bien à plat, pour mettre les garnitures en place et placer les manches dans les emmanchures. Marquez au fil les lignes de couture des emmanchures et des têtes de manche des vêtements ajustés avant de bâtir la manche dans l'emmanchure. Ainsi, si la manche est trop serrée ou ne tombe pas correctement, il est facile au cours d'un essayage de la découdre, de la tourner et de la replacer pendant qu'elle est portée.

Le *bâti épingle* est une expression pleine d'imagination caractérisant les coutures épinglées ensemble (au lieu d'être bâties à la main) pour un premier essayage. Il s'agit d'épingler le tissu *envers contre envers* de sorte que le surplus soit visible et que les épingles soient à l'extérieur du vêtement et ne blessent pas la personne qui procède à l'essayage.

> Dans une technique de patchwork traditionnelle (produisant des motifs comme le « jardin de grand-mère » dans lequel des hexagones sont assemblés en rosace), le tissu est bâti à des gabarits en carton qui permettent de maintenir les pièces en place pendant l'assemblage. Seuls les bords du tissu sont cousus, et non le carton, qui est retiré ultérieurement.

Bâtir à la main

Utilisez du fil à surjet ou des fins de bobine pour bâtir, à condition que le fil soit de poids moyen. Essayez de choisir un fil de couleur semblable (mais pas exactement identique) à celle du tissu extérieur afin de rendre les lignes de construction visibles, mais pas gênantes aux yeux de la personne qui essaie. Utilisez un fil très pâle sur les tissus de couleur claire, car un coloris plus foncé pourrait déteindre sur le vêtement. Sur les tissus délicats, utilisez un fil de soie fin, qui ne laissera pas de marques.

Préparez une aiguillée simple pour le bâti provisoire et une aiguillée double (ou un fil solide) pour former des fronces.

Le bâti main est plus précis quand le tissu est étendu à plat sur la table.

Les coutures peuvent être bâties au *point devant* (voir page 99). Le *point oblique* (voir page 100) s'utilise pour bâtir les plis, les détails des poches et les garnitures, ainsi que pour empêcher les pièces de se déformer en cours de manipulation. Ce point est plus stable que le point de bâti ordinaire.

Travailler avec des tissus difficiles

Les tissus rayés, à carreaux, à poil et à sens, ainsi que les satins, les dentelles et les étoffes très fines doivent faire l'objet d'un soin particulier au moment de la disposition des patrons et de la coupe des pièces. Voici quelques stratégies pour relever le défi posé par ce type de tissus.

- Vérifiez que les lignes du droit-fil sont bien orientées (en vous armant de patience).
- Étendez toute la largeur du tissu côté endroit vers vous. Le fait de marquer et de couper les pièces individuellement permet davantage de précision lorsqu'il faut raccorder des motifs. Si vous découpez des carreaux ou des rayures et devez plier le tissu en deux, rabattez les bords supérieurs dans le droit-fil et dans la diagonale pour vérifier que les rayures ou les carreaux sont bien alignés d'une lisière à l'autre.
- Commencez par placer le patron qui sera le plus visible lorsque le vêtement sera porté (par exemple, le milieu devant). Vérifiez que l'emplacement du motif n'attire pas le regard sur la poitrine ou sur le bas-ventre, puis épinglez le patron. Servez-vous de la position de ce patron pour faire coïncider les autres pièces (autrement dit, trouvez à quel endroit le motif se répète et placez l'ourlet au même niveau que sur la première pièce, en faisant également coïncider, si possible, le motif du tissu).
- Épinglez les patrons les plus grands avant les plus petits, et marquez tous les crans.
- À plusieurs endroits, marquez le motif du tissu (ou les rayures, le cas échéant) sur le patron en papier (au niveau de l'ourlet, du bord supérieur et des côtés, ainsi qu'autour des crans), en repérant l'emplacement de chaque couleur.
- Faites coïncider les patrons correspondants, rentrez le surplus pour faire coïncider les lignes de piqûre, puis marquez la position des rayures correspondantes sur la pièce adjacente, en maintenant les patrons dans le droit-fil.
- Dans la mesure du possible, évitez d'assembler plusieurs pièces pour former une parementure (notamment sur le milieu devant et le milieu dos) ; préférez une parementure d'un seul tenant.
- Lorsque vous coupez deux pièces identiques, la première peut être coupée et placée endroit contre endroit sur le tissu, par-dessus le patron, afin de parfaitement coïncider avec la deuxième.
- Une fois les pièces coupées, bâtissez les pièces adjacentes le long des lignes de construction. Gardez une pièce à plat sur la table et repliez la

Rabattez un des surplus et bâtissez, puis cousez juste sur le bord, en faisant coïncider les rayures.

Une fois piquées, les rayures forment des chevrons parfaitement raccordés.

Utilisez la même méthode pour faire coïncider une rayure dominante sur un motif à rayures inégales.

pièce jointe sur la ligne de construction bâtie. Ajustez éventuellement les pièces pour faire parfaitement coïncider les motifs ou les rayures. En gardant un surplus rabattu, bâtissez les coutures à la main au point glissé.

■ Lorsque vous assemblez des pièces à la machine, utilisez un pied transporteur (si vous en avez un), qui vous facilitera la tâche.

Rayures verticales

Placez le milieu devant (et dos) directement sur une rayure verticale ; et dans le cas où il y a une rayure dominante, centrez le patron sur elle.

Le raccord des rayures au niveau des épaules (et des autres coutures horizontales) est plus important que sur les côtés.

Rayures horizontales

Placez la partie du milieu devant de l'ourlet terminé sur une rayure non dominante. Les ourlets droits suivront la rayure horizontale, alors que les ourlets courbes ne la suivront que sur une petite portion (au milieu du devant et du dos).

Cherchez à faire coïncider les rayures sur les coutures latérales et autres coutures verticales.

Rayures inégales

Lorsque les rayures sont espacées de manière irrégulière, la meilleure solution consiste à faire coïncider la rayure dominante. Ne tenez pas compte des rayures (ou carreaux) les moins visibles et concentrez-vous sur la rayure la plus importante.

Rayures diagonales

Les lignes diagonales pro duisent un effet dynamique, particulièrement adapté aux formes simples, sans trop de coutures et pinces.

Faites coïncider les rayures au niveau des coutures latérales ; vous pouvez continuer les rayures dans la même direction ou bien les inverser pour former des chevrons sur les côtés. Les chevrons sont formés par les lignes cousues à angle droit, donnant un motif de V (ou V inversé).

Ne tentez pas de faire coïncider des diagonales sur des coutures courbes ; cela ne fonctionne pas.

Le biais d'une rayure diagonale sera une ligne horizontale ou verticale.

Carreaux et écossais

Faites coïncider les rayures dominantes. Lorsque celles-ci sont horizontales, essayez de faire l'ourlet sur un carreau dominant entier (voir ci-dessous). Si le carreau dominant est vertical, les coutures latérales sont presque toujours moins voyantes que les milieux devant ou dos, de sorte que vous pouvez centrer le carreau dominant sur le milieu devant ou bien à égale distance de la ligne centrale.

À chaque fois que cela est possible, placez la ligne de couture au centre d'un carreau, afin que les coutures verticales et horizontales

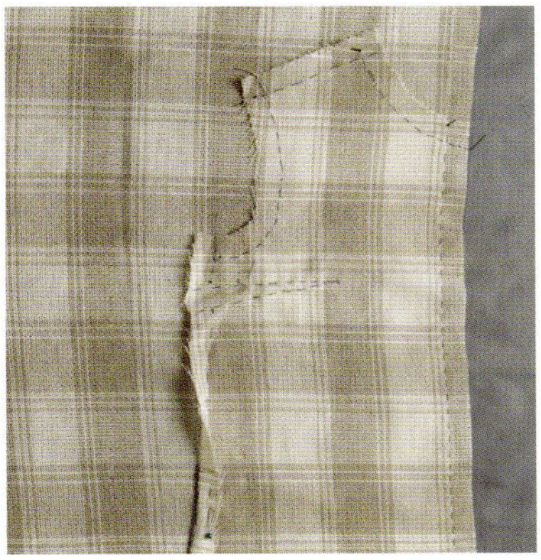

Rabattez la couture pour vérifier que les motifs coïncident le long de la ligne de piqûre.

Ou bien tracez les lignes du motif sur le patron, puis positionnez-le en conséquence, épinglez et coupez.

Bâtissez d'abord des lignes de construction, puis rentrez un surplus directement sur le bâti, avant de les assembler au point glissé, sur l'endroit de l'ouvrage.

Lorsque vous assemblez deux pièces, les motifs doivent parfaitement coïncider aux coutures. Les carreaux du milieu devant doivent aussi former des carrés complets une fois cousus.

forment un carré complet. Faites également coïncider les coutures latérales situées sous une pince latérale, car c'est la partie la plus visible.

Les plis sont plus jolis lorsque le bord extérieur du pli coïncide parfaitement avec le carreau adjacent, sans suivre exactement la position du patron. La largeur des plis pourra être ajustée en conséquence (dans ce cas, voyez page 69 pour plus d'informations).

Si vous appliquez la méthode techniquement correcte consistant à ajuster les ourlets par rapport à la hauteur du corps, vous risquez d'avoir l'illusion d'optique que votre ourlet n'est pas droit sur les rayures et carreaux horizontaux. Pour éviter cela, confectionnez un ourlet droit en le rentrant le long d'une ligne horizontale.

Bordures imprimées

Les bordures imprimées ou tissées sont parallèles à la lisière. Pour couper des pièces entières avec la bordure intacte, il faut que les pièces soient placées dans le sens travers plutôt que dans le droit-fil. C'est particulièrement efficace lorsque la plus grande partie de l'ourlet est droit.

Faites coïncider la bordure imprimée avec l'ourlet terminé. Les bordures peuvent aussi être coupées séparément du vêtement principal, puis cousues sous forme de bande pour agrémenter l'ourlet ou toute autre partie.

Tissus à motifs

Le *report de motif* est la largeur d'un motif qui se répète tout au long du tissu, et qu'il faudra donc raccorder. S'il s'agit d'un gros motif, il vous faudra acheter plus de tissu que ce qui est indiqué sur le patron.

Les tissus à petits motifs se prêtent davantage à une coupe économique que ceux qui sont dotés de motifs espacés.

Disposez les patrons à l'intérieur de chaque motif. Mieux vaut éviter de placer des motifs dominants au niveau de la poitrine ou du bas-ventre.

Si le vêtement possède un col, envisagez d'ajouter une couture au milieu du dos et de couper une paire « en miroir » dans le biais afin que la même partie du motif apparaisse à chaque extrémité.

Tissus à sens

Les tissus à poil (voir paragraphe suivant) ou dont les motifs ont un sens possèdent un haut et un bas distinctifs. Cela veut dire que toutes les pièces doivent être coupées dans un seul sens, chaque haut de patron étant orienté dans la même direction (et non pas « tête-bêche » comme avec un tissu uni). Pour couper ce type de tissu, référez-vous aux instructions « avec sens » du patron.

Pour raccorder les motifs d'un tissu, coupez une pièce, puis étendez-la sur le tissu pour former son image inversée.

Épinglez soigneusement les deux pièces, en faisant coïncider le motif, puis bâtissez le long de la ligne de couture.

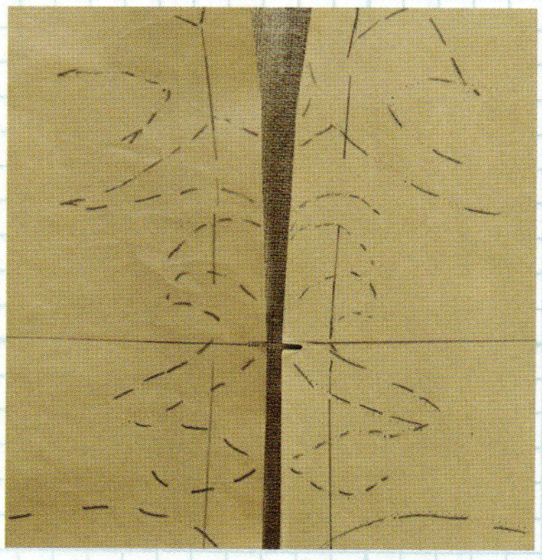

Pour raccorder un tissu à gros motif au niveau de la couture, décalquez les lignes ou parties de motif correspondantes sur le patron.

Épinglez les pièces pour vérifier que le motif est bien raccordé au niveau de la couture.

Veloutire improprement cousue (poil dans deux sens contraires), donnant une impression de tissus de couleur différente.

Veloutine correctement cousue (poil orienté dans le même sens).

Les tissus *à poil* ont une surface duveteuse, formée de poils très serrés ; il s'agit des velours lisses, des velours côtelés et de la veloutine. Le sens du poil se reconnaît en passant la main sur le tissu : dans un sens, le contact sera doux, dans l'autre, il offrira une légère résistance (et le tissu donnera l'impression d'avoir été brossé à rebrousse-poil).

Lorsque l'on coupe le tissu quand le poil est orienté vers le bas à partir du haut du patron, la texture sera plus douce à porter, mais la couleur moins intense que lorsque le poil est orienté vers le haut. Sur un tissu à surface lisse, il est possible de reconnaître le sens du poil en pliant le tissu de telle manière que la lisière soit repliée sur elle-même.

Indiquez le sens du poil voulu en marquant une flèche sur la lisière et sur chaque patron, puis disposez ceux-ci en conséquence.

Satin

Pour couper du satin, référez-vous aux instructions « avec sens » du patron, et transférez les informations à la craie sur *l'envers* du tissu. Suivez les instructions d'épinglage, de coupe et de couture des voilages (voir pages 94-95).

Repassez le satin à sec sur l'envers, sans utiliser de vapeur. Évitez de repasser directement sur la couture et les surplus, car cela créerait des impressions inversées sur la surface du tissu.

Bandes de dentelle brochée détachées, prenant une forme incurvée pour décorer un ourlet courbe.

Dentelle bâtie sur tissu opaque doublée d'un ruban de dentelle cousu sur les deux épaisseurs puis rabattu vers le haut.

Ourlet en zigzag cousu sur un tissu de dentelle perlée.

Dentelle

La dentelle industrielle ne se confectionne pas comme les textiles tissés et présente un aspect plus ajouré. La dentelle peut s'utiliser telle quelle ou bâtie à de l'organdi, de l'organza ou du tulle (ou tout autre tissu translucide) pour plus de corps et de structure.

La dentelle brochée se compose de motifs répétitifs reliés par des petits fils très fins. En coupant ces fils, les motifs peuvent se détacher et s'employer indépendamment pour les travaux d'applications ou pour orner la bordure d'un ourlet. On peut leur donner une forme courbe.

Disposez les patrons de façon à tirer le meilleur parti du motif de dentelle. Avec un point de bâti, tracez le contour des formes et reportez les indications du patron sur le tissu.

Bâtissez les coutures à la main à l'aide d'un point de longueur appropriée au poids de la dentelle : de petits points pour de la dentelle fine, des points moyens pour de la dentelle plus lourde. Faites un essayage et effectuez les modifications éventuelles avant d'utiliser votre machine à coudre.

Lorsque vous piquez de la dentelle fine, placez-la en sandwich entre deux feuilles de papier de soie afin de l'empêcher de se prendre dans les griffes d'entraînement ou le pied-de-biche.

Les coutures seront visibles à l'extérieur du vêtement ; construisez aussi légèrement et cousez aussi discrètement que possible.

Faites un nouvel essayage, puis réduisez les coutures à 6-10 mm (ou plus, selon le poids de la dentelle). Les tulles fins ou les dentelles fragiles pourront être sous-piqués de la largeur du pied-de-biche à l'extérieur de la ligne de piqûre, puis recoupés, ou laissés tels quels. Ne surfilez pas la dentelle.

Pour ranger de la dentelle ornée de sequins et de perles, pliez-la en intercalant du papier de soie dans chaque épaisseur, et posez-la à plat afin qu'elle ne s'étire pas ni ne s'emmêle. Tout sequin ou perle situé(e) entre les lignes de coupe et de construction devra être retiré(e) de la dentelle avant de procéder à la couture.

Si la dentelle est bâtie sur un tissu translucide pour ne former qu'une seule épaisseur, le vêtement devra être entièrement doublé. Sinon, gansez les coutures avec un biais léger confectionné dans un tissu comme l'organdi.

Vérifiez les consignes d'entretien avant d'acheter de la dentelle. Faites un échantillon de couture sur un petit morceau et faites un essai de repassage en suivant les instructions. Utilisez une pattemouille et ouvrez la couture au fer. La dentelle à motifs en relief peut être placée côté endroit contre une serviette de toilette afin que le repassage n'endommage pas la partie saillante ni ne laisse une marque sur l'éventuel tissu de support.

Les ourlets en dentelle peuvent être ornés d'un ruban de dentelle assorti appliqué ou cousu à la main. La dentelle bâtie sur un tissu translucide peut être ourlée en cousant un ruban de dentelle sur les deux épaisseurs, en le rabattant et en le cousant à la main sur le tissu de support ou sur la doublure.

Imitation fourrure

La fausse fourrure est aussi agréable à manipuler qu'une peluche. Le poil ayant un sens, placez et coupez les patrons toujours poil orienté vers le bas, en suivant les instructions « avec sens » du patron.

Étendez l'épaisseur de fourrure (non pliée) côté envers vers vous, et disposez les patrons en les maintenant à l'aide d'un poids (ou d'épingles à matelasser très longues). Dessinez le contour des patrons sur l'envers à l'aide d'un crayon Chinagraph ou d'un marqueur permanent à pointe fine.

Au moment de couper, préparez-vous à ressembler à un yéti ; de fines particules de fourrure, en effet, voleront dans les airs et s'amasseront sur vos affaires de couture, dans les moindres recoins de votre machine et sur vos vêtements. Portez un masque ventilé ou un foulard noué autour du nez et de la bouche. La fourrure glissant facilement sur le plastique et les tissus comme la soie, servez-vous de ces matières comme protection.

Avec un cutter et une planche de coupe autocicatrisante, ou la pointe de vos ciseaux, ne coupez que le revêtement synthétique au dos de la fourrure. Tirez ensuite les pièces afin de détacher le poil des entailles, en laissant toute la longueur de la fourrure au niveau des coutures.

La fourrure à long poil peut être humidifiée à l'éponge puis dégagée des entailles. Servez-vous d'aiguilles extra-longues, à intervalles rapprochés, pour maintenir les coutures en place à mesure que vous piquez. Libérez la fourrure prise dans les points à l'aide d'un peigne à larges dents.

Ne repassez pas la fourrure, ni à sec ni à la vapeur, car cela aplatirait et ternirait le poil.

Cuir, suède et vinyle

Les articles réalisés dans ces matières ont toujours un petit air luxueux. Mais le cuir et le suède (daim) sont onéreux et leur travail demande beaucoup de temps.

Gardez le cuir, le suède et le vinyle à plat ou en rouleau avant de les utiliser, pour éviter que des plis ne se forment. Vérifiez que l'endroit du cuir ne présente pas d'imperfections.

Faites un patron en toile avant de réaliser le vêtement, car les coutures effectuées sur ces surfaces ne passent jamais inaperçues.

Au lieu d'épingles, utilisez des poids ou du ruban adhésif pour maintenir les patrons en place et tracer leur contour au crayon Chinagraph. Une roulette à patron à bord lisse servira à transférer les repères de construction.

Pour coudre ces matières, utilisez du fil d'ameublement solide, une aiguille spéciale cuir et un pied-de-biche Téflon ou roulant (une autre option consiste à placer du papier de soie entre le pied-de-biche et le cuir ou vinyle). Évitez de percer inutilement la surface : choisissez une grande longueur de point, utilisez des trombones ou de petites pinces à dessin à la place des épingles pour maintenir les coutures en place et consolidez le début et la fin des coutures en nouant les fils plutôt qu'en piquant en marche arrière. Réglez la tension de la machine en fonction de l'épaisseur du cuir (faites un essai préalable sur des chutes). Les coutures peuvent être renforcées par une ganse formée d'un ruban fin.

Repassez au fer sec et doux, en intercalant une feuille de papier kraft entre le cuir et le fer. Aplatissez les surplus de couture en les ouvrant au fer et en surpiquant chaque côté de la couture. Entaillez le centre des pinces et ouvrez-les au fer. Les coutures simples et non surpiquées peuvent être aplaties à l'aide d'un maillet en caoutchouc recouvert de tissu, et maintenues en place à l'aide de colle caoutchouc.

Comptez un généreux ourlet de 4 à 5 cm.

Si, après avoir suivi ces conseils, vous avez toujours du mal à manipuler le vinyle, vaporisez la face située contre la plaque à aiguille de silicone en aérosol (faites-le dehors, car le produit sent fort) avant de coudre, ou remplacez la plaque à aiguille par une plaque Téflon.

Pour poser un biais double sur un tissu fin ou un voilage, prenez les deux bords de coupe du biais dans la piqûre.

Matières plastiques

Maintenez les patrons à l'aide de ruban adhésif ou de poids avant de procéder à la coupe, et tracez-en le contour au marqueur permanent fin. Utilisez un fil solide pour tissus d'ameublement, une grande longueur de point et un pied presseur Téflon (et une plaque à aiguille Téflon, si nécessaire). Le plastique ne s'effrangeant pas, inutile de coudre endroit contre endroit : les pièces peuvent être placées directement l'une sur l'autre, surpiquées à plat, et les surplus de couture recoupés.

Ne repassez pas les matières plastiques.

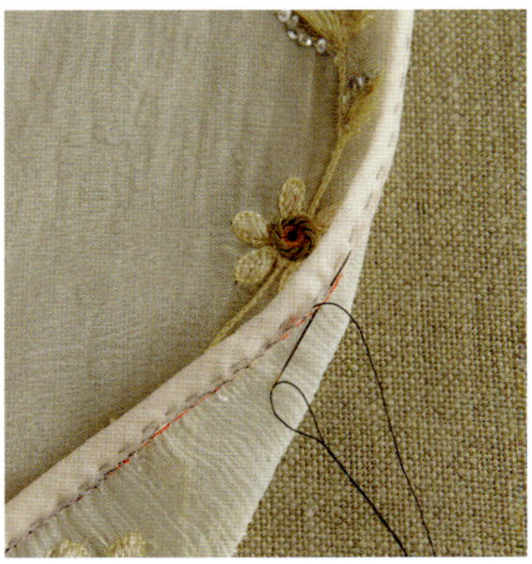

Rabattez le biais sur l'envers, en faisant coïncider le bord plié avec la ligne de piqûre, bâtissez puis cousez-le au point glissé sur la ligne de piqûre.

Tissus fins et voilages

Les tissus très fins (comme la mousseline ou le voile) ont tendance à s'écarter des lames des ciseaux quand on les coupe. Commencez par trouver le droit-fil, puis fixez-les (avec du ruban adhésif) parallèlement à une grande plaque de coupe autocicatrisante et coupez-les au cutter rotatif. À défaut, fixez le surplus du patron sur le tissu en le bâtissant à la main ou en l'épinglant avec un grand nombre d'épingles extra-fines. Le fait de placer une pièce de vinyle doublé de finette (côté finette vers le haut) sous le tissu peut aider à empêcher le tissu de glisser au moment de la coupe. Piquez les épingles deux fois dans le tissu ou bâtissez les coutures à la main, ou faites les deux.

Testez la piqûre sur une chute de tissu à l'aide d'une aiguille à machine fine, d'une petite longueur de point et en ajustant la tension du fil et la pression du pied. La construction d'un vêtement étant visible sur les tissus translucides, faites des coutures anglaises (voir page 129) et des ourlets doubles ou gansés (voir page 162). Si la ganse est coupée dans le même tissu léger, cousez les deux bords du biais dans la première ligne de piqûre, puis rabattez le biais de l'autre côté et prenez-le sur l'envers du vêtement. Cela produit une finition bien nette (utilisée aussi pour ganser les bords d'un patchwork). Si la machine a tendance à froncer le tissu en début et en fin de couture, essayez l'une des techniques suivantes :

- Placez du papier de soie sous le début de la couture, que vous détacherez plus tard. Baissez le pied-de-biche à 1 cm du bord, piquez en marche arrière jusqu'au bord, puis reprenez la couture avant.
- Tenez fermement les deux fils derrière le pied-de-biche au moment de commencer.
- Au lieu de piquer en marche arrière, renforcez le début et la fin de la couture à l'aide d'un point plus court.
- Si vous utilisez une plaque à aiguille dotée d'un large trou (adaptée au point zigzag), remplacez-la par une plaque à petit trou, ou réduisez la taille du trou à l'aide de ruban adhésif transparent (qui ne laisse pas de résidu collant) : abaissez l'aiguille et placez un morceau de ruban adhésif de chaque côté de l'aiguille.
- Réglez la position de l'aiguille à l'extrême gauche ; cela peut favoriser le bon entraînement du tissu.

Tissus denses et lourds

Utilisez une grosse aiguille pour machine et du fil solide pour coudre la toile ou le denim épais. Couvrez la jonction des coutures d'une serviette de toilette et aplatissez la zone à l'aide d'un marteau afin de la rendre plus facile à coudre. Il peut être difficile d'ourler un vêtement en jean au niveau des coutures : pour éviter d'avoir des points qui sautent, voyez les instructions de dépannage pages 50-51. Choisissez des fermetures résistantes ou des fermetures à glissière à grosses dents de plastique, ou encore des œillets métalliques.

Tissus Stretch

Les tissus Stretch sont élastiques et épousent bien la forme du corps. Contrairement aux patrons destinés aux tissus ordinaires, les patrons des tissus extensibles ne tiennent pas – ou peu – compte de l'aisance. Si vous utilisez un tissu non extensible avec un patron pour tissu Stretch, votre vêtement sera trop serré ; respectez toujours le type de tissu indiqué sur le patron.

Les tissus Stretch sont souvent vendus dans une grande largeur – jusqu'à 150 cm – ce qui permet de gaspiller le moins possible de tissu. Si les bords des mailles ont tendance à s'enrouler, vaporisez-les d'amidon avant de disposer les patrons et de couper. Suivez le sens du fil, en plaçant les patrons de telle sorte que le sens le plus extensible soit à l'horizontale par rapport au corps. Maintenez les patrons en place à l'aide de poids ou épinglez-les dans les surplus. Servez-vous d'épingles bien affûtées. Piquez avec une aiguille à pointe bille ou pour tissu Stretch.

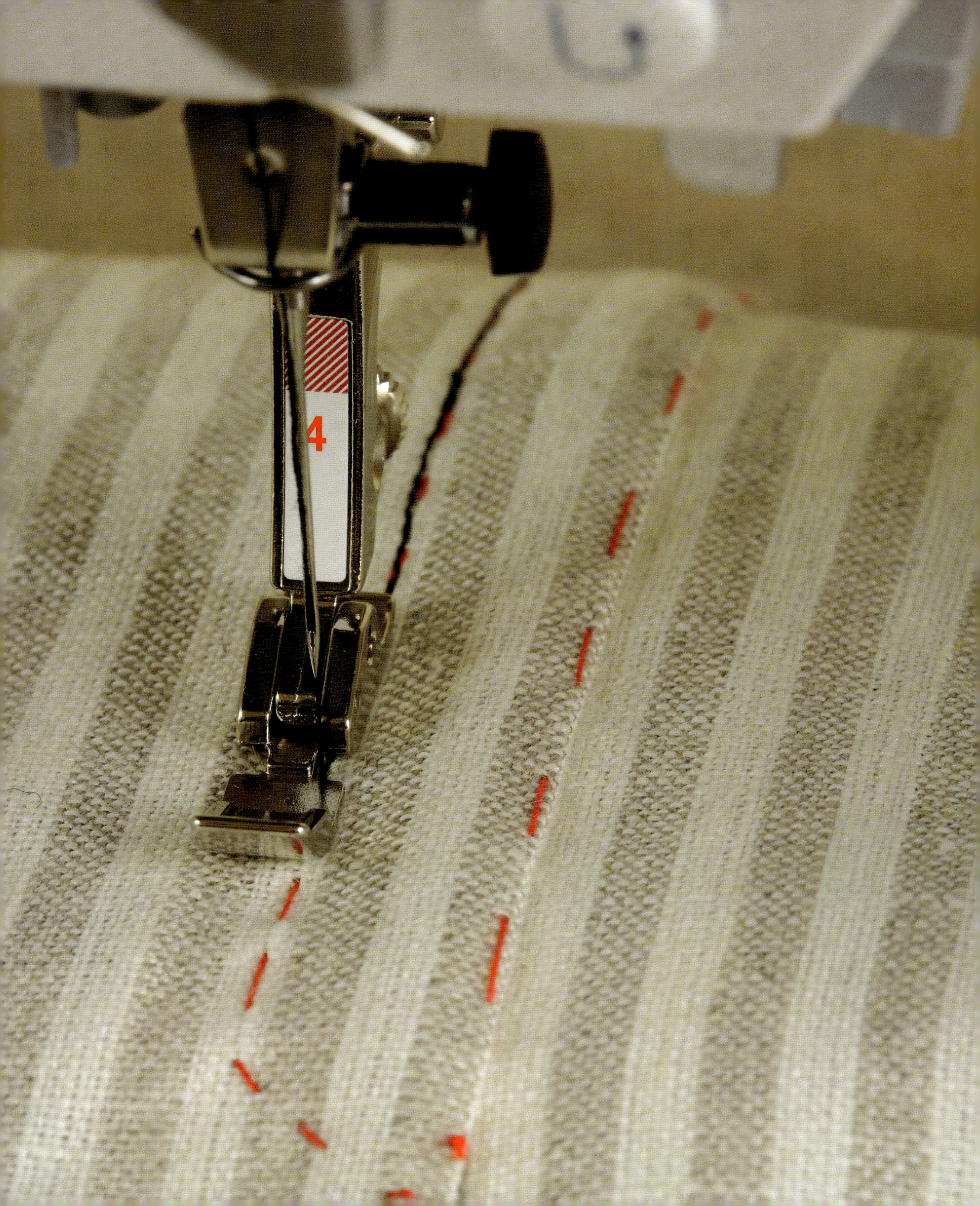
4

7

points de base main et machine

- Points de base à la main
- Autres points à la main
- Points de base à la machine
- Techniques de couture à la machine

LES POINTS DE BASE RECENSÉS DANS CE CHAPITRE S'UTILISENT POUR TOUTES SORTES DE TRAVAUX DE COUTURE, Y COMPRIS POUR LA BRODERIE. SAVOIR EXÉCUTER LES POINTS MAIN ET MACHINE PERMET D'OPTIMISER LA DURÉE DE VIE DE VOS OUVRAGES.

Points de base à la main

La couture manuelle peut sembler inutile lorsqu'on possède une machine à coudre, mais elle se révèle parfois plus facile, plus rapide et plus efficace que la couture machine, notamment sur les petites pièces. Certains points, comme le point de bâti (longs points provisoires, utilisés notamment pour maintenir deux pièces ensemble pendant qu'on les coud), sont presque toujours exécutés à la main.

Nouer l'extrémité du fil

C'est la façon la plus simple de fixer le fil au début d'une couture manuelle, en particulier pour un point de bâti. La méthode suivante donne un nœud rond, bien visible à la surface du tissu et facile à retirer en même temps que les points provisoires.

1 Humectez le bout de votre index non dominant pour humidifier l'extrémité du fil.

2 Avec votre main dominante, enroulez le fil une fois autour de l'index en faisant se croiser les fils sur la pulpe du doigt.

3 Avec le pouce, faites rouler le fil enroulé hors de votre index pour former un nœud.

Les nœuds ne conviennent pas à toutes les coutures manuelles; dans certains cas, ils se défont lorsque le fil est coupé trop ras, ou traversent certains tissus (surtout ceux à armure lâche), ou encore forment une bosse sur l'endroit. Les points main permanents (dont la broderie et les parties cousues à la main, telles les réparations difficiles à atteindre à la machine) devront débuter par quelques petits points arrière ou par un nœud différent, plus plat, comme celui présenté ci-contre à droite.

Pour réaliser un nœud plat, enroulez fermement l'extrémité du fil trois ou quatre fois autour de l'aiguille.

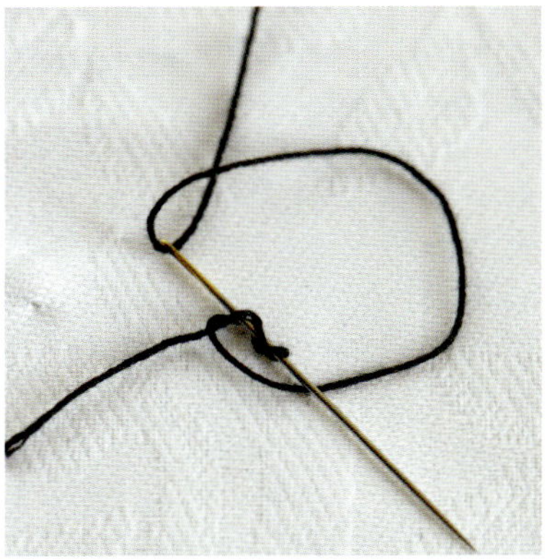

Faites glisser le fil le long de l'aiguille, vers l'extrémité du fil, en le maintenant en place entre le pouce et l'index.

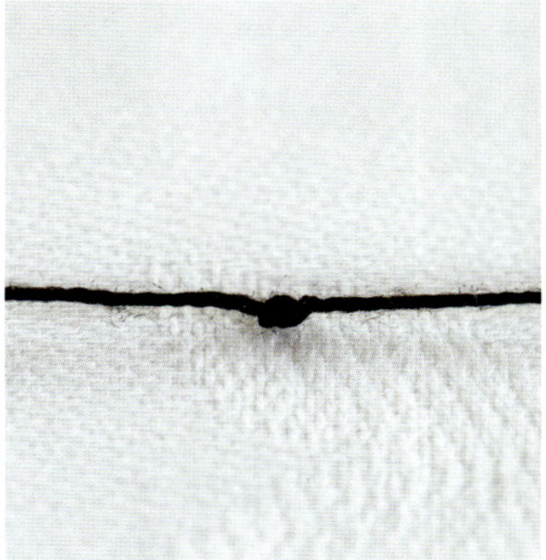

Nœud plat achevé.

Point devant

Le point devant est le plus élémentaire de tous les points manuels. Il s'utilise pour coudre de manière provisoire (pour marquer les pinces, par exemple, ou pour bâtir deux épaisseurs ensemble) et/ou comme point décoratif en broderie. Il s'exécute en piquant et en ressortant continuellement l'aiguille vers l'avant, à intervalles réguliers. Les points devant font généralement 5 mm de long sur les tissus de poids moyen, mais ils peuvent être plus longs sur les étoffes épaisses, et plus courts sur les tissus légers.

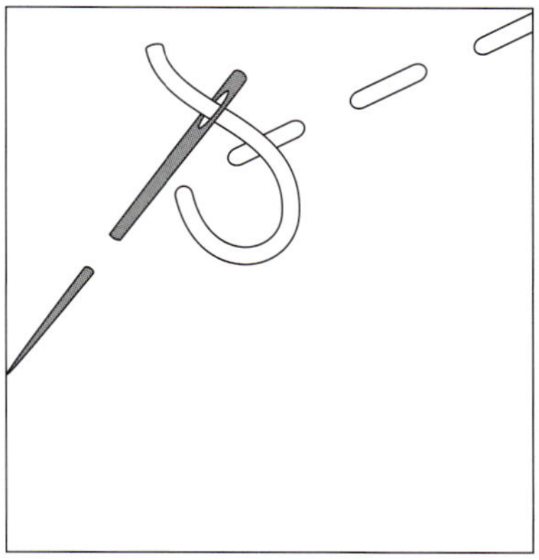

Point devant.

1 Faites sortir l'aiguille sur l'endroit de l'ouvrage, puis piquez-la et ressortez-la à intervalles réguliers dans le tissu. On peut pousser le tissu plusieurs fois contre l'aiguille avant de tirer complètement le fil, plutôt que de tirer le fil après chaque point.

On peut faire plusieurs points à la fois.

2 Ajustez le fil le long du tissu, de sorte que les points reposent bien à plat, avant de continuer la couture.

3 Arrêtez vos points devant provisoires à l'aide d'un ou deux petits points arrière (voir page 101) pas trop serrés.

Fronces

Le point devant peut également servir à froncer une largeur de tissu, en particulier les tissus fins et les voilages, ainsi que les pièces de faibles dimensions.

1 Effectuez un nœud à l'extrémité du fil et exécutez un point devant à l'intérieur du surplus, sans arrêter par un point arrière. Ôtez l'aiguille en laissant une longueur de fil.

2 Effectuez un deuxième rang de point devant, parallèle au premier, plus près de la future ligne de piqûre, en laissant une bonne longueur de fil à la fin. Tirez délicatement sur les deux longueurs de fil jusqu'à ce que le tissu atteigne la largeur désirée, en veillant à bien répartir les fronces sur toute la longueur. Arrêtez ou nouez l'extrémité des fils avant de couper l'excédent

Pour froncer de plus grandes largeurs de tissu, comme des rideaux, voyez pages 137-138.

Tirez le fil pour que les points reposent bien à plat sans être lâches.

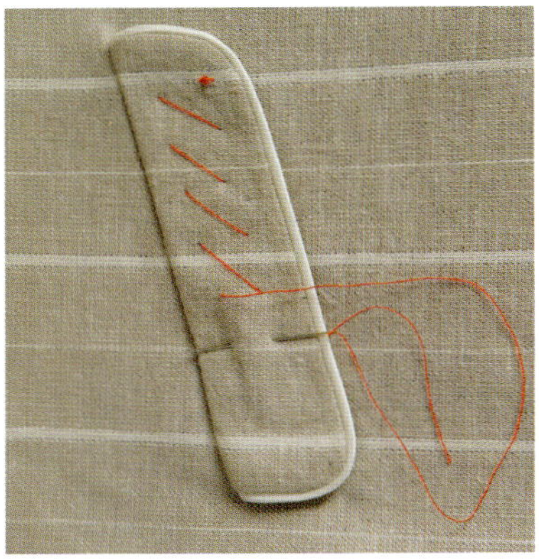

Point oblique utilisé pour bâtir un rabat de poche.

Point oblique

Le point oblique sert à bâtir solidement deux épaisseurs, notamment les plis, les poches plaquées, les rabats de poche et les garnitures.

1 Commencez par un nœud sur *l'endroit* du tissu et travaillez de droite à gauche si vous êtes droitière, et de gauche à droite si vous êtes gauchère. Tenez la partie à bâtir de sorte que les points soient effectués de haut en bas, vers vous.

2 Faites ressortir l'aiguille à gauche du nœud, de façon à former un point horizontal au dos du tissu.

3 Piquez l'aiguille en bas à droite, exactement sous le nœud, en prenant les deux épaisseurs et en formant un point oblique sur l'endroit.

4 Faites ressortir l'aiguille juste sous le départ du point précédent et continuez ainsi jusqu'à ce que les deux pièces soient bâties.

Cette méthode produit des points obliques sur *l'endroit* et une ligne verticale brisée de points horizontaux sur *l'envers*.

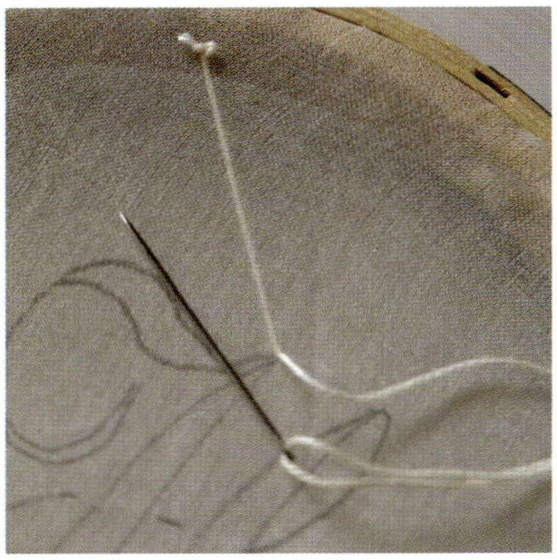

Un nœud perdu est une façon discrète et bien nette de commencer un rang de broderie.

Autres points à la main

Pour des coutures solides et permanentes, au point arrière ou de surjet, utilisez un simple fil épais ou un fil ordinaire dédoublé.

Commencer

Pour obtenir une jolie finition et éviter les nœuds disgracieux, suivez la technique des brodeuses, qui utilisent souvent un « nœud perdu » en début de travail. Nouez l'extrémité du fil et piquez l'aiguille depuis *l'endroit* du tissu, à 8 cm environ de votre point de départ, en laissant le nœud sur *l'endroit* du tissu. Une fois la ligne de points terminée, coupez au ras du nœud, enfilez le bout de fil dans une aiguille et insérez soigneusement le fil sous quelques points finis au dos de l'ouvrage.

Terminez votre ligne de points sur l'envers (voir page de droite).

Terminer

Pour terminer une ligne de points permanents, faites ressortir l'aiguille sur *l'envers* et effectuez un petit point arrière, en laissant une petite boucle. Effectuez un deuxième point arrière, passez l'aiguille dans la première boucle et tirez.

Point arrière

Le point arrière est un point fiable et suffisamment solide pour réaliser des coutures entières (à la place d'une machine à coudre) ou pour renforcer toute partie particulièrement sollicitée. Par exemple, il est plus facile de réparer à la main une couture située sous une fermeture à glissière que d'essayer d'insérer une petite partie de vêtement sous la machine à coudre.

1 En vous référant au schéma ci-contre à droite, et en commençant sur *l'envers*, faites ressortir l'aiguille sur l'endroit au point A, puis faites un petit point en arrière et piquez-la en B. Refaites-la sortir de nouveau sur l'endroit en C, puis revenez en arrière en A, puis en D, et ainsi de suite (il vous faudra travailler dans le sens contraire si vous êtes gauchère).

2 Faites vos points toujours de la même longueur – 5 mm environ pour un tissu de poids léger à moyen, un peu plus long sur les tissus lourds ou avec un fil à tapisserie épais.

3 La répétition de ce mouvement d'avant en arrière formera une ligne continue de points sur *l'endroit* de l'ouvrage, et des points se chevauchant sur l'envers.

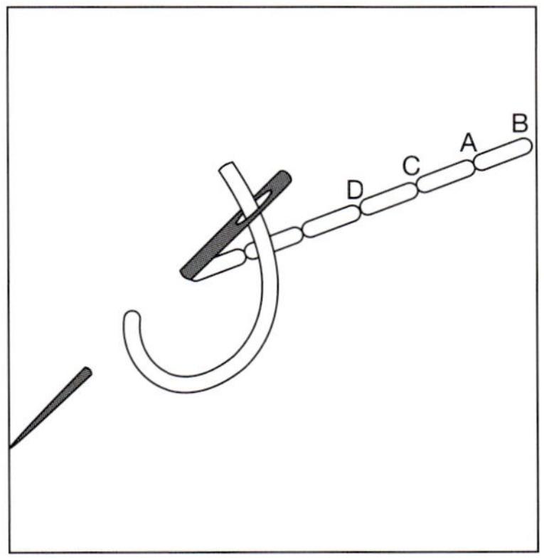

Point arrière.

Ligne de points arrière décoratifs réalisée sur du lin.

Point renforcé

Le point renforcé est plus discret que le point de piqûre à la machine ; il est souvent utilisé pour maintenir des bords en place et pour terminer les insertions de fermeture à glissière sur les tissus fins. C'est une variante du point arrière.

1 En commençant sur *l'envers*, faites sortir l'aiguille et le fil sur *l'endroit* et piquez-la juste deux ou trois fils en arrière.

2 Tirez l'aiguille sur *l'envers* puis refaites-la sortir sur *l'endroit* à 5 mm environ devant le petit point arrière, et recommencez. Cela formera une ligne presque ininterrompue de points sur l'envers.

Point renforcé utilisé pour insérer une fermeture à glissière.

Point de gant utilisé pour fixer une épaulette dans le surplus de couture d'un vêtement.

Point de gant

Le point de gant est un point lâche utilisé pour maintenir plusieurs épaisseurs de tissu ensemble, comme du molleton ou des épaulettes. À l'aide d'une longue aiguille (pour transpercer toute l'épaisseur), effectuez un point devant en formant de grands points sur *l'envers* et des points plus courts sur *l'endroit*. Vérifiez que vous piquez bien toute l'épaisseur et ne tirez pas trop le fil à chaque fois, car cela formerait des creux et des bosses…

Point de surjet utilisé pour joindre deux lisières.

Point de surjet

Le point de surjet est un point rapide à exécuter ; il sert à joindre des bords qui n'ont pas ou peu de surplus (lisières ou ruban de dentelle, par exemple). On peut l'utiliser pour assembler deux pièces bord à bord, ou pour réaliser une couture qui sera aplatie pour produire une application, auquel cas les points seront apparents.

1 Posez l'extrémité du fil sur les bords à assembler et piquez l'aiguille dans les deux épaisseurs, en la faisant ressortir au ras du bord. Tenez l'aiguille de telle manière que la pointe soit toujours orientée vers vous à mesure que vous cousez. Travaillez de droite à gauche si vous êtes droitière, et inversement.

2 Effectuez de petits points et tirez bien le fil chaque fois, en veillant à recouvrir l'extrémité du fil avec vos points.

3 Terminez en inversant le sens des points et en insérant le fil sous les derniers points.

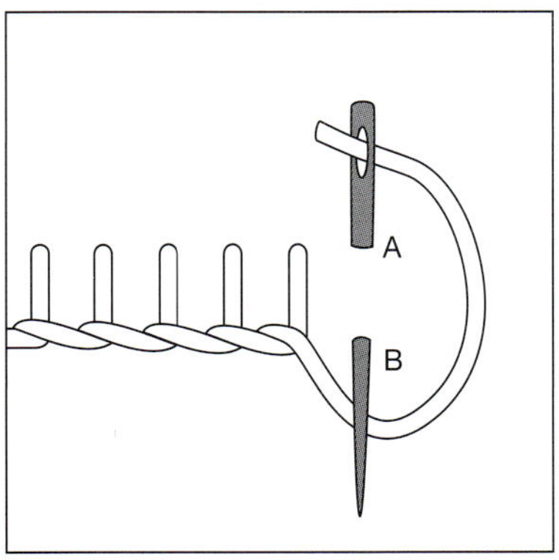

Point de feston.

Point de feston

Le point de feston est un point de broderie que l'on peut appliquer à certains travaux de couture :

- Les bords de coupe des boutonnières faites main peuvent être finis à l'aide d'un point de feston très serré (qui prend alors le nom de point de boutonnière).
- Le point de feston sert aussi à renforcer une bride destinée à un bouton ou à une agrafe ayant perdu sa porte.
- Si vous n'avez pas de machine à coudre, vous pouvez surfiler vos bords de coupe au point feston afin d'éviter qu'ils ne s'effrangent.

Voyez page 232 comment réaliser le point de feston en détail.

Point croisé

Le point croisé est un autre nom donné au point de chausson (ci-dessous). Il sert à consolider et contrôler les surplus de couture épais, multiples ou particulièrement rebelles, à l'intérieur d'un vêtement. Par exemple, le surplus d'une encolure passepoilée sur un corsage plat peut être fini au point croisé afin de rester bien plat.

Le point croisé sert aussi à fixer les bords des parementures ou des doublures, à maintenir en place un ruban élastique dans les endroits courbes ou à structurer les encolures qui bâillent ou les modèles à épaules tombantes.

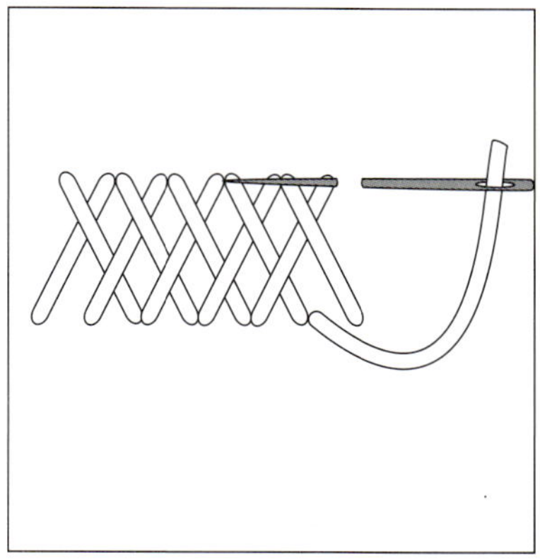

Point croisé ou point de chausson. Cet exemple montre un travail serré ; espacez plus vos points sur un ourlet.

Point de chausson

Le point de chausson s'utilise à des fins fonctionnelles ou décoratives et se reconnaît facilement à sa forme de X sur l'endroit et ses lignes brisées de points horizontaux sur l'envers.

C'est un point solide qui s'exécute rapidement et se prête tout particulièrement aux ourlets des jupes volumineuses. Ses points obliques permettent une certaine élasticité latérale, ce qui le rend également apte aux tissus extensibles ou à armure lâche.

- Le point de chausson convient tout particulièrement à la finition de l'ourlet extérieur d'un vêtement doublé (séparément) et peut aussi former une coulisse sur un ruban élastique dans les endroits qui ont tendance à bâiller.
- Il se prête aux étoffes comme les lainages, enfermant les bords de coupe sans que l'on ait besoin de les rentrer. Il peut aussi s'exécuter directement sur une couture surjetée.
- Utilisé en broderie, le point de chausson est souvent plus serré qu'en couture. Sous forme de point croisé, comme dans un ourlet, les points sont généralement plus espacés.
- Le point de chausson s'exécute de gauche à droite si vous êtes droitière, et inversement si vous êtes gauchère.

Vous trouverez des instructions complètes sur le point de chausson page 166.

Point croisé (ou de chausson) servant à maintenir un ruban élastique.

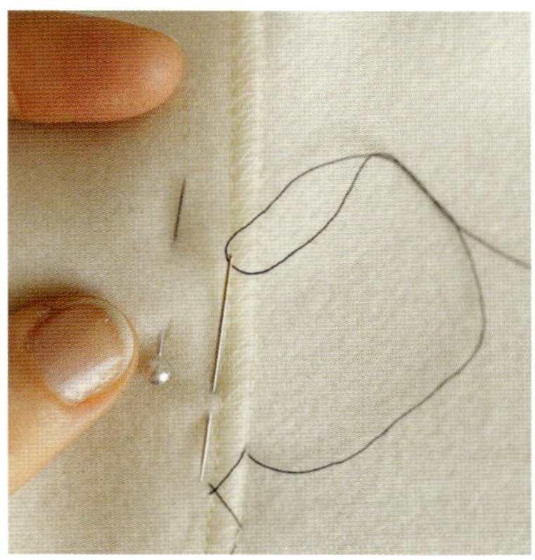

Point croisé (ou de chausson) utilisée pour coudre un bord surjeté.

Étape 1 Brides de soutien

Étape 2 Brides de soutien

Étape 3 Brides de soutien

Étape 4 Brides de soutien

Étape 5 Brides de soutien

Bride terminée, fixée à la doublure du vêtement.

Brides de soutien

Les brides de soutien consistent en petites chaînes de fil placées au niveau des coutures, ou autres endroits discrets, pour maintenir ensemble deux ourlets ou parties fini(e)s, de manière très lâche, comme l'ourlet extérieur d'une jupe et l'ourlet de sa doublure, ou les différentes épaisseurs d'un tutu.

1 À l'aide d'un fil solide, piquez l'aiguille sur *l'envers* du tissu et réinsérez-la au même endroit pour former une boucle.

2 Placez le pouce et l'index dans la boucle et maintenez l'extrémité du fil tendue avec le pouce et l'index de l'autre main.

3 Passez le majeur dans la boucle et attrapez le fil (sans le lâcher). Cela formera une autre boucle au-dessus de la première.

4 Faites glisser la première boucle par-dessus la deuxième et tirez-la bien sur la surface. Remplacez l'index qui tient la boucle par le pouce et l'index, et répétez l'opération, en tirant chaque boucle par-dessus la précédente. (Il s'agit du même procédé que pour une chaînette au crochet, à ceci près que vous utilisez vos doigts.)

5 Terminez la bride en passant l'aiguille dans la dernière boucle. Vérifiez que les deux épaisseurs de tissu coïncident bien avant de coudre la bride au deuxième tissu.

Points de base à la machine

Ce chapitre décrit les points de base réalisés par la plupart des machines, que vous serez susceptibles d'utiliser dans vos travaux de couture. Les points se sélectionnent généralement sur une molette ou, sur les machines électroniques actuelles, à partir d'un menu.

Point droit machine : l'exemple du bas montre une piqûre consolidée par quelques points arrière.

Point droit

Le point droit est le plus fondamental en couture. L'aiguille se déplace vers l'avant et l'arrière, mais pas latéralement, ce qui correspond à une largeur de point égale à zéro. La longueur du point, en revanche, se détermine grâce à un sélecteur : plus le chiffre est élevé, plus le point sera long.

Sur la plupart des machines domestiques, la longueur de point moyenne est réglée sur 2,5 et sert à assembler ou ourler la plupart des tissus de poids moyen. Les textiles légers et les voilages préféreront un point un peu plus petit.

Plus la longueur du point est faible, plus le fil sera difficile à défaire en cas d'erreur (c'est parfois impossible sur les tissus très fins). Si la longueur du point est réglée à 0, les points se superposeront au lieu d'avancer (pour ce réglage, on parle de « point droit longueur zéro »). On utilise le point droit longueur 0 pour arrêter le point de bourdon ou de boutonnière.

Les points longs sont moins stables et s'enlèvent plus facilement, ce qui les rend propices aux coutures provisoires (bâti) ou aux fronces (où deux rangs de points sont exécutés).

Lorsque vous piquez dans un angle, assurez-vous que l'aiguille est en position basse avant de lever le pied-de-biche, de faire pivoter le tissu et de poursuivre la couture.

Point arrière

Les machines peuvent piquer en marche arrière comme en marche avant. Chaque fois que vous commencez et finissez un rang de points permanents, consolidez les extrémités en effectuant quelques points arrière (ou en nouant les fils). Cela empêchera la couture de se défaire si on tire dessus. Les machines à coudre sont souvent munies d'un bouton ou d'un levier qui leur permet de piquer en marche arrière.

Point zigzag

Dans ce point, l'aiguille se déplace de gauche à droite, ce qui nécessite un pied presseur adapté, avec un espace ouvert. Certaines machines sont équipées d'un pied zigzag spécial ; d'autres utilisent le pied universel.

Le type de zigzag dépend de la longueur et de la largeur de point sélectionnées. La *longueur de point* est la distance entre chaque perforation du tissu par l'aiguille, et la *largeur de point* correspond à la

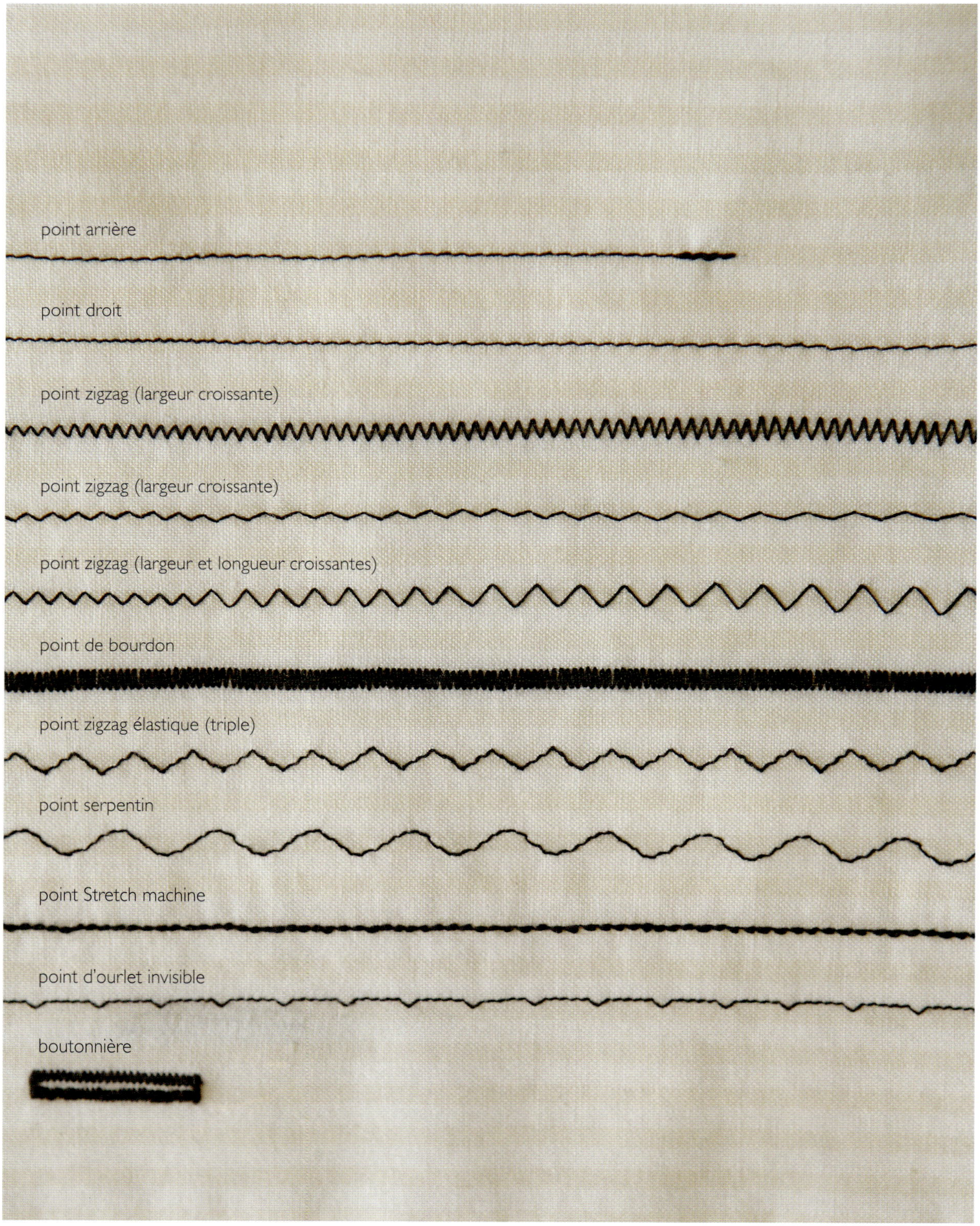
point arrière
point droit
point zigzag (largeur croissante)
point zigzag (largeur croissante)
point zigzag (largeur et longueur croissantes)
point de bourdon
point zigzag élastique (triple)
point serpentin
point Stretch machine
point d'ourlet invisible
boutonnière

largeur du zigzag. Augmentez la largeur pour obtenir un zigzag plus large, et réduisez-la pour produire un zigzag plus étroit. Techniquement, cela peut vous paraître un peu confus, mais vous comprendrez très vite lorsque vous vous entraînerez au point zigzag, en modifiant la longueur et la largeur du point.

Le point zigzag exige parfois d'ajuster la tension, notamment sur les tissus légers. Utilisez une canette de couleur différente pour tester la tension du point sur une chute de votre tissu. Ainsi, vous verrez plus facilement si la tension doit être modifiée.

Une couture zigzag ouverte est moins volumineuse qu'une couture zigzag serrée et peut s'utiliser pour :

- coudre des tissus extensibles
- effectuer des coutures légèrement élastiques sur des textiles tissés
- réparer les déchirures
- empêcher les bords de coupe de s'effranger (notamment lorsque vous n'avez pas de surjeteuse)
- assembler deux pièces de tissu qui n'ont pas – ou peu – de surplus de couture
- effectuer des coutures décoratives.

Ne changez jamais les réglages du point lorsque l'aiguille est baissée, car cela la casserait (cela s'applique d'ailleurs à toutes les sortes de points, pas seulement au zigzag).

Point zigzag de différentes largeurs et longueurs.

Point de bourdon

Le point de bourdon est un point zigzag très serré et très couvrant. Il s'utilise pour :

- les applications
- le point de boutonnière
- les ouvrages décoratifs, comme la broderie sur fond blanc.

Point de bourdon.

Point zigzag élastique (triple)

Ce point effectue trois points droits dans chaque diagonale du zigzag. C'est un point solide, idéal pour :

- coudre les tissus extensibles
- coudre de l'élastique
- repriser
- coudre des galons.

Si vous devez renforcer l'extrémité d'une piqûre située dans une partie très visible, nouez l'extrémité des fils sur l'envers, ou piquez en marche arrière après avoir baissé les griffes d'entraînement. Ainsi, quand vous piquerez vers l'arrière, les points ne se superposeront pas (ce qui donnerait un motif en forme de 8).

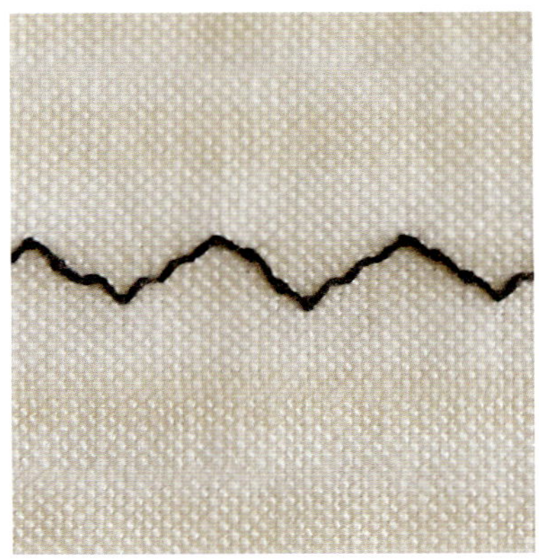

Point zigzag élastique (triple).

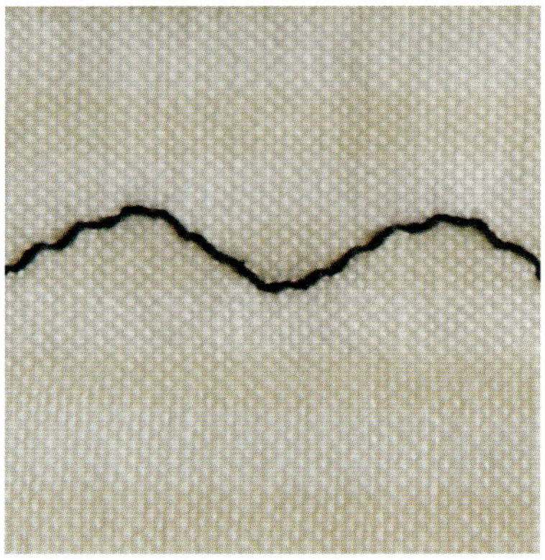

Point serpentin.

Point serpentin

Proche du point zigzag élastique, le point serpentin effectue trois points à droite et trois points à gauche, mais décrit une ligne courbe plutôt qu'en dents de scie. On l'utilise pour :

- repriser
- raccommoder
- les travaux d'applications, qui nécessitent des coutures fluides plutôt que serrées, par exemple pour assembler une dentelle délicate au tulle d'un voile de mariée
- coudre des galons.

Point Stretch machine

Ce point très solide se compose de deux points en avant et d'un point en arrière ; chaque point est cousu trois fois. On l'utilise pour coudre les tissus extensibles.

Point Stretch machine.

Point d'ourlet invisible

Le point d'ourlet invisible consiste en un rang de point droit ponctué à intervalles réguliers d'un point zigzag, qui prend quelques fils du tissu extérieur afin de fixer l'ourlet. C'est une façon très rapide et efficace d'ourler de grandes quantités de tissu de manière très discrète (vous trouverez de plus amples informations sur les ourlets page 161).

Point de boutonnière

Avec un pied pour boutonnière, la plupart des machines actuelles réalisent automatiquement chaque étape du point de boutonnière.

Le point de boutonnière effectue deux lignes de petits zigzags serrés, renforcés à chaque extrémité par une barre de zigzags plus larges (appelée bride d'arrêt). On commence et on termine ces points par un ou deux points droits longueur zéro afin de les empêcher de s'effranger, et l'on fend l'espace entre les deux lignes de zigzags pour y faire passer le bouton. Voyez pages 196-199 pour plus de détails sur les boutonnières.

Point de boutonnière.

Points décoratifs

La plupart des machines modernes proposent une sélection de points décoratifs, qui peuvent être ouverts (nid d'abeille, par exemple) ou très serrés (comme les losanges). Ces points s'utilisent pour embellir les tissus unis ou mettre en valeur les étoffes rayées. Votre manuel d'instruction vous donnera toutes les informations nécessaires à l'exécution des points proposés par votre machine ; vous pouvez également consulter la rubrique « aide » du logiciel fourni avec votre machine. Le point festonné est très décoratif, mais comme il consiste en points zigzags serrés, on peut aussi l'utiliser pour finir les bords ou faire de jolis ourlets.

Divers points décoratifs à la machine ; les points disponibles varient d'une machine à l'autre.

Techniques de couture à la machine

Outre les ouvrages les plus élémentaires, comme les coutures, les pinces et les plis d'un vêtement, les machines à coudre peuvent exécuter des piqûres fonctionnelles moins évidentes, mais indispensables à connaître. Certains de ces points ne sont pas visibles sur l'extérieur du vêtement, mais ils n'en sont pas moins essentiels à sa confection

Piqûre de soutien (sur une encolure).

Piqûre de soutien

Ne l'esquivez surtout pas ! La piqûre de soutien est en effet une étape essentielle pour empêcher que les encolures, les formes peu structurées, les pièces coupées dans le biais ou dans des tissus glissants ou lâches ne se déforment à la manipulation. La piqûre de soutien évite que les bords se distendent au moment de la couture et qu'ils s'effrangent. Dès que les pièces de tissu sont coupées, piquez-les juste à l'intérieur de la ligne de couture pour éviter qu'elles ne se déforment ultérieurement. Sélectionnez un point droit de longueur moyenne et assurez-vous que la piqûre ne fronce pas le tissu (vérifiez en comparant la pièce piquée avec le patron).

Sur les encolures en V, commencez la piqûre de soutien au milieu du devant et remontez jusqu'à chaque épaule. Sur les encolures arrondies, piquez également en deux étapes, de l'épaule vers le milieu du devant ou du dos.

La piqûre de soutien restera à l'intérieur de la couture une fois celle-ci achevée. L'avantage de piquer au ras de la couture définitive est qu'une fois la couture crantée et retournée, la piqûre de soutien continuera à assurer une certaine stabilité.

Sous-piqûre (sur un biais utilisé comme parementure).

Sous-piqûre

La sous-piqûre est un rang de points cousu à une distance équivalente à la largeur du pied-de biche, ou moins, par rapport à la couture définitive. Elle permet de maintenir ensemble les surplus de couture, les parementures ou les doublures, et permet de rentrer les surplus de façon à obtenir une jolie finition sur le vêtement. Sélectionnez un point droit de longueur moyenne.

Piqûre dans le creux.

Piqûre dans le creux

Il s'agit de piquer directement sur l'endroit d'une couture déjà faite afin de maintenir en place une ou plusieurs épaisseurs de tissu sur l'envers. Les points s'enfoncent dans le « creux » formé par la première couture, et dissimulent la ligne de piqûre. Cette technique sert à coudre les parementures d'encolure au niveau des coutures d'épaule, à piquer dans les coutures de ceinture et dans les parementures d'emmanchure au niveau des coutures latérales. Pour coudre dans le creux, sélectionnez un point droit de longueur moyenne.

Surpiqûre

La surpiqûre consiste en un ou plusieurs rangs de piqûre décorative ou fonctionnelle, réalisés près de la ligne de couture, sur l'extérieur d'un vêtement. Elle s'effectue généralement en plaçant le bord droit du pied-de-biche sur la ligne de couture ou sur le bord fini (de sorte que la surpiqûre se trouve à 5 mm environ du bord fini ou de la ligne de couture). Une fois le surplus correctement ouvert au fer, la surpiqûre consolide la couture, permet aux bords de bien tenir (notamment autour d'un col ou d'un revers de veste) et donne un fini professionnel.

La surpiqûre se confectionne avec un point droit légèrement plus long que la normale, en combinaison avec un fil plus épais ou de couleur contrastante pour attirer l'attention sur la ligne décorative qu'elle forme. Ne commencez ni ne finissez jamais une surpiqûre avec des points arrière ; tirez les fils sur l'envers du tissu et arrêtez-les par un double nœud.

Surpiqûre et bord piqué (côté gauche) ; bord piqué (côté droit).

Bord piqué

La technique du bord piqué s'apparente à la surpiqûre, à ceci près que les points sont réalisés plus près du bord de la couture. Les poches plaquées et les poignets et cols des chemises pour homme présentent souvent des rangs de surpiqûre et de bords piqués.

Les bords piqués peuvent également servir à ourler, notamment les tissus fins à moyens. La finition d'un ourlet arrondi est plus facile à réaliser en deux étapes plutôt qu'à l'aide d'un pied à roulotté. Un rang de piqûre se verra à l'extérieur du vêtement, et deux rangs rapprochés figureront sur *l'envers*.

Bord piqué sur un ourlet double réalisé dans un tissu fin (envers).

1 Bâtissez la longueur de l'ourlet fini, puis rabattez le tissu de quelques millimètres en dessous.

2 Avec une longueur de point un peu plus courte que d'ordinaire, piquez le pli (de sorte que vous puissiez voir le bâti sur *l'endroit* à mesure que vous travaillez).

3 Coupez l'excédent d'ourlet, puis retirez le bâti, rentrez un ourlet très fin et piquez à nouveau (sur *l'envers*).

Endroit de l'ourlet à bord piqué.

8
coutures et finitions

- Préparation
- Coutures droites
- Coutures arrondies
- Coutures passepoilées
- Coutures renforcées
- Coutures en pointe
- Coutures dans le biais
- Coutures extensibles
- Coutures fermées
- Finition des bords de coupe

FAIRE UNE COUTURE CONSISTE À ASSEMBLER DEUX PIÈCES DE TISSU. LES COUTURES PEUVENT ÊTRE DROITES OU ARRONDIES, ET ORIENTÉES DANS N'IMPORTE QUELLE DIRECTION. LEURS BORDS DE COUPE DOIVENT ÊTRE FINIS D'UNE MANIÈRE OU D'UNE AUTRE AFIN QUE LE TISSU NE S'EFFILOCHE PAS ET QUE L'INTÉRIEUR DU VÊTEMENT PRÉSENTE UN ASPECT BIEN NET.

Assembler des pièces de tissu est la base de la couture. L'idée peut paraître simple, mais avant d'approcher votre machine à coudre, il faut prévoir le volume que créera la couture et la solidité requise pour votre ouvrage. Chaque fois que le tissu est plié ou entoilé, ou lorsque les coutures se croisent, une certaine épaisseur se forme au niveau des coutures. Trop d'épaisseur (surtout sur les coutures arrondies) peut empêcher les coutures de reposer bien à plat et risque de nuire au seyant du vêtement.

Les coutures très sollicitées ont besoin d'être renforcées afin de ne pas se détendre, gondoler, se défaire ou offrir des points faibles susceptibles de se déchirer.

N'oubliez pas que les marques et repères indiqués sur le patron sont là pour vous aider; utilisez-les pour garder vos coutures bien alignées (surtout les longues).

Il existe de nombreuses coutures et autant de façons de réaliser les finitions, toutes expliquées dans les pages suivantes. Les différents points utilisés pour coudre et finir les coutures y sont également décrits.

Si vous n'avez jamais effectué de coutures, commencez par les plus élémentaires et choisissez des patrons qui les utilisent. Repassez chaque couture terminée, et repassez également le tissu avant de coudre une pièce à une autre. Ainsi, vos points seront stabilisés et vos coutures bien à plat, ce qui donnera un résultat beaucoup plus satisfaisant que si vous ne repassez qu'une fois l'ouvrage achevé.

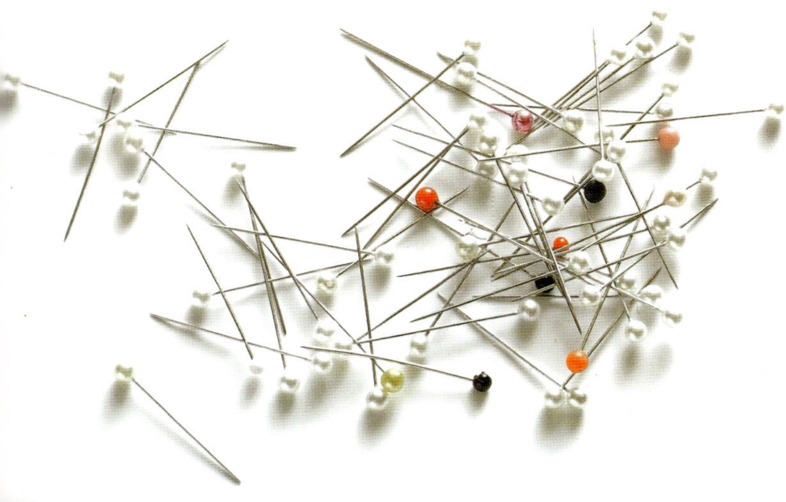

Les coutures et finitions présentées ici comprennent celles que l'on trouve le plus souvent dans les patrons. Suivez les instructions du patron, sauf si vous utilisez un tissu autre que celui suggéré sur la pochette, et qui requiert des finitions différentes: référez-vous alors aux instructions de ce chapitre. Surtout, faites un essai sur une chute du tissu au cas où le surplus de couture serait affecté par l'emploi d'un différent type de couture.

Préparation

Il existe deux façons d'épingler les pièces de tissu.

- En plaçant les épingles perpendiculairement à la couture, la tête du côté du bord extérieur
- En plaçant les épingles parallèlement au bord du tissu, directement sur la ligne de couture, la tête orientée vers vous quand vous cousez. Piquez doucement et retirez chaque épingle à mesure que le pied-de-biche s'en approche.

Lorsque vous épinglez des pièces, visualisez l'étape suivante (de la couture): l'ampleur de tissu doit être à gauche du pied-de-biche, la tête des épingles orientée vers vous afin que vous puissiez les retirer efficacement pendant la couture. Cela veut dire qu'il vous faudra parfois épingler des pièces à partir de l'ourlet, et d'autres fois à partir du haut de l'article (vers l'ourlet).

Enfiler l'aiguille de la machine

Si vous avez du mal à enfiler votre aiguille, servez-vous d'un enfile-aiguille ou essayez la technique suivante: coupez l'extrémité du fil en biais, humectez le bout de votre index et faites-le glisser sur la tige jusqu'au chas. Pincez le fil (sec) juste avant son extrémité et faites-le descendre le long de la rainure. L'humidité attire l'extrémité du fil et facilite son enfilage.

Commencer une piqûre

Une fois que vous avez enfilé l'aiguille et installé la canette, tournez le volant de sorte que le releveur de fil soit en position haute. Soulevez le pied-de-biche afin de placer le tissu dessous, en gardant l'essentiel du tissu à gauche du pied. Alignez le bord du tissu avec la marque située sur la plaque à aiguille correspondant à la largeur de surplus voulue. Quand vous commencez à coudre, tenez l'extrémité des fils fermement derrière le pied-de-biche (sans toutefois tirer dessus) afin d'éviter qu'ils ne se prennent dans la machine.

Coutures droites

Il s'agit de coutures faites sur deux épaisseurs de tissu épinglées et cousues à plat. Ce sont les coutures les plus simples et les plus courantes. Elles servent à assembler les côtés, le devant et le dos des jupes, pantalons ou chemises, entre autres, et conviennent à la plupart des tissus. Si le type de couture n'est pas spécifié sur votre patron, il y a de grandes chances pour qu'il s'agisse d'une couture droite.

1 Posez les pièces à plat sur la table, endroit contre endroit ; épinglez (ou bâtissez à la main) les deux épaisseurs.

2 Avant de commencer à coudre, alignez le bord du tissu avec la marque de surplus située sur la plaque à aiguille de votre machine, et maintenez l'alignement à mesure que vous piquez.

3 Vérifiez que la couture est bien plate et ne forme pas de plis. Sinon, il vous faudra défaire la partie défectueuse et recommencer.

4 Repassez la ligne de piqûre sur l'envers afin de stabiliser les points. Exercez quelques pressions latérales pour ouvrir la couture sans former de faux plis. En fonction des instructions du patron, du type et du poids du tissu, ouvrez la couture au fer (en écartant les surplus de chaque côté) ou couchez-la sur un côté, en vérifiant sur les deux côtés qu'elle reste bien plate et ne forme pas de plis. Si des plis se sont accidentellement formés et pris dans la couture, il vous faudra défaire la partie défectueuse et recommencer la couture. Surfilez ou finissez les bords de coupe (voir pages 125-131 pour plus d'informations sur la finition des bords).

Pour une couture fluide

Si vous cousez à la machine, ces quelques conseils vous aideront à obtenir un résultat optimal :

- Tenez le tissu fermement, mais sans tirer.
- Évitez de pousser ou de tirer le tissu que vous piquez (erreur couramment commise par les débutantes).
- Laissez le tissu se mouvoir librement dans les courbes..

Coutures avec fronces

On peut avoir à coudre des pièces plus ou moins froncées, selon l'effet désiré.

Couture généreusement froncée.

Couture légèrement froncée.

1 Effectuez deux lignes de points provisoires droits et longs (voir les informations sur les fronces pages 136-138) de part et d'autre de la ligne de couture et répartissez l'ampleur équitablement. Si les fronces doivent rester discrètes (comme sur le haut d'une manche ajustée), froncez la pièce à la largeur requise, puis placez-la sur un coussinet et repassez-la à sec ou à la vapeur. À défaut de coussinet, passez le fer dans le surplus froncé de la tête de manche et repassez à sec ou à la vapeur sans aplatir le haut de la manche sur la planche.

2 Pour bien ajuster des fronces décoratives, fixez le tissu en épinglant le surplus froncé directement sur la surface de la planche à repasser. Disposez les fronces de telle façon qu'elles restent bien droites et ne dévient pas sur un côté, et passez-les à la vapeur (si cela convient au tissu que vous utilisez). Cette technique est particulièrement utile pour maintenir les fronces des ouvrages ruchés (à volants).

3 Placez les deux pièces à assembler *endroit contre endroit*, la pièce froncée dessus, et piquez entre les deux lignes de fronces. Tenez fermement la partie froncée afin que les fronces restent régulièrement espacées et ne partent pas dans la mauvaise direction.

4 Retirez les piqûres provisoires situées à l'extérieur de la ligne de couture. Repassez la couture, puis surfilez (ou finissez) les bords de coupe.

5 Donnez un dernier coup de fer à la couture, en maintenant le côté froncé bien tendu.

Coutures arrondies

Lorsque l'arrondi d'un vêtement est constitué de plusieurs pièces à bord droit (comme les godets d'une jupe), suivez les mêmes étapes que pour les coutures droites. Les coutures concaves et convexes, en revanche, s'exécutent différemment.

Coutures concaves

Lorsqu'une couture s'arrondit vers l'intérieur, comme le bord d'une encolure, il faut rentrer moins de tissu dans un espace plus large, par exemple pour assembler une parementure à une encolure.

1 Épinglez les deux pièces de tissu (comme l'encolure et la parementure) en faisant coïncider les coutures et les crans. Placez le bord du tissu contre la largeur de couture adéquate sur la plaque à aiguille, et piquez le long de la courbe, en tournant légèrement le tissu au fur et à mesure.

2 Réduisez le volume de tissu en recoupant le surplus à 5 mm de la couture. Entaillez le surplus à intervalles réguliers le long de la courbe : sur des arrondis peu prononcés, entaillez le surplus à 15 mm d'intervalle ; sur des formes plus échancrées, pratiquez des entailles plus resserrées, tous les 6 à 10 mm. Veillez à ne pas entailler la piqûre.

3 Couchez le surplus au fer, vers le côté le moins visible (la face la plus proche du corps lorsque le vêtement est porté), et sous-piquez (voir page 110) le surplus.

Coutures convexes

Lorsque la couture s'arrondit vers l'extérieur, comme sur le bord externe d'un col, il faut rentrer plus de tissu dans un espace moins large, ce qui produit une épaisseur disgracieuse au niveau des surplus. Réduisez l'épaisseur en crantant le surplus, c'est-à-dire en pratiquant des entailles en V à partir du bord extérieur.

Réduction et entaillage du surplus sur une couture concave.

Couture concave (ici, une parementure) retournée sur l'envers et repassée.

Réduction et crantage du surplus d'une couture convexe.

Couture convexe retournée sur l'envers et repassée.

Épinglez les deux pièces soutenues et crantées, en plaçant la courbe intérieure dessus et en faisant coïncider les crans.

Piquez d'une extrémité de la couture à l'autre, en vérifiant qu'il n'y a pas de plis ni de fronces.

La couture doit être bien plate, avec les deux extrémités du surplus qui coïncident.

Assembler des courbes de forme différente

Coudre des courbes de forme différente est plus difficile et requiert un soin particulier. Bien que les deux longueurs finies du patron soient identiques, le surplus donne l'impression que la courbe extérieure est plus longue que la courbe intérieure. Lorsque les arrondis sont peu marqués, et qu'il y a moins d'ajustement dans la ligne de couture, la différence n'est généralement pas trop visible et les pièces peuvent être épinglées et cousues sans trop d'effort.

En revanche, la tâche est plus ardue lorsque les arrondis sont plus prononcés ; s'il ne vous a jamais paru vraiment important de faire coïncider les crans dans vos ouvrages précédents, vous constaterez que cela est indispensable dans ce genre de couture.

1 Sur la courbe intérieure, effectuez une piqûre de soutien dans le surplus, juste au-delà de la ligne de couture, et crantez soigneusement vers la piqûre ainsi formée.

2 Placez les pièces *endroit contre endroit*, avec la courbe intérieure dessus.

3 Faites coïncider les crans marqués et les bords extérieurs.

4 Trouvez le point central de chaque pièce et tout autre cran de part et d'autre, puis épinglez ou bâtissez les pièces ensemble. Piquez soigneusement d'une extrémité de la couture à l'autre. Vérifiez sur les deux faces du tissu qu'il n'y a pas de plis ni de fronces pris dans la couture. Assurez-vous également qu'à chaque extrémité de la couture les surplus coïncident (c'est-à-dire qu'une pièce ne dépasse pas de l'autre, ce qui arrive fréquemment). Si besoin, défaites la couture, puis épinglez et piquez de nouveau.

5 Repassez la ligne de couture afin de stabiliser les points, puis surfilez ou finissez les bords de coupe (voir page 125).

6 Donnez un dernier coup de fer à la couture (en l'ouvrant à plat ou en la couchant sur un côté, selon les instructions du patron et le type de tissu), en vérifiant bien qu'elle est exempte de plis.

Coutures passepoilées

L'insertion d'un passepoil ou d'un biais prêt à l'emploi est une manière rapide et efficace d'ajouter une jolie finition à une couture (voir également page 173 comment confectionner votre propre biais). Pour passepoiler toute la longueur d'une couture qui sera prise dans une autre couture et/ou ourlée à une extrémité, procédez comme suit :

1 Posez le passepoil sur l'endroit du tissu, en plaçant le bord du cordon contre la ligne de construction, les bords plats du passepoil orientés vers le bord de coupe du tissu.

2 Avec un pied pour fermeture à glissière (trou sur le côté gauche) ou un pied ganseur, fixez le passepoil sur la couture, en sélectionnant une grande longueur de point.

3 Avant de couper le passepoil, tirez légèrement le cordon pour vous assurer qu'il n'a pas été pris dans la couture.

4 Placez l'autre pièce de tissu sur la pièce passepoilée, endroit contre endroit, puis épinglez et piquez avec un pied pour fermeture à glissière ou un pied guide-cordonnet.

On peut obtenir le même type de finition décorative avec un biais simple (sans cordon intérieur). Procurez-vous un biais prêt à l'emploi (en ouvrant la couture au fer au préalable) ou confectionnez votre propre biais. Repassez le biais en deux dans la longueur, puis, avec un pied universel, insérez-le dans la couture en suivant les instructions ci-dessus. La largeur de la ganse ainsi formée dépendra de la largeur du biais et/ou du surplus de couture. En cas de doute, effectuez un petit échantillon pour voir si le résultat vous satisfait.

Passepoil cousu sur l'endroit du tissu, bords de coupe alignés.

Couture passepoilée terminée.

Renforcement d'une fourche par de l'extra-fort.

Fourche renforcée par un étroit point zigzag.

Coutures renforcées

On peut renforcer de diverses façons. Le tissu lui-même peut être renforcé par l'ajout d'une deuxième épaisseur, par l'application d'un entoilage et/ou par une piqûre de soutien réalisée à petits points. Il arrive que les coutures soutenant un certain poids de tissu (comme les grosses fronces d'une étoffe très épaisse) ou particulièrement sollicitées (comme les poches) gondolent ou se détendent si le tissu et/ou les coutures n'ont pas été renforcés.

Parmi les différentes manières de renforcer une couture, l'une des plus simples consiste à effectuer une deuxième ligne de piqûre juste à l'extérieur de la première, ou à fixer un ruban ou un galon derrière la couture. Voici quelques exemples :

- Le fait de coudre un extra-fort dans la couture d'épaule d'un tissu extensible empêche la couture de se détendre. Cela permet également à la tête de manche de ne pas tomber sur l'épaule.
- Les coutures d'entrejambe ont souvent tendance à se défaire à l'arrière (au niveau des fesses) et peuvent être renforcées par une deuxième ligne de zigzags cousus dans le surplus, juste à l'extérieur de la ligne de couture. Ou bien, on peut épingler un biais ou un extra-fort pré-étiré et pré-repassé sous la couture, le bâtir, puis repiquer sur la couture afin de prendre le renfort. Sur les pantalons de costume d'homme, la partie intérieure de la fourche, située sous la braguette, est souvent renforcée.
- D'étroites bandes ou biais d'entoilage thermocollant renforcés par une piqûre de soutien peuvent être fixés dans le surplus des courbes ou des angles pour stabiliser certains tissus glissants (avant qu'ils ne soient cousus).
- Le bord des poches et l'extrémité inférieure des braguettes sont souvent renforcés par une bride d'arrêt, c'est-à-dire une étroite barre de points zigzag consolidant ces parties très sollicitées.
- En réglant la machine sur un « point Stretch », on peut renforcer chaque point pour obtenir une couture très solide (voir page 122).
- Les doublures des vêtements et des sacs se déchirent souvent avant le tissu extérieur. Les coutures peuvent être dédoublées, c'est-à-dire dotées d'une deuxième ligne de piqûre ou d'un point zigzag juste à l'extérieur de la première couture. Dans ce cas, mieux vaut coucher la couture sur un côté plutôt que de l'ouvrir au fer.

Coutures en pointe

Les coutures en pointe forment un angle plus ou moins aigu, comme sur l'empiècement pointu d'une chemise « cow-boy » ou d'une jupe. Comme pour les courbes de forme différente, une pièce forme un angle saillant (pointe vers l'extérieur) et paraît plus longue que la pièce formant un angle rentrant (vers l'intérieur). Ce type de couture étant particulièrement délicat, il convient de faire preuve d'une attention soutenue. Les coutures en pointe ont tendance à présenter une certaine faiblesse au niveau de la pointe, sauf lorsqu'elles sont renforcées par une piqûre de soutien ou par une petite pièce d'entoilage.

1 Marquez à la craie les lignes de couture, en particulier les pointes des angles rentrant et saillant qui seront cousues ensemble, ou reportez-les à l'aide d'une roulette à patron et de papier carbone. Sélectionnez une petite longueur de point pour effectuer une piqûre de soutien sur la pointe du surplus rentrante, à l'intérieur et au ras de la ligne de couture.

2 Entaillez la pointe rentrante jusqu'à la piqûre.

3 Avec la pièce de tissu entaillée posée sur le dessus, épinglez la pointe des deux pièces en faisant soigneusement coïncider les points ou les crans du patron, et piquez avec un point droit de longueur moyenne. En approchant de la pointe, renforcez cette partie en sélectionnant un point plus petit.

4 Au dernier moment, retirez l'épingle maintenant les angles adjacents ensemble et insérez l'aiguille exactement sur la pointe. En laissant l'aiguille enfoncée dans le tissu, soulevez le pied-de-biche, faites pivoter le tissu, puis rabaissez le pied-de-biche pour continuer à piquer. Repassez bien la couture sur *l'envers*.

Consolidez la pointe en effectuant une piqûre de soutien dans le surplus, puis entaillez l'angle rentrant.

Cousez les deux pièces vers l'angle rentrant. Faites pivoter le tissu au niveau de la pointe avant de continuer à piquer.

La couture achevée doit reposer bien à plat, notamment au niveau de la pointe.

Les coutures des bandes de biais se font à un angle de 45°, dans le droit-fil.

Coutures dans le biais

Manipuler le biais peut être tout aussi exaltant que décourageant. Traité avec respect, le tissu coupé dans le biais peut s'avérer un véritable plaisir, épousant les courbes sans effort là où le droit-fil manque de souplesse. En revanche, un biais mal utilisé peut provoquer des crises de larmes tout à fait inutiles. Voici comment affronter la bête :

- Lorsque vous épinglez ou bâtissez des pièces de biais, étendez-les autant que possible sur une surface bien plane.
- Pour coudre des bandes de biais, tirez un fil pour trouver le droit-fil du tissu – qui sera oblique par rapport au bord du biais – et piquez.
- Si un seul côté de la couture est dans le biais, placez cette pièce sur le dessus quand vous piquez.
- Afin que les coutures conservent leur élasticité, sélectionnez un point zigzag ou droit étroit, en exerçant un léger mouvement de va-et-vient avec la main pendant que vous guidez le tissu sous le pied-de-biche.
- Pour empêcher le biais de s'étirer pendant que vous cousez, épinglez un papier de soie de même longueur que le patron sous la couture dans le biais et piquez. Une fois la couture achevée, retirez le papier de soie en le déchirant à la main.
- Pour confectionner des brides dans du biais (voir pages 202-204), sélectionnez une petite longueur de point et étirez le biais à mesure que vous piquez. Recoupez le surplus afin qu'il soit de même largeur que la couture. Retournez la bride à l'aide d'un tourne-ganse, ou enfilez une aiguille à pointe obtuse (aiguille à tapisserie, par exemple), piquez l'extrémité du tube pour le fermer et tirez l'aiguille dans le tube.

Couture d'épaule dans un tissu extensible renforcée par un extra-fort.

Coutures extensibles

Le tissu Stretch s'étire dans la largeur, dans la longueur ou dans les deux sens. Réglez la tension de la machine un peu plus bas que d'ordinaire, afin que la machine ne tire ni de déforme les coutures. Piquez avec une aiguille à pointe bille ou Stretch, selon l'une des méthodes suivantes :

- Tenez le tissu à plat et piquez avec un point zigzag étroit.
- Étirez légèrement le tissu si vous le piquez au point droit.
- Sélectionnez un point Stretch sur votre machine.
- Cousez sur une surjeteuse à quatre fils, en ajustant l'entraînement différentiel en fonction du degré d'extensibilité du tissu.

Si vous ne voulez pas que vos coutures Stretch s'étirent, notamment au niveau de l'épaule (voir illustration ci-contre à gauche), stabilisez-les en consolidant la couture par un extra-fort.

Coutures en fourreau

Lorsqu'une couture enferme les bords de coupe pour présenter une finition bien nette des deux côtés de l'ouvrage, comme dans le cas d'un col, de poches à rabat doublées ou d'un empiècement de chemise, on parle de couture en fourreau. Dans ce cas, le surplus de couture a besoin d'être recoupé et échelonné : cela veut dire qu'une fois la couture effectuée, un côté du surplus est coupé plus court que l'autre, afin de réduire l'épaisseur. Pour un résultat optimal, le surplus le plus large doit être du côté externe du vêtement lorsque celui-ci est porté.

Bords arrondis

Le bord extérieur d'un col rond est un exemple de couture en fourreau à bord arrondi. Suivez les instructions suivantes pour réaliser ce type de couture :

1 Thermocollez ou bâtissez les pièces de tissu avec de l'entoilage, selon les instructions du patron (on ajoute généralement de l'entoilage sur le haut du col afin d'empêcher la couture de se voir au travers et lui donner une certaine tenue ; voir aussi pages 180-181 pour plus d'informations sur les cols).

2 Placez les pièces de tissu endroit contre endroit. Épinglez ou bâtissez-les, puis piquez le long du bord extérieur.

3 Recoupez le surplus à 5 mm.

4 Si la couture est trop volumineuse, échelonnez les surplus, en laissant le plus large du côté extérieur du vêtement. Pour échelonner les surplus, coupez le surplus le plus proche de la parementure (d'un col, par exemple) un peu plus court que l'autre (environ 2 mm de moins).

5 Sur les bords concaves, entaillez le surplus afin que la couture soit bien plate. Sur les bords convexes, crantez le surplus en découpant de petits V.

6 Repassez le surplus vers le dessous et sous-piquez (voir page 110).

Sur une couture en fourreau arrondie, recoupez et échelonnez le surplus avant de l'entailler.

Sur les bords convexes, crantez le surplus recoupé avant de retourner sur l'endroit.

couture et finitions

Bords pointus et angles aigus

Les bords pointus (comme ceux d'un col de chemise d'homme, par exemple) et les angles aigus (comme ceux des poches plaquées) doivent avoir de la tenue et être parfaitement marqués. Suivez les étapes suivantes pour un résultat optimal :

Piquez vers la pointe (ici, sur un col), puis recoupez et entaillez le surplus. Réduisez-le près de la pointe.

1 Thermocollez ou bâtissez les pièces de tissu avec de l'entoilage si c'est précisé sur le patron. Dans le cas d'un col, appliquez l'entoilage sur l'envers du col supérieur, sauf indication contraire.

2 Marquez les lignes de couture et l'emplacement exact de la pointe sur les deux pièces de tissu.

3 Endroit contre endroit, faites coïncider les repères des deux pièces de tissu. Épinglez ou bâtissez, puis piquez vers la pointe. Pour une plus grande précision, les pièces comme les cols peuvent être cousues en deux parties, en commençant par le centre et en piquant vers les pointes.

Un fil passé dans le point qui termine la pointe vous aidera à la retourner facilement et joliment.

4 Réduisez la longueur de point à 1,5 lorsque vous approchez de la pointe. Lorsque vous n'êtes plus qu'à un point de la pointe, effectuez un point oblique vers l'autre côté de l'angle. Continuez un peu à piquer avec une longueur de point réduite, puis réglez de nouveau sur une longueur de point normale. Le nombre de points obliques nécessaires pour traverser la pointe dépend du poids du tissu : un seul point oblique sur les tissus légers, deux sur les tissus de poids moyen et trois ou quatre sur les tissus lourds. Pour retourner joliment la pointe, placez une longueur de fil juste devant l'aiguille lorsque vous effectuez le point oblique, ou, avec une aiguille à coudre, passez un fil dans le point oblique de la pointe après avoir cousu cette partie (vous comprendrez le but de cette manœuvre dans l'étape 6).

Cet accessoire en plastique peut aussi vous aider à retourner les pointes.

5 Recoupez le surplus à 5 mm. Réduisez le surplus dans la diagonale près de la pointe, afin d'éviter toute épaisseur disgracieuse. Entaillez le reste du surplus si nécessaire.

6 Pour retourner la pointe, utilisez les fils passés dans le point oblique à la pointe du col : enfilez les deux extrémités dans une aiguille, piquez l'aiguille dans le point de l'angle pour la faire sortir sur l'endroit, et tirez les deux fils. Vous pouvez aussi utiliser un accessoire spécialement conçu pour retourner les pointes.

On peut également produire des angles droits bien nets en piquant le bord extérieur, en recoupant et, si nécessaire, en échelonnant le surplus, puis en le rabattant pour effectuer une deuxième ligne de piqûre exactement sur la première, afin de rentrer le surplus d'un côté au niveau de l'angle.

Pour un angle droit bien net, piquez, puis prenez le surplus dans un deuxième rang de piqûre.

Finitions des bords de coupe

Le choix de la finition dépendra du poids et du type de tissu utilisé, ainsi que de la fonction de l'ouvrage.

L'utilisation d'une surjeteuse pour finir les bords de coupe est la méthode la plus rapide et la plus satisfaisante : votre vêtement aura un aspect professionnel et des coutures bien solides. À défaut de surjeteuse, utilisez un point zigzag ou de surjet (overlock) pour surfiler rapidement les bords.

Si vous êtes douée d'une patience à toute épreuve, ou si vous confectionnez un costume nécessitant une grande précision historique, vous pouvez finir les bords de coupe à la main, avec un point de feston (voir page 232) ou de surfil.

Les coins ainsi formés (ici, sur une poche plaquée) sont nets et bien formés.

Coutures simples

Lorsque vous avez des surplus de couture généreux – d'au moins 15 mm – ou que vous confectionnez des vêtements dans du tissu épais, les coutures simples, ou ouvertes, constituent un bon moyen de réduire au maximum l'épaisseur créée par la couture. Cette méthode convient aux tissus de poids moyen à lourd (mais généralement pas aux étoffes translucides ou très fines).

Lorsqu'un vêtement a des coutures simples, il est plus facile de le retoucher ultérieurement, le cas échéant.

Bords surjetés ou surfilés au point zigzag

Ce sont les façons les plus courantes de finir des coutures simples.

1 Une fois la couture effectuée, repassez-la pour stabiliser les points.

2 Finissez chaque bord de coupe séparément au point de surjet ou zigzag, puis ouvrez délicatement la couture au fer sur l'envers. Vérifiez que la couture est bien plate et qu'il n'y a pas de plis sur l'endroit. Donnez un dernier coup de fer à la couture simple.

Couture simple à bords surjetés.

Couture simple avec piqûre de soutien et bords crantés.

Couture simple avec bords rentrés (deux fois) et piqués.

Bords crantés

Les ciseaux cranteurs sont des ciseaux à lames en dents-de-scie que l'on peut utiliser pour finir les bords au lieu de les surfiler ou de les surjeter. Ils se prêtent aux tissus à armure serrée, qui ne s'effilochent pas facilement (taffetas, certains lainages, rayonnes ou soies), mais produisent un résultat désastreux sur les tissus plus souples. Les ciseaux cranteurs ne sont pas conçus pour couper plus d'une épaisseur à la fois, ni pour couper le patron et finir les bords simultanément. Il vous faudra découper la pièce avec des ciseaux de couturière, avant de cranter les bords aux ciseaux cranteurs.

1 Une fois la couture effectuée, repassez-la afin de stabiliser les points.

2 Effectuez une piqûre de soutien parallèle à 10-12 mm de chaque côté de la couture.

3 Avec des ciseaux cranteurs, coupez l'excédent de surplus au ras de la piqûre de soutien. Ouvrez la couture au fer.

Bords rentrés et piqués

Cette finition convient aux tissus souples, comme la rayonne, qui ne produiront pas de ligne rigide lorsque le bord sera rentré et piqué deux fois. Les bords de coupe rentrés et piqués une seule fois peuvent s'effilocher un peu ; un vêtement comportant des coutures à bords rentrés et piqués une seule fois devra, en conséquence, être doublé.

1 Une fois la couture effectuée, repassez-la afin de stabiliser les points.

2 Ouvrez la couture au fer sur l'envers, faites un rentré d'environ 6 mm sur l'envers d'un bord et piquez le rentré.

3 Recoupez l'excédent de tissu au ras de la piqûre ; rentrez de nouveau le bord et piquez-le une deuxième fois. Répétez l'opération sur l'autre bord de coupe.

Coutures simples gansées

Les coutures gansées se prêtent aux vêtements non doublés, notamment ceux confectionnés dans du tissu épais (manteaux de laine non doublés), ainsi qu'à deux tissus bâtis ensemble et traités comme une seule épaisseur (dentelle doublée de tissu, dont les deux épaisseurs seront gansées ensemble). Les coutures nécessitent des ganses souples qui épousent la forme de la couture, surtout lorsqu'elles sont arrondies. La ganse doit donc être coupée dans le biais et préalablement repassée avant d'être utilisée pour enfermer les bords de coupe de la couture.

On peut employer des ganses ou des galons droits à la place des bandes de biais lorsque les coutures sont parfaitement droites, comme les bords d'un patchwork.

Une fois la couture effectuée, repassez-la pour stabiliser les points dans le tissu. Ouvrez la couture au fer et finissez les bords à l'aide d'une ganse simple (illustrations à droite) ou de sa variante (voir page suivante).

Bord gansé simple

Il est rapide et efficace de ganser ses bords avec un biais du commerce (préplié), mais si vous voulez le confectionner vous-même, coupez une longueur de biais de quatre fois la largeur de la ganse finie. Vous pouvez utiliser le pied-de-biche comme guide pour fixer la ganse, auquel cas il vous faudra couper quatre fois 6 mm, soit 24 mm.

1 Effectuez la couture et ouvrez-la au fer. Posez *l'endroit* du biais contre *l'envers* du surplus, en faisant coïncider le bord du biais avec le bord de coupe du surplus. Épinglez et piquez le long de la première pliure du biais.

2 Rabattez et repassez le biais afin qu'il recouvre complètement le bord de coupe, et piquez-le au ras du bord.

Couture simple dans un lainage épais, prête à être gansée.

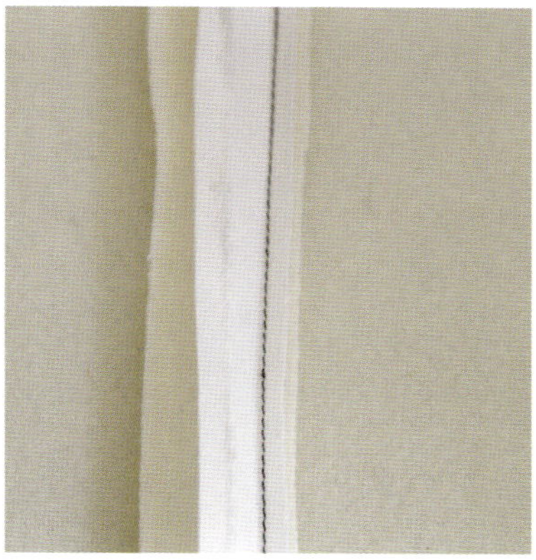
Cousez l'endroit du biais sur l'envers du surplus, en faisant coïncider les bords.

Rabattez le biais sur l'endroit du surplus et épinglez.

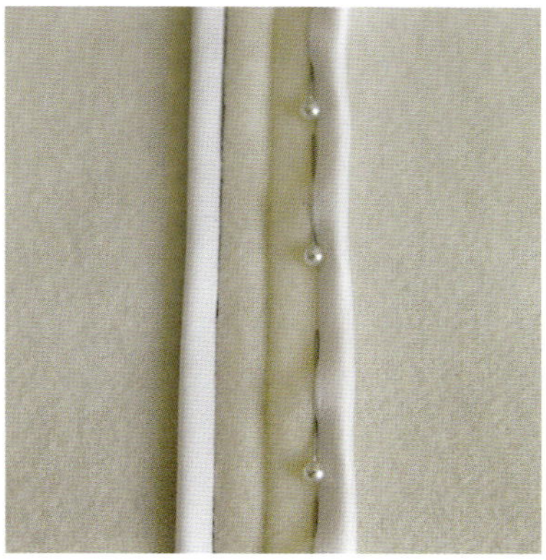
Piquez le biais en place, puis répétez sur l'autre surplus.

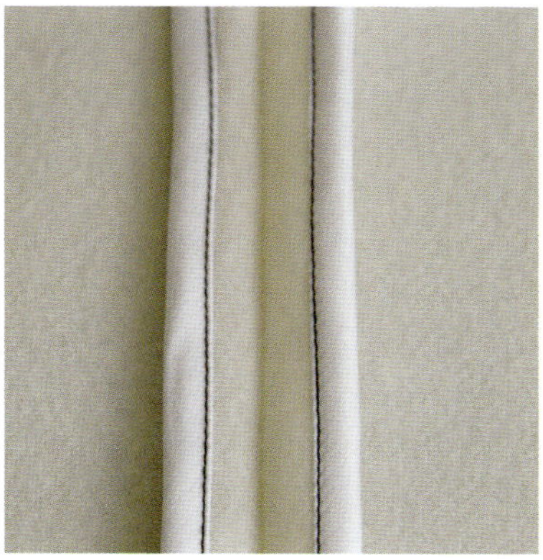
Couture simple terminée, avec ses bords joliment gansés.

Variante du bord gansé

Cette méthode réduit l'épaisseur de la couture en utilisant le bord de coupe du biais, qui ne s'effiloche pas.

1 Vous pouvez ganser vos bords avec une bande de biais de 2,5 cm de large coupée dans votre tissu, mais utiliser un biais du commerce vous fera gagner du temps. Dans ce cas, repassez-le bien à plat avant de vous servir d'une des lignes de pliure d'origine pour la fixer au bord de coupe.

2 Posez le biais *endroit contre endroit* sur le surplus. Faites coïncider le bord du biais avec le bord de coupe du surplus et (dans le cas d'un biais du commerce) piquez le long de la première pliure, sur *l'envers*. S'il s'agit d'un biais non préalablement plié, piquez à 6 mm du bord de coupe.

3 Retournez le biais sur l'endroit et repassez-le à plat. Rabattez-le par-dessus le surplus afin d'enfermer le bord de coupe. Repassez le biais puis piquez dans le creux de la couture apparente, côté envers. Recoupez l'excédent de biais de sorte que les bords de coupe du biais reposent à mi-chemin entre la ligne de couture et la piqûre dans le creux.

Couture fermée à bord surjeté.

Coutures fermées

Les coutures fermées sont celles dans lesquelles les deux bords de coupe du tissu sont finis ensemble. Elles conviennent aux étoffes de poids moyen à léger (mais pas aux voilages). Les coutures fermées arrondies rendent mieux lorsque les surplus ne sont pas trop larges (généralement 10 mm de largeur).

Repassez les coutures fermées vers le milieu du devant ou du dos, sauf si le modèle prévoit une surpiqûre. Les surpiqûres ayant tendance à mieux ressortir lorsqu'elles sont pratiquées sur plusieurs épaisseurs au lieu d'une seule, repassez toujours le surplus du côté où sera effectuée la surpiqûre.

N'oubliez pas que ce type de couture crée une certaine épaisseur ; dès que possible, repassez-la afin d'en réduire le volume. Lorsque vous assemblez deux tissus de poids différent, le surplus du tissu le plus lourd ou le plus rigide aura tendance à vouloir partir dans le mauvais sens (sauf s'il est repassé et surpiqué). Si vous assemblez un voilage ou un tissu transparent à un tissu opaque, repassez la couture dans la direction opposée au voilage, afin qu'elle ne se voie pas.

Couture fermée à bord surfilé.

1 Une fois la couture effectuée, repassez-la afin de stabiliser les points.

2 Surjetez ou surfilez les deux bords ensemble, puis couchez légèrement la couture au fer sur un côté, sur *l'envers*. Retournez la pièce pour

vérifier que la couture est bien plate et ne présente pas de plis sur *l'endroit* avant de donner un dernier coup de fer. Surpiquez éventuellement sur *l'endroit*.

Coutures anglaises

La couture anglaise est une technique destinée à apporter une finition bien nette aux tissus fins, délicats, légers et transparents ; elle s'utilise beaucoup dans la confection de robes de mariée et de soirée.

L'opération consistant à enfermer les bords de coupe et la première ligne de piqûre à l'intérieur d'une étroite couture, sans recouper trop ras pour ne pas la déchirer, prend du temps et nécessite une certaine pratique. Bien faite, toutefois, la finition est nette, solide et très agréable à l'œil.

L'inconvénient de ce type de coutures est qu'elles sont tellement étroites qu'il ne reste pratiquement rien pour le cas où vous voudriez modifier la taille du vêtement.

Les coutures anglaises ne se font pas comme les autres ; avant de l'effectuer de manière définitive, exercez-vous sur une chute de votre tissu. Prévoyez le même surplus que sur le patron, marquez clairement les lignes de couture et vérifiez, quand vous avez terminé, que la dernière ligne de piqûre se trouve bien sur la ligne marquée. Cela signifie que la finition est exactement de la bonne largeur.

1 Placez les pièces de tissu *envers contre envers*. Épinglez-les et piquez-les à 5-6 mm à l'extérieur de la ligne de couture marquée. Repassez la couture pour stabiliser les points.

2 Si vous travaillez avec un tissu ayant une forte tendance à s'effranger, il peut être utile, mais pas essentiel, d'effectuer à ce stade une deuxième ligne de piqûre au ras de la première, ce qui vous empêchera en outre de trop recouper le surplus (ce qui affaiblirait la couture). Recoupez le surplus à 3 mm. Retournez l'ouvrage sur *l'envers*. Ouvrez la couture au fer.

3 *Endroit contre endroit,* effectuez une deuxième ligne de piqûre à 5-6 mm de la première, afin d'enfermer complètement les bords de coupe de la première couture. Repassez la couture pour stabiliser les points.

Pour une couture anglaise, effectuez une étroite couture envers contre envers, puis recoupez le surplus.

Une deuxième couture, réalisée endroit contre endroit (vue ici depuis l'envers), enferme les bords de coupe.

Une couture anglaise achevée est fine et bien nette des deux côtés.

Repassez la couture sur un côté et recoupez une des deux parties du surplus.

Rabattez le surplus le plus large par-dessus, puis sous le surplus étroit, afin de l'enfermer.

Piquez le long de la pliure pour terminer, puis repassez.

Coutures rabattues

Ce type de couture, très solide et durable, est souvent utilisé sur les jeans, les pyjamas d'homme, les chemises et la maroquinerie. Les coutures rabattues enferment les bords de coupe et se caractérisent par deux rangs parallèles de piqûre sur un côté (généralement l'endroit) et un seul rang sur l'autre.

1 *Envers contre envers*, effectuez la couture et repassez-la pour stabiliser les points (le fait de placer les pièces *endroit contre endroit* inverse la finition, ce qui fait apparaître une ligne de piqûre sur l'extérieur et deux lignes à l'intérieur).

2 Repassez le surplus sur un côté et recoupez une des deux parties à 6 mm. L'autre partie du surplus doit faire deux fois cette largeur. Recoupez-la un peu si nécessaire.

3 Rabattez le surplus le plus large par-dessus et sous le surplus étroit pour enfermer le bord de coupe. Repassez. Piquez le long de la pliure pour terminer la couture. Repassez de nouveau.

Coutures « en sandwich »

Lorsque deux pièces de tissu identiques sont placées endroit contre endroit avec une troisième pièce placée entre elles, les bords de coupe sont complètement enfermés entre les épaisseurs, car un côté de la paire identique fait office de doublure.

Un exemple très simple de couture « en sandwich » peut se voir sur les chemises d'homme : la couture qui assemble la partie principale de la chemise à l'empiècement d'épaule extérieur est enfermée par l'empiècement intérieur. Pour réaliser une couture « en sandwich » sur un empiècement de dos, placez le haut du dos entre les bords inférieurs (bien alignés) de *l'endroit* de l'empiècement extérieur et de *l'endroit* de l'empiècement doublure. *L'endroit* du dos de la chemise devra être contre *l'endroit* de l'empiècement extérieur. Épinglez perpendiculairement à la couture. Piquez sur *l'envers* et repassez. Sur *l'endroit*, piquez le bord ou surpiquez la couture, ou faites les deux.

Le devant d'une chemise ou d'un corsage à empiècement se réalisera selon l'une des méthodes suivantes :

1 Placez le devant de la chemise et l'empiècement extérieur *endroit contre endroit*, en laissant l'empiècement intérieur libre. Épinglez, piquez et repassez la couture vers le haut. Repassez le surplus de l'empiècement intérieur sur *l'envers* et cousez le bord plié du surplus au point glissé (à la main) sur la piqûre machine.

Ou

2 Placez la chemise et l'empiècement intérieur *endroit contre endroit*, en laissant l'empiècement extérieur libre. Épinglez, piquez et repassez la couture vers le haut. Avec le fer, rentrez le surplus de l'empiècement extérieur sur *l'envers*, épinglez ou bâtissez, puis piquez le bord de l'empiècement extérieur à la machine.

Pour les plus expertes, l'opération peut être entièrement réalisée à la machine.

Extérieur d'une couture en sandwich terminée avec finition passepoilée.

Empiècement intérieur cousu à la main sur une robe de fillette.

Détail de l'empiècement intérieur cousu à la main le long de la piqûre machine, sur l'envers de la robe.

9

mettre en forme et ajuster

- Pinces
- Fronces
- Nervures
- Plis
- Élastique
- Ajustements
- Toiles de moulage
- Premier essayage
- Retouches post-essayage
- Essayages suivants

DES MINI-ÉCHANTILLONS AUX INTERMINABLES ROULEAUX, LE TISSU EST L'ÉLÉMENT PHARE DE NOTRE MATÉRIEL DE COUTURE, CELUI QUE NOUS AMASSONS AVEC CONVOITISE ET DONT NOUS ALIMENTONS NOS ÉLANS CRÉATIFS. MAIS, S'IL FAUT APPELER UN CHAT UN CHAT, LE TISSU N'EST RIEN D'AUTRE QU'UNE SURFACE BIDIMENSIONNELLE, QUI ATTEND QU'ON LUI DONNE VIE. C'EST EN CRÉANT LA FORME ET LE VOLUME, EN EFFET, QUE LA MAGIE DE LA COUTURE SE PRODUIT.

Les pinces, les fronces, les nervures, les différentes sortes de plis et la pose d'un élastique sont autant de façons de transformer une étoffe plate en un ouvrage en trois dimensions, et de donner une forme particulière à un vêtement.

Pinces

Les pinces sont des plis droits ou courbes en forme de pointe destinés à donner une ligne ajustée à un vêtement. Elles permettent de moduler l'ampleur entre une partie large et une partie étroite, par exemple entre la poitrine et le tour de taille des corsages cintrés, ou entre la taille et la hanche des jupes ou pantalons près du corps. Une grande pince forme un angle plus aigu que plusieurs petites. Cela veut dire que la valeur d'une pince simple nécessaire à l'ajustement d'un important tour de poitrine pourra être divisée en deux pinces (ou plus) pour un effet plus arrondi. Selon les canons de la mode actuelle, les pinces de buste doivent toujours se trouver à 1 ou 2 cm de la pointe de la poitrine (partie la plus large du buste).

Si une pièce est bâtie à une autre (pour plus de soutien), bâtissez chaque côté de la pince, ainsi que son centre, avant d'épingler et de piquer la pince comme à l'ordinaire.

Avec une craie, marquez les lignes droites et les repères de la pince.

Pliez le tissu le long des lignes, endroit contre endroit, puis épinglez.

Pour éviter de marquer le tissu inférieur, placez du papier kraft sous la pince cousue avant de la repasser.

La pince terminée crée du volume (ici, sur une partie de corsage).

Pinces droites

Les pinces droites servent à donner du volume au bord d'un vêtement, comme sur la couture latérale d'une chemise, au niveau de la poitrine, ou sur la ceinture d'une jupe ou d'un pantalon.

1 Épinglez ou bâtissez ensemble les deux côtés de la pince.

2 Piquez depuis le bord de la partie la plus large de la pince, en direction de la pointe.

3 À la pointe, continuez à coudre légèrement au-delà du bord, en laissant les deux fils dépasser. Nouez les fils à l'aide d'un double nœud afin de consolider la pointe, puis coupez-les.

4 Repassez la couture. Lorsque vous repassez le pli de la pince, évitez de former une marque visible sur l'endroit du tissu en plaçant une feuille de papier kraft sous la pliure, ou en repassant la pliure séparément du vêtement.

5 Repassez les pinces horizontales vers le bas et les pinces verticales vers le centre.

Sur les tissus épais, ou sur les pinces particulièrement larges, et après avoir vérifié l'ajustement, réduisez l'épaisseur en entaillant le centre de la pince jusqu'à 10 mm environ de la pointe, puis en finissant les bords de coupe (un surfilage au point zigzag est généralement le plus simple). Ouvrez la pince au fer sur un coussinet de repassage.

Au lieu de coudre des pinces très fines, vous pouvez convertir la valeur de l'ajustement fourni par les pinces en fronces. Pour cela, utilisez deux fils de fronces (voir page suivante pour plus d'informations sur les fronces) pour froncer le tissu, puis repassez (à la vapeur, si le type de tissu le permet).

Pinces arrondies et pinces fuseau

Les pinces arrondies peuvent être concaves ou convexes, selon la morphologie. Épinglez et piquez la pince comme elle est marquée, puis entaillez-la (si elle est très large) et crantez-la (mais sans entailler la ligne de piqûre) de sorte que, lorsque la pince est placée ouverte sur un coussinet de repassage, elle soit ouverte (c'est-à-dire que la partie crantée s'ouvre).

Les robes sans coutures au niveau de la ceinture utilisent parfois des pinces fuseau, allant de la poitrine aux hanches, pour produire une silhouette ajustée ou semi-ajustée.

Pince fuseau arrondie, avec l'excédent de tissu coupé.

Même pince ouverte au fer et avec les bords surfilés.

Fronces

Deux rangs de fronces en cours d'exécution.

À l'autre bout, commencez à tirer le tissu jusqu'à la largeur désirée.

Un rang de point devant doit se trouver au-dessus de la ligne de couture et l'autre juste en dessous.

On forme des fronces lorsqu'on réduit l'ampleur du tissu avant de coudre la pièce à une autre partie du vêtement, comme une tête ou un bas de manche (s'il est cousu à un poignet).

Le type de fronces produit dépendra du poids et de la texture du tissu. Les patrons de couture recommandent des tissus pour chaque style, pour un résultat final conforme à l'illustration de la pochette. Si le tissu que vous vous apprêtez à acheter ne figure pas sur la liste des suggestions, déroulez-en un peu et froncez-le dans vos mains pour voir comment il se comporte, ou achetez-en une petite quantité pour faire un essai de fronces à la machine.

Si vous faites vous-même votre patron, le fait de choisir le tissu d'abord vous aidera à déterminer le métrage nécessaire au modèle. Les voilages et tissus légers, la maille simple et les pièces coupées dans le biais produisent des fronces fluides, qui peuvent se faire en comptant jusqu'à quatre fois la largeur finie. Les tissus de poids moyen requièrent moins d'ampleur – entre deux et demi et trois fois la largeur finie –, et les étoffes les plus épaisses n'ont besoin que de deux fois la largeur finie – elles peuvent même rendre mieux plissées que froncées.

Si vous créez vous-même votre patron, n'oubliez pas de marquer par des crans ou des épingles quatre positions équidistantes sur la pièce de tissu à froncer, ainsi que sur la pièce sur laquelle elle sera cousue, afin que les fronces soient bien réparties. Pour froncer un tissu à la main, utilisez un point devant (voir page 99 pour plus d'informations). Les fronces des vêtements sont le plus souvent faites à la machine.

Lorsque les fronces font partie d'un modèle ajusté, comme le corsage d'une robe à smocks, stabilisez cette partie en la doublant entièrement.

Les volants ajoutent une note frivole et féminine. Si vous en confectionnez, ourlez le bord inférieur avant de froncer le tissu et de coudre le volant au vêtement.

Froncer à la machine

S'il est parfaitement possible de froncer du tissu à la main, le faire à la machine est plus rapide et donne des fronces régulièrement réparties. Dans le cas d'un voilage ou d'un tissu très fin, effectuez un essai préalable ; froncer du ruban soyeux ou certains tissus légers, en effet, peut causer des dommages irréparables. Utilisez en tout cas un fil fin et exécutez une deuxième ligne de fronce juste à l'intérieur de la première.

1 Comptez au moins 10 cm d'excédent de fil au début et à la fin de chaque ligne de piqûre. Diminuez la tension du fil supérieur pour déstabiliser le point, car cela permet de tirer les fils sans les casser ni endommager le tissu.

2 Sélectionnez le plus long point droit possible. Sans faire de points arrière au début ni à la fin, effectuez un rang de piqûre à l'intérieur du surplus, à une distance équivalente à la largeur du pied-de-biche depuis le bord de coupe. Répétez pour faire un deuxième rang de piqûre juste à l'extérieur de la ligne de couture finie et parallèle au premier.

3 À une extrémité, insérez une épingle perpendiculairement aux rangs de piqûre et enroulez les extrémités de fil autour pour empêcher les fils de se défaire.

4 À l'autre bout, prenez uniquement les deux fils inférieurs (côté canette) et tirez légèrement dessus pour froncer le tissu. Lorsque vous avez froncé le tissu à la largeur désirée (reportez-vous au patron), tirez doucement chaque extrémité de fil afin de les faire ressortir sur l'endroit et nouez-les à l'aide d'un double nœud.

5 Répartissez les fronces équitablement (les crans peuvent vous aider). Assurez-vous que les fronces sont droites et ne forment pas d'angles disgracieux. Placez la pièce froncée dessus au moment où vous la cousez à la pièce correspondante. Utilisez pour ce faire un point droit moyen et une tension normale. Vérifiez que les fronces restent bien droites sur l'endroit du tissu. Retirez les points situés à l'extérieur de la ligne de couture.

Froncer de grands métrages

Lorsqu'il s'agit de froncer de grands métrages et/ou du tissu plus lourd ou épais, la machine à coudre est un atout. La technique suivante, rapide et efficace, se fait à l'aide d'un cordonnet avec lequel on tire le tissu et que l'on peut ajuster à la largeur voulue. Cela fonctionne très bien sur les jupes « paysannes » (jupes amples et froncées à la ceinture), sur les tissus de poids moyen à lourd, comme les étoffes de laine, et lorsque l'on ajoute des volants aux vêtements ou aux tours de lit.

Le fait d'utiliser cette méthode évite le problème des fils qui se cassent lorsque vous les tirez et vous obligent à tout recommencer.

1 Remplacez votre pied-de-biche ordinaire par un pied guide-cordonnet et passez un fil fort ou un fin cordonnet dans le trou du pied. Fixez l'extrémité du cordonnet quelque part à l'intérieur du surplus de couture, soit en faisant un nœud, soit en l'épinglant. À noter : toute la largeur de la piqûre au point zigzag (plus le cordonnet) doit être faite à l'intérieur du surplus.

2 Sélectionnez un point zigzag large et piquez par-dessus le cordonnet, en veillant bien à ce que l'aiguille ne perce jamais le cordonnet.

Utilisation d'un pied guide-cordonnet et d'un point zigzag pour froncer un tissu épais.

On tire ensuite le cordonnet pour froncer le tissu.

mettre en forme et ajuster

Endroit d'un tissu bouillonné.

Envers d'un tissu bouillonné, avec du fil élastique en guise de fil de canette.

3 Une fois la piqûre terminée, tirez le cordonnet dans sa coulisse de point zigzag. Lorsque le tissu froncé est à la largeur requise (reportez-vous au patron), fixez l'extrémité longue du cordonnet et suivez l'étape 5 de la partie précédente.

Avec un pied fronceur

Si votre machine dispose d'un pied fronceur, celui-ci confectionnera des fronces régulièrement espacées en deux fois moins de temps (et sans effort). Toutefois, sachez qu'un pied fronceur ou plisseur fixe les points, ce qui rend toute modification ultérieure difficile. Si vous utilisez l'un ou l'autre de ces pieds, faites d'abord un essai pour voir la quantité de fronces qu'il effectue sur votre tissu. Sinon, on peut toujours ajuster un peu la densité des fronces : en laissant le tissu se déplacer sans aide sous le pied, les fronces seront moins nombreuses, alors que si l'on place son index gauche contre l'arrière du pied, au niveau où le tissu sort, les fronces seront plus nombreuses. La main droite peut aider à entraîner le tissu. En outre, le tissu peut être entraîné plusieurs fois de suite pour produire des fronces plus resserrées.

Bouillonné

Le bouillonné a l'aspect de plusieurs rangs de fronces très serrées, mais extensibles, en raison du fil élastique utilisé à la place du fil ordinaire de canette. Cela fronce automatiquement le tissu de manière régulière. Le bouillonné rend bien sur les cotons fins et les mailles légères, ainsi que lorsque plusieurs rangs parallèles sont espacés d'environ 10 mm. De nos jours, le bouillonné se voit surtout sur les vêtements d'enfant.

1 Marquez à la craie l'emplacement de la première ligne de piqûre sur l'endroit du tissu. Vous pouvez soit marquer les rangs suivants, soit vous aider du bord du pied-de-biche pour former des rangs d'égale distance.

2 Si le bouillonné doit couvrir toute la largeur du corsage, sur le devant et le dos (comme sur un haut rectangulaire avec bretelles), ou s'il est utilisé pour ajuster la ceinture d'une jupe (ce qui s'apparente à l'élastique cousu dans une coulisse), piquez, recoupez et surfilez le surplus d'une couture latérale à 6-10 mm. À moins que le bord extérieur du bouillonné ne soit destiné à être pris dans une couture, surfilez et ourlez le bord de coupe supérieur.

3 Enroulez le fil élastique à la main sur la canette, sans l'étirer. Sélectionnez un long point droit. Piquez d'un côté à l'autre sans consolider la couture par des points arrière.

4 Tenez le tissu bien tendu afin qu'il soit entraîné à plat dans la machine pour effectuer plusieurs rangs consécutifs. Piquez chaque rang à égale distance du précédent.

5 Vérifiez l'ajustement ; s'il faut le réduire un peu, vous pouvez resserrer légèrement le bouillonné. Prenez une canette de fil ordinaire, sélectionnez une petite longueur de point et effectuez une piqûre de soutien perpendiculaire de chaque côté du bouillonné. Fermez le tissu bouillonné à l'aide d'une couture anglaise (voir page 129).

Pour mesurer et épingler les petits plis, utilisez un guide à encoche fait dans du carton ou un couturomètre réglable.

Petits plis

Les petits plis sont d'étroits plis piqués sur toute leur longueur pour créer une jolie finition sur l'endroit d'un tissu, ou simplement repassés et pris sur l'envers pour donner du volume de façon moins structurée que les pinces, par exemple.

Les petits plis peuvent être verticaux, horizontaux ou obliques ; ils peuvent se chevaucher ou être isolés les uns des autres. Les petits plis horizontaux s'utilisent souvent près des ourlets de vêtements d'enfant, car ils sont faciles à défaire pour gagner un peu de longueur.

Les nervures sont des petits plis particulièrement étroits ; on peut les confectionner à l'aide d'une aiguille double et de deux fils supérieurs.

L'utilisation d'un couturomètre ou encore d'un bras à matelasser (en conjonction avec le pied-de-biche) permet de mesurer avec précision la largeur et l'écartement des nervures, ce qui garantit un résultat optimal.

Deux nervures (au centre du panneau) flanquées de petits plis plus larges.

Plis

Les plis permettent de réduire la circonférence supérieure d'une pièce de tissu tout en offrant de l'ampleur dans le bas. Ils sont constitués d'une partie extérieure (visible), d'un retour (rentré du pli) et d'une partie intérieure (de même largeur que la partie extérieure).

Les plis peuvent se succéder d'un bord du vêtement à l'autre, ou être incorporés à des coutures, comme dans une jupe. Les différentes sortes de plis sont décrites plus bas, mais la méthode suivante s'applique à toutes :

1 Transférez les lignes de pli du patron sur le tissu avec de la craie, un bâti tailleur ou un point de bâti, et indiquez le sens dans lequel les plis doivent être formés en traçant des flèches à la craie dans le surplus.

Plis couchés en trois étapes : épinglé, piqué en haut et bâti en bas, pli terminé avec surpiqûre.

Plis couchés terminés après surpiqûre et ourlet.

Les plis creux consistent en deux plis couchés qui se regardent.

Ici, l'intérieur du pli est fait dans un tissu différent.

La doublure du pli doit être crantée au niveau du bord de l'ourlet.

Gros plan du crantage réalisé à l'intérieur du pli, au niveau de l'ourlet.

2 On peut piquer le bord des plis sur l'envers, les surpiquer sur l'endroit ou combiner les deux méthodes. Le fait de piquer le bord de la pliure (ou le retour, ou les deux) produit un bord net, rigide et permanent qui améliore l'aspect et le tombé des plis.

3 Épinglez les plis sur les lignes de pliure, puis piquez. Bâtissez toute la longueur des plis afin de les maintenir fermés jusqu'à la confection de l'ourlet, puis recoupez l'éventuel excédent et finissez l'ourlet. Juste au-dessus de la jonction de l'ourlet et de la ligne de pli, entaillez le surplus ; cela permettra de maintenir le pli plat. Ou bien, dans le cas de jupes tailleur ou structurées, faites l'ourlet avant de coudre les plis, et rentrez la petite partie de la jonction couture/ourlet à la main (voir illustration ci-dessous).

Plis couchés

Comme leur nom l'indique, ces plis sont formés, cousus et couchés au fer dans une direction. La quantité de tissu requise pour effectuer un pli couché simple est trois fois la largeur visible du pli.

Les plis couchés doubles consistent en plis effectués l'un sur l'autre. Pour calculer le métrage, comptez cinq fois la largeur du pli.

Les plis plats et les plis creux se composent de deux plis couchés adjacents. Dans ce cas, la quantité de tissu requise est le double de celle d'un pli couché (soit six fois la largeur visible du pli).

Plis plats

Les plis plats sont deux plis couchés orientés dans une direction opposée sur l'endroit du vêtement ; leurs arêtes se touchent sur l'envers du tissu.

Plis creux

À l'inverse, les plis creux sont deux plis couchés en vis-à-vis ; leurs arêtes se touchent sur l'endroit du vêtement, formant un pli plat sur l'envers.

Plis d'aisance

Un pli d'aisance est un pli creux discrètement situé au centre du dos, parfois sur un côté du dos d'un vêtement, et destiné à faciliter le mouvement. Les plis d'aisance se trouvent souvent sur les longues jupes droites.

Plissé accordéon

Le plissé accordéon consiste en une série de petits plis formés en accordéon ; lorsqu'ils vont s'élargissant vers le bas, on parle de plissé soleil. Ces plis agrémentent très joliment certains vêtements haute couture, de soirée ou de mariée. Ils sont plissés de manière permanente par un plisseur professionnel.

Pour obtenir des coutures ou des ourlets discrets sur un plissé accordéon, estimez la quantité de tissu nécessaire, puis coupez, piquez et ourlez le tissu à la largeur requise avant de l'envoyer chez le plisseur.

Le plissé accordéon vous sera rendu à l'intérieur d'un rouleau de papier plissé, qu'il est très amusant de retirer.

Le plissé accordéon consiste en petits plis zigzag, formés par un plisseur professionnel.

Différents types et largeurs d'élastique, de gauche à droite : cordon élastique, élastique en polyuréthane transparent, élastique rond, élastique boutonnière, élastique à plier, gros ruban élastique noir, ruban élastique blanc, élastique côtelé non retroussable, fil élastique, tresse élastique, élastique à lingerie avec bord festonné, élastiques décoratifs, accessoires utilisés pour passer l'élastique dans des coulisses (extrême droite).

Élastique

Trouver le bon type d'élastique pour un usage particulier n'est pas si aisé. Certains sont conçus pour être enfilés dans une coulisse (un tube de tissu fixé au vêtement, par exemple au niveau de la ceinture); d'autres peuvent être cousus directement sur le vêtement (comme pour le bouillonné). La plupart des variétés existent en différentes largeurs. L'élastique peut être remplacé une fois qu'il est usé : voyez pages 245-246. Vous constaterez peut-être que l'élastique tissé ou côtelé est plus résistant que l'élastique tressé ou tricoté. Voici les principales catégories d'élastique du commerce.

Élastique tressé

Des fibres de coton, nylon, polyester ou rayonne recouvrent les brins d'élastique individuels, créant des lignes distinctes orientées dans le sens de la longueur, et cousues ensemble en diverses largeurs, généralement de 3, 6 ou 9 mm. Cet élastique se rétrécit lorsqu'on l'étire, et peut s'avérer assez peu confortable à porter. Il perd de son élasticité à l'endroit où les deux extrémités se rejoignent. La tresse élastique est à utiliser de préférence dans une coulisse (ceinture de jupe, par exemple), ou sur les maillots de bain.

Élastique tissé

Il s'agit d'un élastique plus lourd, plus épais et plus résistant que l'élastique tressé; sa surface forme un motif de quadrillage. Il conserve sa forme lorsqu'on l'étire et ne perd pas son élasticité lorsqu'on coud les deux extrémités. On peut l'insérer dans une coulisse ou le coudre directement sur le tissu pour former une ceinture. L'élastique tissé non retroussable présente un motif côtelé qui l'empêche de se tordre lorsqu'on l'étire, et qui est donc très confortable à porter. L'élastique côtelé se prête très bien aux pantalons de survêtement.

Élastique tricoté

Léger, doux et résistant, cet élastique ne rétrécit pas lorsqu'on l'étire. On peut le coudre directement sur les vêtements (pantalons de survêtement, vêtements d'enfants, linge de nuit et sous-vêtements) ou l'insérer dans une coulisse, auquel cas il est préférable de piquer dans le creux de la couture latérale, de sorte que l'élastique ne se torde pas à l'intérieur.

Élastique en polyuréthane ou plastique transparent

Cette matière synthétique transparente, à haute élasticité, reprend sa forme d'origine après avoir été étirée. Cet élastique est idéal pour les tenues de bain, car il ne se détériore pas au contact du chlore ou de l'eau salée. On peut l'insérer dans les coutures et les ourlets des étoffes en maille légère afin d'ajouter de la stabilité sans perdre d'élasticité. Il s'utilise aussi dans la lingerie et peut être surfilé directement à la surface des vêtements semi-translucides comme les dentelles pour un résultat invisible. Il ne peut pas être inséré dans une coulisse. Parmi les autres types d'élastique, voici les plus couramment utilisés :

- **Élastique rond :** cordon élastique fin que l'on utilise pour fixer les chapeaux sous le menton ou confectionner des brides à bouton. Les élastiques ronds de gros calibre, en conjonction avec un serre-cordon, servent à fermer le bas des articles en laine polaire ou autres types de vêtements de sport.
- **Élastique boutonnière :** élastique à trous sur lequel on tire pour ajuster la taille des vêtements d'enfants et de maternité en le fixant à un bouton.
- **Élastique à lingerie :** élastique tricoté et doté d'un bord festonné ; peut être remplacé par de la dentelle élastique.
- **Élastique à plier :** sert à ganser les bords. On peut l'appliquer à des sous-vêtements ou à tout ouvrage nécessitant une bordure décorative, comme un biais sur un tissu non extensible. Il s'utilise aussi sur les soutiens-gorge et vêtements de sport.
- **Cordon élastique :** peut être froncé pour donner une impression de petits plis. On l'utilise souvent sur la ceinture des pantalons de survêtement.

Vérifiez que les consignes d'entretien de l'élastique choisi sont compatibles avec celles du tissu. Les élastiques en coton ou contenant du caoutchouc ne doivent pas être nettoyés à sec, mais supportent la chaleur du sèche-linge.

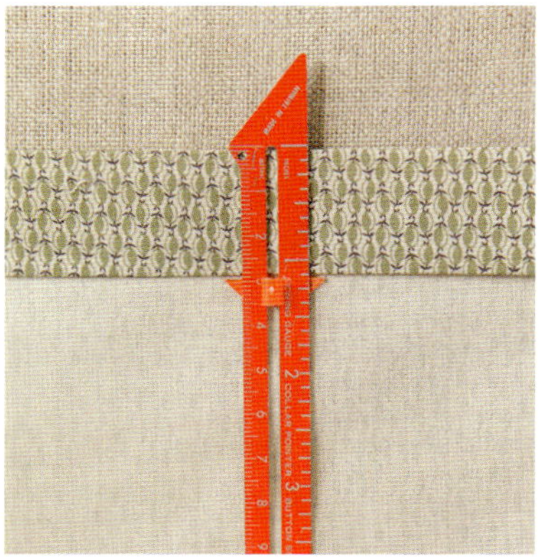

Servez-vous d'un couturomètre pour marquer la largeur d'une coulisse coupée à même la pièce de patron.

Fixez une grosse épingle de sûreté à une extrémité de l'élastique avant de l'enfiler dans la coulisse.

Faites chevaucher les extrémités de l'élastique, en vérifiant qu'il ne s'est pas retourné et faites une surpiqûre.

Lorsque vous assemblez ou piquez l'élastique directement sur le tissu, utilisez une aiguille Stretch. Reportez-vous à la partie suivante pour plus d'informations sur l'enfilage d'un élastique dans une coulisse.

Coulisses

Les coulisses sont des remplis de tissu à travers lesquels on fait passer un élastique ou un cordon de serrage. Les coulisses peuvent être appliquées ou coupées directement dans la pièce de patron. Ces dernières seront alors pliées sur l'envers et piquées. Les coulisses doivent enfermer l'élastique sans l'enserrer, en comptant 3 mm de chaque côté. Pour les ceintures, utilisez de l'élastique qui ne s'enroule pas, ou piquez dans le creux sur les coutures latérales afin d'empêcher l'élastique de se tordre à l'intérieur de la coulisse.

Les passe-lacets sont d'astucieux petits accessoires qui se referment sur l'élastique et permettent de le guider à travers la coulisse ; à défaut, utilisez une grosse épingle de sûreté. Il existe deux méthodes pour faire glisser l'élastique dans sa coulisse :

- Laissez une ouverture dans le bord inférieur de la coulisse, au niveau d'une couture latérale, au moment où vous la cousez pour la refermer. Enfilez l'élastique par cette ouverture, puis assemblez les extrémités de l'élastique avec une épingle de sûreté. Essayez le vêtement, puis cousez les deux extrémités de l'élastique ensemble avant de refermer l'ouverture.
- Déterminez la bonne longueur d'élastique, assemblez les extrémités, insérez la boucle dans la coulisse, puis piquez le bord inférieur de la coulisse afin de la refermer.

Coulisses intégrées

Pour les coulisses coupées à même la pièce, utilisez un couturomètre pour rentrer la coulisse au bon niveau, puis repassez et piquez le bord plié pour obtenir une finition bien nette.

Coulisses appliquées

Les coulisses appliquées peuvent se coudre de deux façons :

- Sur l'endroit d'un vêtement ; elles peuvent alors constituer un élément décoratif (voir illustrations ci-contre)
- Sur l'envers d'un vêtement ; elles sont alors presque invisibles, ne laissant voir que les rangs de piqûre sur l'endroit.

Si vous utilisez un patron du commerce, l'emplacement de la coulisse sera déjà marqué. Si vous ajoutez une nouvelle ligne de coulisse ou si vous créez vous-même votre modèle, suivez les étapes ci-après :

1 Mesurez la largeur de l'élastique que vous voulez utiliser, puis ajoutez environ 3 mm (ou un peu plus, pour faciliter le glissement de l'élastique dans la coulisse) et le surplus à rentrer de chaque côté.

2 Coupez une bande de tissu (généralement dans le droit-fil) de même largeur et suffisamment longue pour faire le tour de l'article fini plus un petit surplus à rentrer à chaque bout. Rentrez le surplus au fer de chaque côté (ou bien utilisez une bande de biais déjà pliée pour confectionner la coulisse).

3 Rentrez chaque extrémité de la coulisse au fer et placez-la bout à bcut lorsque vous la piquez en place (en général, on place les deux extrémités bout à bout au niveau d'une couture pour plus de discrétion, voir illustrations à gauche). Piquez le bord de la coulisse sur le tissu.

4 Une fois l'élastique passé dans la coulisse et assemblé, procédez à l'essayage et refermez l'ouverture à la main.

Élastique fin passé dans la coulisse décorative d'un bas de pyjama fillette.

La jointure est discrètement placée au niveau de la couture latérale, puis refermée au point glissé.

Coulisse terminée.

Ajustements

Voici ce que la plupart des gens redoutent le plus lors d'un essayage: rester parfaitement immobile un long laps de temps. Mais cela ne doit pas vous empêcher d'entretenir une conversation, à condition de résister à la tentation de vous baisser pour voir à quelle hauteur l'ourlet sera fait. N'oubliez pas que la personne effectuant les ajustements tient des épingles et des ciseaux pointus; tenez-vous droit, les bras relâchés sur les côtés, de préférence devant un miroir en pied, afin d'observer ce qu'il se passe.

Les sous-vêtements sont fondamentaux lors de l'essayage, et ceux portés lors du premier essayage devront être les mêmes pour les essayages suivants. Les soutiens-gorge varient considérablement d'une marque et d'un style à l'autre, créant des silhouettes et des positions de poitrine complètement différentes, ce qui peut affecter le seyant d'un vêtement.

D'une manière générale, le corps est étonnamment asymétrique. Il existe en effet d'infimes différences entre un côté du corps et l'autre. Ajuster et modifier l'ouvrage en fonction de ces disparités est la clé d'un vêtement parfaitement seyant.

Pour les essayages, portez le nouveau vêtement côté endroit à l'extérieur (comme il sera porté), épinglez les ajustements, puis marquez à la craie toutes les informations relatives à l'essayage sur l'envers du tissu. Si vous effectuez l'essayage sur vous-même sans aucune aide extérieure, tenez-vous devant un miroir en pied pour évaluer ce qui doit être resserré ou élargi, puis épinglez en conséquence et réessayez le vêtement.

Le fait de bâtir les lignes de couture et d'assembler certaines parties au point de bâti avant la construction (voir pages 84-86) empêche toute imprécision et rend l'ajustement plus rapide et les modifications ultérieures plus simples.

À défaut de mannequin, essayez la toile sur une personne, puis ajustez, épinglez et marquez les lignes de construction.

Effectuez vos marques d'épingles et de craie à l'intérieur de la toile.

Toiles de moulage

C'est une version du vêtement définitif réalisée dans un tissu bon marché pour vérifier l'ajustement. Les toiles s'utilisent surtout pour des étoffes coûteuses, facilement marquées par les épingles et le bâti. Elles permettent d'adapter un patron avant de couper le tissu. Elles doivent être coupées avec un large surplus de couture et assemblées au bâti machine. Renforcez l'encolure et toute partie instable par une piqûre de soutien.

Si la toile forme des plis tombant au milieu (en forme de sourire), le vêtement est trop ample. En commençant à l'endroit où le tissu est le plus lâche ou tombe le plus, retirez l'ampleur excédentaire à l'aide d'une ligne d'épingles bien nette. Selon le modèle, l'ampleur se retire en pointe au niveau des coutures ou des lignes de construction, ou s'épingle sur une largeur à peu près constante. Les parties trop serrées sont révélées par des plis tombant sur les côtés (sourire inversé). Coupez la partie trop ajustée et laissez-la s'ouvrir jusqu'à ce que la toile retombe confortablement. Découpez un morceau de toile et épinglez-le en place derrière l'ouverture ainsi formée. De même, augmentez les longueurs en épinglant un surplus de toile.

Épinglez la toile au bon ajustement, puis redessinez toute nouvelle ligne ou emplacement à l'aide d'un outil de marquage pendant qu'elle est encore portée. Remplacez les épingles par des lignes continues (et relativement droites) de piqûre, puis désassemblez la toile en coupant directement dans le bâti machine. Repassez chaque pièce bien à plat et reportez sur le patron les additions et soustractions effectuées sur la toile.

Premier essayage

Qu'il s'agisse d'une toile de moulage ou du vêtement lui-même, voici les principaux points à garder à l'esprit lors des premiers essayages :

- Faites coïncider les lignes de couture du devant milieu et dos et épinglez-les en plaçant les épingles parallèlement à l'ouverture. S'il n'y a pas assez de surplus pour la refermer sur la ligne de construction, épinglez les pièces en prenant une quantité égale de tissu de chaque côté de la ligne de construction.
- Lorsqu'il y a trop d'ampleur, pincez et épinglez des quantités égales de tissu de chaque côté de la couture ou des lignes de construction. Un certain nombre de petits ajustements équitablement répartis sur tout le vêtement sont préférables à une seule et importante modification.
- Évaluez les principaux problèmes d'ajustement, indiqués par des plis disgracieux. Les coutures d'épaule et l'encolure forment un bon point de départ pour les ajustements ; continuez en descendant.
- Si les manches ont des plis disgracieux ou ne tombent pas bien, défaites-en une et replacez-la sur l'emmanchure. Une fois l'ajustement rectifié, reportez l'emplacement de la nouvelle manche sur l'emmanchure de l'autre côté.

- Vérifiez que l'article a suffisamment d'aisance et est confortable à porter lorsque la personne bouge ou se penche.
- Assurez-vous que les coutures sont droites et ne se tordent pas, et que le modèle et les proportions flattent la personne.
- N'épinglez pas les ourlets et ne finalisez pas l'emplacement des garnitures tant que les modifications ne sont pas achevées et le vêtement réessayé.

Retouches post-essayage

Une fois l'essayage terminé, qu'il s'agisse de la toile ou du vêtement, suivez les étapes ci-après pour reporter sur le patron et le vêtement définitif les marques effectuées lors de l'essayage.

1 Posez le vêtement à plat sur la table, et marquez à la craie la position des épingles sur l'envers, puis retirez les épingles. Remplacez les traits de craie par un marquage au fil si vous ne devez pas effectuer les modifications immédiatement. Reportez les nouveaux crans et rectifications sur les pièces qui vont par paire.

2 Plutôt que de modifier la ligne de construction d'une ouverture (encolure ou fermeture à glissière), ajustez la circonférence globale en augmentant (par des épingles) ou en réduisant la largeur des pinces, du panneau ou des plis, par exemple, et les coutures latérales.

3 Notez de combien vous voulez agrandir ou rétrécir l'ouverture, puis divisez ce nombre par quatre afin que le vêtement conserve sa forme et retombe bien sur le corps. Pour toute couture ordinaire, modifiez une même quantité de tissu de part et d'autre des coutures ou des lignes de construction. Là où des modifications doivent être apportées, utilisez une craie, ainsi qu'une règle pour tracer des traits droits (les courbes seront tracées à main levée), pour marquer les nouvelles lignes de construction et, si possible, cousez les modifications avant de défaire les lignes en trop.

4 Reportez toutes les retouches importantes sur les parementures et doublures correspondantes du vêtement. Copiez sur le patron les informations notées sur la toile ou le vêtement pendant l'essayage.

Essayages suivants

Lors des essayages suivants, vérifiez l'ajustement général, finalisez l'emplacement des garnitures et déterminez la hauteur de l'ourlet.

SEWING GAUGE
COLLAR POINTER
BUTTON SPACER
INCHES
METRIC

10

doublures, ourlets et parementures

- Doublures
- Parementures
- Ourler un vêtement
- Ourlets machine ou ourlets main ?
- Ourlets circulaires ou évasés
- Ourlets décoratifs
- Ourlets invisibles
- Ourlets cousus main
- Faux ourlets

LES DOUBLURES, PAREMENTURES ET OURLETS NE SE VOIENT PAS TOUJOURS, MAIS ELLES MÉRITENT AUTANT DE SOIN ET D'ATTENTION QUE LES PARTIES EXTERNES DU VÊTEMENT. UNE DOUBLURE EST UNE DEUXIÈME ÉPAISSEUR DE TISSU QUI PERMET AU VÊTEMENT DE S'ENFILER FACILEMENT ET DE BIEN TENIR. LES PAREMENTURES TERMINENT LES BORDS DES ENCOLURES ET DES EMMANCHURES ; QUANT AUX OURLETS, ILS DONNENT UNE FINITION BIEN NETTE AU BAS DES VÊTEMENTS.

Doublures

Les doublures peuvent être de toutes les couleurs imaginables et sont presque toujours faites dans du tissu glissant.

Outre le fait qu'elle permet au vêtement de bien tenir sur d'autres habits, une doublure allonge la durée de vie et améliore la tenue du vêtement, dissimule sa structure interne, le rend moins transparent et lui confère souvent un aspect soigné et professionnel. Les doublures sont généralement dans un tissu assez léger et glissant, comme la soie ou le polyester soyeux. Certaines doublures, des manteaux, par exemple, seront parfois visibles et, si elles sont réalisées dans un tissu coloré ou à joli motif, elles ajouteront une touche élégante au vêtement.

Il existe deux sortes de doublures :

1. les doublures ourlées séparément
2. les doublures cousues au tissu endroit contre endroit et retournées par une ouverture.

Si vous êtes débutante, commencez par une doublure séparée, qui est l'option la plus facile.

Pour confectionner une doublure, reportez les éventuelles modifications d'essayage de la pièce extérieure sur le patron de la doublure. Si le patron que vous utilisez ne comprend pas de patron séparé pour la doublure, tracez le contour de toutes les pièces de patron sur le tissu de doublure, disposez les pièces de parementure sur les ouvertures devant et dos de la doublure, tracez également leur contour et ajoutez deux fois le surplus autour des bords extérieurs de la parementure.

Coupez les doublures en comptant 2 à 2,5 cm de moins que pour le vêtement extérieur afin qu'elles ne dépassent pas des ourlets, sauf si l'article doit être retourné sur l'endroit. Dans ce cas, vérifiez que la circonférence des deux ourlets est égale avant de couper la doublure.

Si les ourlets doivent être finis séparément, fixez les coutures de la doublure au vêtement extérieur à l'aide de brides de soutien, à 5 cm de l'ourlet fini (voir page 104 pour plus d'informations sur les brides de soutien).

Les vêtements avec doublure retournée, comme les manteaux, ont également besoin d'un peu d'aisance supplémentaire afin que le manteau

Un petit pli horizontal effectué dans la doublure ajoutera de l'aisance au vêtement.

Ourlet d'une doublure au point de chausson ; la couture sera cachée lorsque l'ourlet de la doublure retombera.

bouge librement sans tirer sur la doublure. Dans les manteaux doublés, des petits plis verticaux sont incorporés sur la doublure du milieu dos, sous la parementure du dos du cou. Les plis verticaux donnent un peu plus d'aisance aux doublures retournées, évitant ainsi que l'ourlet ne soit trop tiré.

Pour les doublures retournées, assemblez la doublure en laissant une partie d'une des coutures latérales bâtie. Défaites la partie bâtie ultérieurement et utilisez l'ouverture pour retourner le vêtement sur l'endroit.

Sur les jupes et les pantalons ayant des pinces sur l'endroit, celles-ci peuvent être effectuées sous forme de petits plis dans les doublures.

Sur un vêtement qui doit être doublé, préférez les coutures simples (voir pages 125-128 pour plus d'informations) sur le vêtement extérieur. Les coutures des articles entièrement doublés peuvent, mais n'ont pas besoin d'être finies, car la doublure enferme et protège les bords de coupe.

Lorsque la doublure comporte une ouverture, comme celle d'une fermeture à glissière ou d'une fente sur l'ourlet arrière d'un manteau, faites-la un tout petit peu plus longue que celle du vêtement extérieur. L'ouverture peut être finie et laissée ouverte, ou cousue au point glissé sur le surplus intérieur afin d'enfermer et cacher la partie ouverte.

Un petit pli dans la doublure donnera plus de fluidité au vêtement.

Une doublure le long d'une ouverture (comme une fermeture à glissière) peut être cousue au point glissé.

Parementures

Les parementures sont les soutiens invisibles des encolures, des emmanchures des vêtements sans manches, des ourlets arrondis ou de toute autre pièce de forme particulière. Leur rôle est d'apporter une jolie finition aux bords et de leur donner de la tenue. Pour ce faire, les parementures doivent être renforcées d'un entoilage approprié (voir pages 61-63 pour plus d'informations sur l'entoilage). Les parementures sont généralement confectionnées dans le même tissu que l'extérieur du vêtement.

Les pièces correspondant aux parementures figurent normalement dans les patrons de couture, et on les utilise également pour couper l'entoilage, généralement coupé un peu plus petit que la parementure.

Il n'est nullement besoin de finir les coutures de construction des parementures, car celles-ci enferment et dissimulent une partie des coutures du vêtement. Ne finissez que le bord extérieur terminé des parementures.

Les surplus des parementures bien faites sont recoupés, crantés, soigneusement repassés, sous-piqués ou piqués sur le bord (voir pages 110 et 111 pour plus d'informations sur ces piqûres), puis pris dans l'intérieur du vêtement afin de bien rester en place.

Ici, une jupe de dentelle a été doublée séparément ; la doublure présente un ourlet bien net.

Paramentures rapportées

On les utilise entre autres sur les emmanchures et encolures. Les illustrations montrent la construction d'une parementure d'encolure.

1 Faites les coutures de construction de la parementure pour obtenir une forme complète, correspondant à la forme du vêtement, et finissez le bord extérieur.

2 *Endroit contre endroit*, épinglez la parementure au vêtement, en faisant coïncider les coutures de construction avec les crans du patron. Piquez.

3 Recoupez le surplus de couture à environ 6 mm. Pour les tissus les plus épais, échelonnez le surplus de 1 ou 2 mm supplémentaires, en laissant le surplus le plus large du côté extérieur du vêtement.

4 Entaillez les pointes et les courbes (voir pages 116-117) et, avec la pointe du fer, couchez le surplus vers la parementure.

5 Sous-piquez la parementure (voir page 110), puis repassez. Faites coïncider les coutures à partir du côté extérieur, épinglez et piquez dans le creux sur l'endroit, ou fixez le bord de la parementure par une couture manuelle.

Si vous utilisez un biais à la place d'une parementure entoilée, repassez le biais à la vapeur pour lui donner la forme adéquate avant de le coudre au vêtement.

Recoupez, puis entaillez le surplus arrondi de la parementure.

Pour que la parementure reste bien plate, sous-piquez-la aussi loin que le pied-de-biche vous le permet.

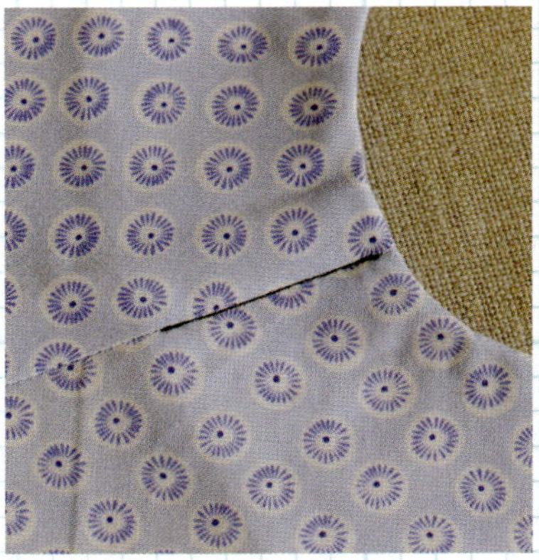

Sur l'extérieur, au niveau de la couture d'épaule, piquez le vêtement et la parementure dans le creux de la couture.

Piqûre dans le creux vue depuis l'intérieur du vêtement (on voit aussi la sous-piqûre).

Entoilez la partie de la parementure située au-delà de la ligne de pliure.

Rabattez la parementure finie sur l'envers, le long de la ligne de pliure marquée au fil.

Parementures coupées à même

Il s'agit d'un moyen plus rapide de consolider les bords droits. Ces parementures se prêtent bien aux tissus à motifs difficiles à raccorder. Les illustrations montrent une parementure coupée à même un bord d'encolure.

1 Marquez au fil (voir pages 84-85) la ligne de pliure, puis posez de l'entoilage sur la partie de la parementure placée au-delà de la ligne. Marquez au fil la ligne de construction de la parementure et celle du vêtement.

2 Effectuez les coutures de construction pour terminer la parementure, qui doit avoir la même forme que le vêtement, et finissez le bord extérieur.

3 Rabattez la parementure le long de la ligne de pliure, faites coïncider les coutures et piquez. Recoupez, crantez et repassez le surplus de couture. Repassez et sous-piquez l'encolure, aussi loin que le permet le pied-de-biche.

4 Recoupez le surplus et la couture d'angle à l'intérieur de la parementure. Retournez la parementure sur l'endroit au niveau de l'ourlet.

Parementures uniques

Les parementures dites « uniques » finissent et bordent simultanément

Effectuez des plis provisoires dans les coutures d'épaule de la parementure afin d'en réduire la largeur.

Retournez le vêtement et la parementure sur l'endroit par les coutures d'épaule.

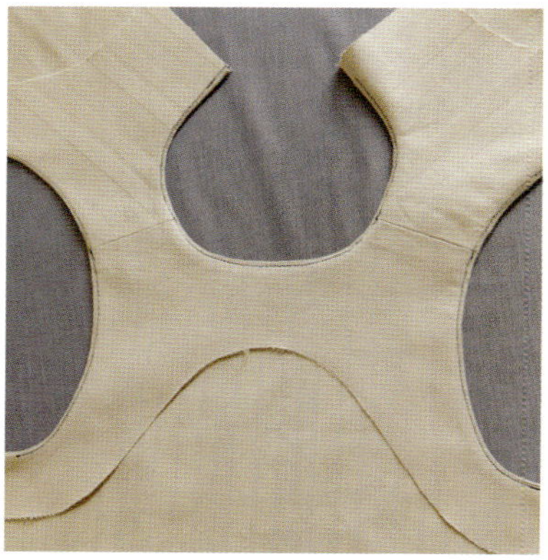

Parementures piquées et terminées, avant la réalisation des coutures latérales.

Faites coïncider et épinglez les coutures latérales, puis piquez une ligne continue sur le vêtement et la parementure.

l'emmanchure et l'encolure. Elles se construisent différemment des parementures rapportées. Coupez-les un peu plus petites (de quelques millimètres) que le vêtement ; si vous utilisez un patron, les pièces en auront déjà tenu compte. Une fois la parementure cousue, vous pourez la terminer en la retournant par les coutures latérales ou d'épaule. Deux méthodes sont possibles :

Finition au niveau des coutures latérales

Cette technique est indiquée lorsque les coutures d'épaule ont au moins 5 cm de large.

1 Entoilez les parementures et effectuez les coutures d'épaule de la parementure et du vêtement. Recoupez les surplus sur les deux pièces à 10 mm, et ouvrez-les au fer.

2 Finissez les coutures latérales mais laissez ouvertes les coutures latérales de la parementure.

3 Bâtissez alors des petits plis provisoires sur la couture d'épaule de la parementure afin d'en réduire la largeur.

4 *Endroit contre endroit*, faites coïncider les coutures d'épaule et les crans de la parementure et du vêtement. Épinglez et piquez l'encolure et les emmanchures. Recoupez, crantez et sous-piquez le surplus, aussi près que possible de chaque bord. Défaites les plis provisoires de la doublure.

5 Retournez le vêtement sur l'endroit par l'épaule. Faites coïncider les pièces devant et dos, épinglez la jonction de la couture latérale et de la parementure et piquez la couture latérale en une ligne continue. Ouvrez la couture latérale au fer. Piquez dans le creux de la couture pour fixer la parementure au niveau de la couture latérale. Répétez sur l'autre côté du vêtement.

Finition au niveau des coutures d'épaules

Utilisez cette technique lorsque les coutures d'épaule ont moins de 5 cm de large, ou lorsque les coutures d'épaule, même plus larges, ont été préalablement bâties.

1 Assemblez les coutures latérales du vêtement et de la parementure. Finissez les coutures du vêtement et le bord extérieur de la parementure.

2 *Endroit contre endroit,* faites coïncider les crans d'emmanchure et d'encolure de la parementure et du vêtement. Épinglez et piquez l'encolure et les emmanchures, mais arrêtez la piqûre au moins 2 cm avant la ligne de la couture d'épaule. Recoupez et crantez le surplus. Sous-piquez les parementures d'encolure et d'emmanchure aussi loin que possible de chaque côté, en vous arrêtant à 2 cm environ avant la fin de la ligne de piqûre précédente (fixant la parementure au vêtement).

Piquez l'encolure et les emmanchures ; arrêtez-vous juste avant la ligne de couture d'épaule.

Sous-piquez la parementure d'encolure et d'emmanchure, aussi près que possible du bord.

Épinglez ou bâtissez la parementure de l'épaule, afin qu'elle ne vous gêne pas lorsque vous coudrez les coutures d'épaule ensemble.

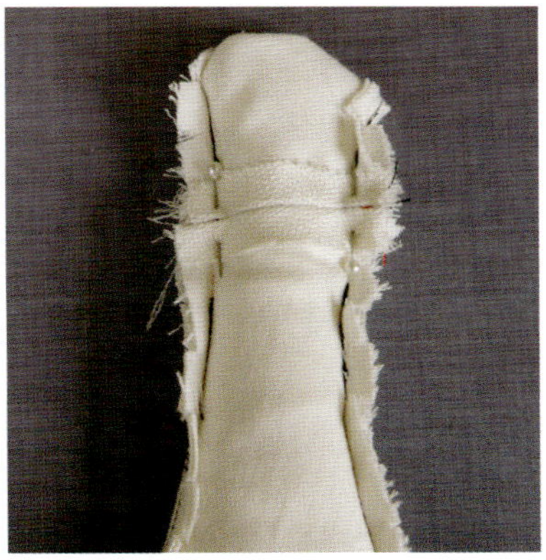

Terminez de piquer l'encolure et les emmanchures, à la main ou à la machine.

3 Rabattez la parementure (non cousue) vers l'arrière, et épinglez-la afin qu'elle ne vous gêne pas. Épinglez les épaules du vêtement *endroit contre endroit*. Piquez, recoupez et ouvrez la couture au fer. Laissez les coutures d'épaule de la parementure ouvertes.

4 Retirez les épingles en maintenant la parementure en arrière et (cette étape est particulièrement délicate), tordez la parementure devant, de sorte que ses coutures d'épaule se retrouvent endroit contre endroit. Épinglez et piquez. Recoupez les coutures d'épaule de la parementure à 10 mm et ouvrez-les au fer.

5 Faites ressortir la partie inachevée de l'épaule en la tirant vers le bas par la parementure. Vérifiez que l'épaule du vêtement ne vous gêne pas pendant que vous épinglez ou bâtissez et piquez la dernière partie de l'encolure. Recoupez si besoin et crantez les arrondis, puis répétez pour terminer la partie de l'emmanchure.

Si cette méthode vous paraît trop difficile, et/ou si la partie est trop étroite, l'emmanchure peut être soigneusement cousue à la main après avoir été retournée sur l'endroit.

Ourler un vêtement

Une fois que vous en êtes à l'ourlet, vous en avez presque terminé ! Vous serez peut-être tentée, à ce stade, d'achever votre ouvrage aussi rapidement que possible, mais n'oubliez pas le mot d'ordre de la couture : ne jamais aller trop vite en besogne !

Un *ourlet* est le rentré, ou rempli, de tissu qui termine le bord d'un vêtement. Les ourlets confèrent une finition nette aux vêtements et leur permettent de bien retomber. Ils se confectionnent de diverses façons, mais se divisent essentiellement en deux catégories – les ourlets décoratifs et les ourlets invisibles –, chacune nécessitant un traitement différent. Il vous faudra également décider, pour un ouvrage donné, s'il vaut mieux les réaliser à la main ou à la machine.

Mesure de la largeur d'un ourlet à l'aide d'un couturomètre.

La largeur du rentré dépend du poids du tissu que vous utilisez et du type de vêtement que vous confectionnez. Les voilages et tissus légers se prêtent bien aux ourlets roulottés ; les ourlets arrondis sont plus jolis avec une parementure ou un rentré très étroit ; les tissus de poids moyen à lourd tombent mieux lorsqu'ils sont dotés d'un ourlet substantiel, plus solide et durable.

En cas de doute sur la largeur du rentré, comptez plus de tissu que nécessaire. Utilisez un *couturomètre* pour garder une largeur constante. Lorsque vous rentrez un ourlet, assurez-vous que le pourtour extérieur est de même taille, ou plus grand, que la partie dans laquelle l'ourlet sera cousu. Si la circonférence du bord de l'ourlet est plus grande, celui-ci pourra être légèrement froncé ou plissé, mais si elle est plus petite, la piqûre créera des plis disgracieux sur l'endroit du vêtement, qui ne pourront pas disparaître au repassage.

Ajustement des ourlets

Il vous faudra l'aide de quelqu'un pour ajuster correctement votre ourlet. Pour un résultat optimal, tenez-vous sur un sol stable et dur (pas sur de la moquette) et mettez les chaussures que vous avez l'intention de porter avec le vêtement.

1 Déterminez la longueur désirée du vêtement en rentrant et en épinglant une certaine largeur de tissu. Mesurez la distance entre la ligne d'ourlet et le sol, puis retirez les épingles et laissez retomber l'ourlet.

2 Placez un élastique autour de votre équerre ou de votre mètre de couturière, à la hauteur précédemment déterminée pour l'ourlet. En posant l'extrémité de la règle au sol, marquez le niveau de l'ourlet à l'aide de nombreuses épingles piquées horizontalement. La personne effectuant l'épinglage doit travailler lentement autour de l'ourlet pendant que la personne qui essaie reste bien immobile, les bras retombant de chaque côté.

3 Après l'essayage, retirez le vêtement, pliez-le en deux dans la longueur et posez-le à plat sur une table. Faites coïncider les coutures latérales pour comparer le niveau des épingles des côtés gauche et droit du devant et du dos, et ajustez-les si nécessaire. Dépliez le vêtement, vérifiez que la ligne d'ourlet est bien fluide, puis remplacez les épingles par un point de bâti (à la main).

4 Déterminez la largeur des surplus au-delà du bâti, marquez la ligne de coupe à la craie, puis coupez l'excédent. Finissez le bord de coupe en le surjetant, en le surfilant ou en le gansant.

5 Rentrez l'ourlet le long de la ligne de bâti. Épinglez ou bâtissez l'ourlet en place avant de le coudre à la machine ou à la main, puis retirez les fils de bâti.

Ourlets machine ou ourlets main ?

Pour déterminer le meilleur type d'ourlet, tenez compte du tissu et de la fonction du vêtement. Les ourlets à la machine, plus solides et durables que ceux cousus à la main, s'utilisent souvent sur les vêtements d'enfants, de sport ou de loisir. Les ourlets cousus à la main ou à la machine (au point invisible) donnent aux vêtements de soirée ou tailleur une finition professionnelle.

Effectuez un essai d'ourlet piqué à la machine sur une chute de votre tissu, puis repassez et épinglez ou bâtissez l'ourlet avant de commencer à coudre. Si vous le piquez à la machine, faites-le en plaçant l'ourlet dessus (c'est-à-dire côté pied-de-biche). Vérifiez que la tension est bien équilibrée et que le fil de canette est assorti à votre tissu (car c'est le fil qui se verra sur l'endroit du vêtement). Sur l'ourlet lui-même, commencez toujours à coudre et à repasser à un endroit peu visible du vêtement.

Sur certains tissus, le fait de repasser le bord supérieur de l'ourlet peut laisser l'empreinte de la finition utilisée pour les bords (surfil ou surjet) sur l'endroit du vêtement ; évitez donc de repasser le bord plat de l'ourlet, ou faites-le en intercalant une feuille (ou enveloppe) de papier kraft entre l'ourlet et l'intérieur du vêtement au moment où vous repassez l'ourlet avant de le piquer.

Ourlets circulaires ou évasés

Les formes circulaires ou évasées requièrent des ourlets spécifiques. Avant d'ajuster l'ourlet d'une jupe circulaire, laissez-la suspendue quelques jours afin que le biais puisse retomber librement.

Lorsqu'une circonférence est rentrée sur une partie moins

Le biais constitue un moyen de finir un ourlet circulaire ou évasé.

Les ourlets retournés sur l'endroit forment une bordure décorative des deux côtés du tissu.

Pour un ourlet arrondi plus large, froncez légèrement le tissu excédentaire.

Les coutures doivent être finies puis recoupées juste au-dessus du niveau de l'ourlet.

Faites un double rentré sur l'endroit, piquez, puis réduisez les pointes des bords de coupe et finissez à la main sur l'envers.

Un ourlet rigidifié par un fil à pêche produit un bord décoratif légèrement volanté.

En ajustant les réglages de votre surjeteuse, vous obtiendrez une jolie bordure « frisottée ».

Un cordon inséré dans l'ourlet lui donne du corps et de l'allure.

Ici, le point de surjet produit un étroit ourlet plat sur du satin.

large, il faut procéder à quelques ajustements afin de réduire un peu la largeur du bord.

Il y a deux façons de finir les ourlets évasés, arrondis ou circulaires :

- La première méthode consiste à former un rentré minimal en gansant le bord d'une parementure ou d'un biais. Repassez le biais à la vapeur pour lui donner la forme de l'ourlet, puis épinglez-le (ou bâtissez-le) et cousez-le à la main ou à la machine.
- Si vous voulez un rentré plus large, réduisez l'ampleur du tissu en le fronçant afin qu'il coïncide avec la circonférence. Puis gansez le bord (ou rentrez-le sur l'envers) et cousez-le à la main (voir page 163).

Ourlets décoratifs

Les ourlets décoratifs, comme ceux agrémentés d'un biais visible, d'une bande contrastante ou d'une surpiqûre fantaisie, ou encore ceux dotés de bords de coupe volontairement effrangés, attirent le regard sur le bord fini et peuvent ajouter une note de fraîcheur et de jeunesse à un vêtement.

Ourlets rentrés sur l'endroit

Lorsqu'un tissu est intéressant (ou identique) sur ses deux faces, l'ourlet peut être rentré sur l'endroit, ou l'extérieur, du vêtement. Pour ce faire, la couture doit être recoupée et rentrée juste à l'intérieur du niveau fini de l'ourlet.

Ourlets rigidifiés

Dans les vêtements de danse, les tenues de soirée, les robes de mariée ou les costumes de théâtre, on peut utiliser du ruban de crin (un galon à armure lâche fait dans un fil de nylon), de l'entoilage rigide, un cordon ou de la baleine en plastique (telle Rigilène) pour donner plus de corps à un ourlet, créer un bord fantaisie ou renforcer une silhouette particulière.

On obtient un bord volanté en surfilant au point zigzag un fil à pêche ou un fin cordon passé dans le trou situé sur le devant du pied guide-cordonnet.

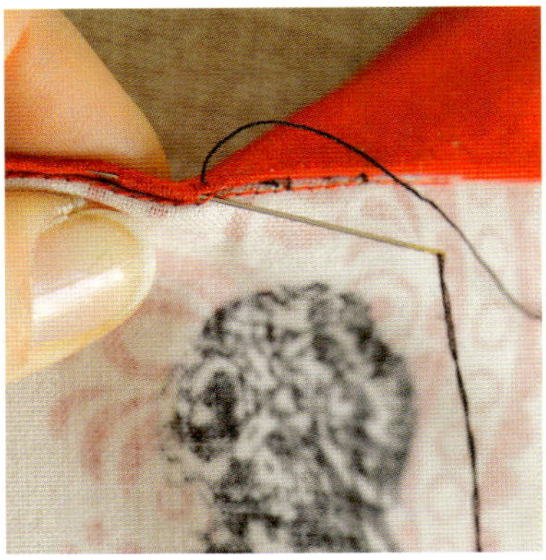

Ourlet gansé cousu au point glissé sur l'envers.

Surjet fantaisie

Vous pouvez créer toutes sortes d'effets décoratifs en ajustant les réglages de votre surjeteuse. En réduisant la longueur de point de surjet et en réglant l'entraînement différentiel à zéro ou moins, puis en tirant le tissu à mesure qu'il passe sous la surjeteuse, on obtient de jolis bords « frisottés ». Cette technique convient surtout aux tissus extensibles et aux pièces légères et/ou coupées dans le biais.

Les fils de viscose ou polyester mélangé ont un bel aspect lustré ; réglés sur un étroit ourlet roulotté, ils conféreront une ravissante finition aux tissus translucides, comme la mousseline de soie et l'organza.

L'ourlet gansé ajoute un effet décoratif lorsqu'il n'y pas suffisamment de tissu pour un ourlet normal

Ourlets gansés

Les ourlets gansés constituent une solution idéale lorsque vous n'avez pas assez de tissu pour effectuer un rentré. Les ganses faites dans le même tissu se fondent discrètement à la surface, tandis que celles réalisées dans une couleur différente ajouteront un contraste visuel intéressant. On peut aussi utiliser de larges biais pour rallonger un vêtement (voir page 175 pour plus d'informations sur la confection des biais).

L'utilisation d'un biais acheté dans le commerce vous facilitera la tâche, car il est doté de lignes à suivre. Préparez-le en le repassant en deux (c'est-à-dire en faisant se superposer les deux bords déjà pliés). Puis dépliez-le.

Il existe deux méthodes pour ganser un ourlet à l'aide d'un biais :

- La première consiste à cacher le biais sur l'envers du tissu. Posez le biais sur le vêtement endroit contre endroit et piquez sur la première ligne de pliure du biais. Rabattez le biais sur l'intérieur, en alignant le bord plié non cousu du biais avec la ligne de piqûre précédemment effectuée. Cousez au point glissé.
- La deuxième rend le biais visible sur l'extérieur du vêtement. Placez l'endroit du biais contre l'envers du tissu. Piquez les deux épaisseurs le long de la première ligne de pliure du biais. Rabattez le biais sur l'endroit du vêtement, en alignant le bord plié avec la ligne de piqûre précédemment effectuée. Cousez le bord plié du biais en piquant au ras du bord.

Une fois le bâti retiré, l'ourlet au point invisible se voit à peine sur l'endroit.

Ourlets invisibles

Un ourlet est dit invisible ou discret lorsque la couleur du fil est parfaitement assortie à celle de l'endroit du tissu et que la finition ne se voit pratiquement pas. Les vêtements haute couture, les tenues de soirée, les robes de mariée et autres vêtements faits sur mesure sont toujours dotés d'ourlets invisibles. Sur les vêtements doublés, le point sera fait uniquement dans la doublure, ce qui laissera l'endroit du vêtement impeccable.

Ourlets à la machine

La façon la plus simple d'ourler à la machine est d'effectuer une simple ligne de piqûre au point droit le long du bord fini. Bien que ce type d'ourlet soit discret, il n'est ni totalement invisible ni décoratif, à moins qu'il soit accompagné de plusieurs rangs de surpiqûre.

Le fait de piquer le bord de l'ourlet sur l'envers du vêtement permet de mieux contrôler ses gestes et signifie que le fil de canette se verra sur l'endroit ; assurez-vous en conséquence qu'il est bien assorti à votre tissu et que la tension est correcte.

Piquer un ourlet au point invisible

Le point invisible à la machine se fait rapidement et facilement, et offre une finition semblable à celle d'un ourlet invisible cousu à la main.

1 Finissez le bord de coupe, puis repassez l'ourlet et bâtissez ou épinglez-le en place, parallèlement à la ligne d'ourlet, à 6 mm du bord.

2 Installez le pied pour couture invisible et réglez la machine au point invisible.

3 Placez le bord plié sous le pied-de-biche, de sorte que seuls les 6 mm et l'envers du vêtement soient visibles pendant que vous piquez. La piqûre se fait essentiellement à l'intérieur du surplus de l'ourlet, l'aiguille déviant occasionnellement à gauche pour prendre le tissu du vêtement.

Ourlet roulotté à la machine

Les finitions produites par les ourlets roulottés à la machine et les ourlets doubles sont identiques, à ceci près que le pied pour roulotté fait le travail à votre place, en rentrant et finissant le bord en une seule ligne de piqûre, tandis que les ourlets doubles se font à la main.

Les ourlets roulottés à la machine se font essentiellement sur les bords droits (sur les bords arrondis, ils nécessitent trois fois plus de pratique et de patience). Les instructions suivants valent pour des bords droits :

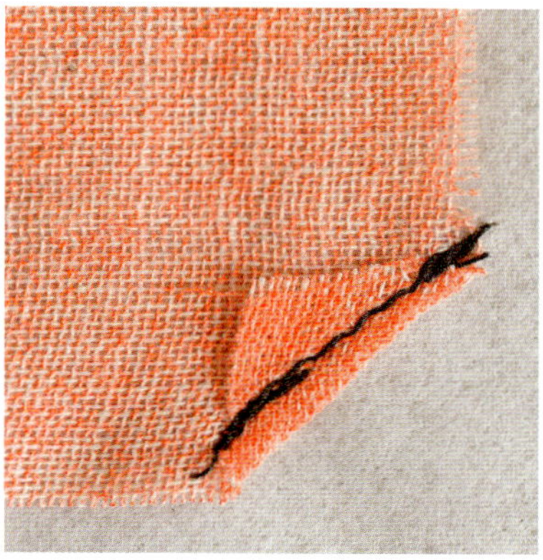

Pour un ourlet roulotté à la machine, préparez les coins en les rentrant et en les piquant dans la diagonale.

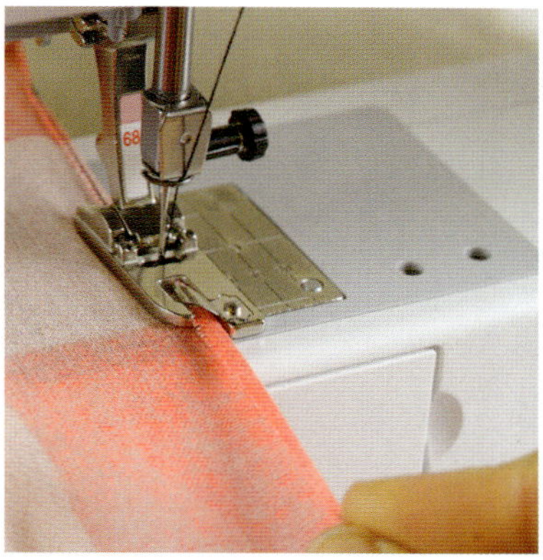

Utilisez un pied pour roulotté et guidez soigneusement le tissu.

L'ourlet roulotté à la machine est très fin et bien net.

Pour confectionner un ourlet double étroit à la machine, piquez le bord à 6 mm sous la ligne de bâti.

Coupez l'excédent de tissu, rentrez l'ourlet sur la première ligne de piqûre et piquez de nouveau au ras du bord.

Ourlet double à la machine achevé, côté endroit.

1 Coupez les éventuels fils qui dépassent. Sur les bords droits, tirez un fil pour vérifier que la ligne est parfaitement dans le droit-fil. Sélectionnez une petite longueur de point si votre tissu est fin.

2 Si vous devez roulotter des coins, préparez-les en les rentrant et en les piquant dans la diagonale. Coupez l'excédent.

3 Sur votre machine, installez le pied pour roulotté. En commençant par un endroit peu visible, rentrez quelques millimètres du bord de coupe à gauche du guide et commencez à piquer doucement. Continuez en guidant le tissu à mesure que vous piquez.

4 À l'approche des coins, utilisez une pince à épiler pour tenir le bord. Un petit morceau de stabilisateur à déchirer (ou du papier de soie) placé sous le bord fournira un fond sur lequel la machine pourra travailler sans endommager les coins.

Ourlets doubles à la machine

Un ourlet double peut prendre plus de temps qu'un ourlet roulotté à la machine, mais il offre l'avantage de mieux contrôler ce que l'on fait, notamment dans les courbes et sur les tissus très fluides. En fonction du poids du tissu, de la forme de l'ourlet et de la largeur de l'ourlet fini, les ourlets doubles peuvent se faire en une ou deux étapes.

Pour ourler des bords droits avec une largeur visible de plus de 10 mm, suivez les instructions ci-après :

1 Coupez l'excédent de tissu si nécessaire, puis rentrez et repassez le bord de l'ourlet deux fois. Épinglez en place sur l'envers du tissu et piquez sur l'envers.

2 Si le tissu est très fin, une bande d'entoilage thermocollant léger fixée à l'intérieur du premier rentré stabilisera l'ourlet et lui conférera un plus bel aspect.

Un ourlet très étroit est idéal sur les tissus fins et les voilages, ainsi que sur les formes arrondies. La méthode suivante produit un ourlet fini de 3 mm de large :

1 Marquez la position de l'ourlet fini. Coupez l'excédent d'ourlet, en laissant 2 cm sous le niveau marqué. Cela vous laissera suffisamment de tissu à tenir pendant que vous piquez le bord.

2 Rentrez l'ourlet sur l'envers du tissu, 6 mm sous la longueur de l'ourlet fini.

3 Avec un pied pour bords piqués, effectuez une ligne de piqûre à l'intérieur, juste au ras du pli.

4 Posez l'ourlet sur votre main non dominante pendant que vous coupez l'excédent de tissu. Des ciseaux pélican ou pour applications vous aideront à couper soigneusement au ras de la ligne de piqûre, sans risque d'entailler l'extérieur du vêtement.

5 Rentrez l'ourlet sur la première ligne de piqûre et piquez de nouveau au ras du bord sur l'envers.

Pour un ourlet arrondi plus large, froncez l'ampleur du tissu au point de bâti.

Pour confectionner des ourlets arrondis un peu plus larges, suivez les instructions ci-après :

1 Marquez la position de l'ourlet fini. Comptez 6 mm plus la largeur du rentré visible sous le niveau de l'ourlet fini. Par exemple, si vous laissez 15 mm sous le niveau de l'ourlet, vous obtiendrez un ourlet fini de 9 mm de large.

2 Effectuez un rang de bâti (à longs points devant) au niveau de la largeur du pied-de-biche à partir du bord arrondi, et un autre juste en dessous pour empêcher le premier de se casser.

Rentrez ensuite l'ourlet et cousez-le proprement à la main ou à la machine.

3 Tirez doucement le fil jusqu'à ce que le bord arrondi repose à plat au niveau de la ligne d'ourlet.

4 Rentrez et repassez le bord de coupe sur la ligne de bâti.

5 Sur l'envers, épinglez perpendiculairement au bord, puis piquez le bord de la pliure, juste à l'intérieur de la ligne de bâti. Retirez les épingles à mesure que l'aiguille s'en approche.

Ourlets cousus main

En matière d'ourlets, la confection de points invisibles sur l'endroit est le principal atout de la couture manuelle par rapport à la machine.

Pour coudre des ourlets à la main, choisissez un fil fin assorti à l'endroit du tissu et ne prenez qu'un ou deux fils sur l'envers. Enfilez l'aiguille avec le fil encore sur la bobine, puis coupez-le à une longueur raisonnable – ni

En enfilant l'aiguille à partir de la bobine, puis en le coupant à la bonne longueur, le fil risque moins de s'entortiller

Ourlet double bâti et prêt à être cousu au point glissé.

trop long (afin qu'il ne s'entortille pas), ni trop court. Un fil de 45 cm est parfait pour un ourlet.

Commencez par piquer l'aiguille dans l'ourlet à un endroit discret, comme la jonction d'une couture verticale. Plutôt que de faire un nœud au bout du fil, comme pour le bâti, consolidez vos points manuels par deux ou trois petits points arrière (voir page 101).

Ne tirez pas trop sur le fil quand vous cousez et vérifiez de temps à autre que les points ne se voient pas sur l'endroit du vêtement.

Pour arrêter le fil, faites deux ou trois points arrière sous la pliure de l'ourlet (seulement). Réenfilez l'aiguille et continuez à coudre à partir de là.

Point glissé

Le point glissé produit une finition invisible des deux côtés. La longueur des points est cachée à l'intérieur du tunnel formé par l'ourlet.

À chaque point, prenez un seul fil du vêtement.

1 Mesurez la hauteur de l'ourlet et marquez-la au point de bâti.

2 Rentrez le bord de 6 à 10 mm sur l'envers et repassez.

3 Rentrez à nouveau l'ourlet au niveau du bâti et épinglez ou bâtissez juste au ras du premier bord rentré.

4 Piquez l'aiguille dans le « tunnel » fait par le pli, effectuez un petit point arrière, puis glissez l'aiguille sur 6 mm à l'intérieur du tunnel.

5 Faites ressortir l'aiguille hors du tunnel et prenez un seul fil du vêtement.

6 Repiquez l'aiguille dans le tunnel et continuez ainsi jusqu'à la fin.

Repiquez ensuite l'aiguille dans le tunnel formé par le pli.

Point d'ourlet oblique.

Point d'ourlet oblique

Le point oblique est visible sur l'envers. Cette méthode est rapide et facile, mais elle présente un inconvénient : les points étant plus exposés que cachés, ils peuvent plus aisément se prendre dans les objets pointus, comme le talon d'une chaussure.

1 Rentrez le bord de l'ourlet de 6 à 10 mm sur l'envers et repassez.

2 En commençant en haut de l'ourlet, piquez l'aiguille dans le bord plié.

3 En travaillant vers vous, pointez l'aiguille vers la gauche (si vous êtes droitière) et, en descendant de biais vers l'ourlet, prenez juste un fil du vêtement.

4 En tenant l'aiguille toujours de biais, piquez-la de nouveau dans l'ourlet, juste à l'intérieur du bord plié.

5 Répétez ces étapes pour obtenir un motif de points obliques sur le bord de l'ourlet.

Si le bord a été surjeté, vous pouvez préparer l'ourlet en le rentrant à la largeur requise sur l'envers (c'est-à-dire sans rentrer le bord) et le repasser à plat.

Point d'ourlet invisible

Cette technique crée une finition discrète sur les deux faces du vêtement. On peut l'utiliser au lieu de piquer dans le creux de la couture pour fixer les bords des parementures ou des ganses à l'intérieur d'un vêtement.

Pour le point d'ourlet invisible, rabattez l'ourlet plié sur l'envers et piquez alternativement dans la pliure et le bord surfilé.

1 Finissez le bord avec un point de surjet ou de zigzag, puis repassez l'ourlet le long de la ligne tracée à la craie et épinglez ou bâtissez-le en place.

2 Rabattez l'ourlet plié sur l'envers du vêtement, en ne laissant dépasser que 6 mm environ (ou la largeur du point de surjet ou de zigzag qui recouvre le bord). Piquez l'aiguille dans le bord plié, à ce niveau.

3 Déplacez l'aiguille diagonalement entre l'ourlet et le vêtement, et vice versa, afin de former un point zigzag, qui sera caché lorsque l'ourlet reposera à plat.

Point de chausson

Le point de chausson s'utilise à des fins décoratives ou fonctionnelles, et se reconnaît facilement à son motif de X sur un côté et sa ligne brisée de points horizontaux sur l'autre.

C'est un point solide qui s'exécute rapidement, ce qui le prédestine aux ourlets des jupes volumineuses. Son orientation oblique permet un certain mouvement latéral, ce qui le rend également propice aux tissus lâches ou extensibles. Le point de chausson s'utilise aussi pour finir l'ourlet extérieur d'un vêtement doublé.

1 Rentrez le bord de l'ourlet sur 6 à 10 mm et repassez-le ; ou bien, si vous surjetez le bord de coupe et le repassez à plat, utilisez le bord intérieur du surjet comme repère pour piquer l'aiguille à l'endroit le plus bas et prenez le tissu juste au-dessus du bord extérieur.

2 En travaillant de gauche à droite, bord rentré vers vous, piquez l'aiguille dans l'ourlet plié, 6 à 10 mm en dessous du bord rentré.

3 En pointant l'aiguille vers la gauche, faites ressortir l'aiguille vers le haut et la droite, juste au-dessus du bord rentré, et faites un petit point horizontal arrière dans le vêtement.

4 En continuant à la pointer à gauche, déplacez l'aiguille diagonalement vers le bas et la droite et repiquez-la dans l'ourlet en effectuant un petit point arrière. Répétez l'opération pour former une ligne continue de X.

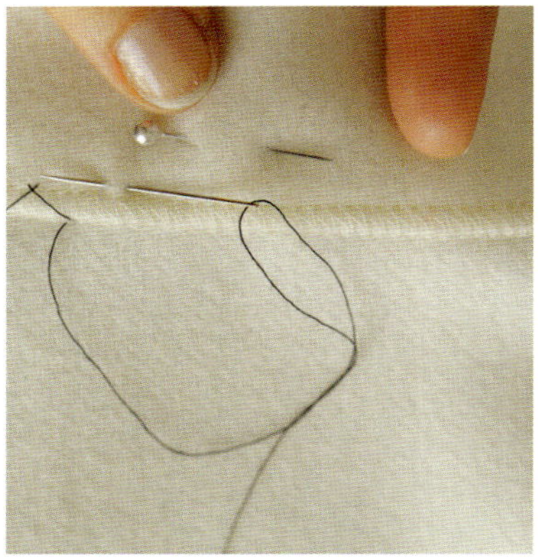

Si vous cousez un bord fini au point de chausson, utilisez les points de surfil comme repère.

Effectuez de petits points en X en piquant alternativement dans l'ourlet et le vêtement.

Faux ourlets

Les parementures se prêtent merveilleusement à la finition des bords arrondis, et elles constituent une solution idéale lorsqu'il n'y a pas assez de tissu pour former un ourlet. Les parementures coupées aux dimensions de la pièce à ourler seront entoilées, cousues, puis piquées sur l'arrière pour faire rouler la couture vers l'intérieur et la cacher. Sur les petites parties, il suffira de piquer dans le creux des coutures pour garder les bords relevés. Sur les plus grandes, consolidez le bord supérieur de la parementure avec une couture manuelle.

Lorsque vous utilisez du biais pour confectionner un faux ourlet arrondi, repassez-le à la vapeur pour lui donner une forme courbe avant de le coudre. Cousez le bord supérieur à la main, en utilisant l'un des points décrits ci-dessus.

Pour ourler les lainages épais et les armures instables, gansez le surplus de couture et cousez le biais à la main.

Voyez pages 151 et 158 comment confectionner un ourlet avec une parementure.

11

détails vestimentaires

- Poches
- Confectionner et poser un biais
- Cols
- Manches
- Poignets
- Ceintures
- Parements de ceinture

DÉTERMINEZ LA FORME FONDAMENTALE DU VÊTEMENT QUE VOUS VOULEZ CONFECTIONNER (UNE CHEMISE, PAR EXEMPLE) AVANT DE PENSER AUX DÉTAILS (POCHES OU COLS) À AJOUTER. LES DÉTAILS VESTIMENTAIRES SONT À LA FOIS PRATIQUES ET DÉCORATIFS, ET ILS INFLUENT AUTANT SUR LE MODÈLE QUE LE TISSU LUI-MÊME. DE FAIT, EN MODIFIANT LE DÉTAIL SPÉCIFIQUE, VOUS MODIFIEZ L'ALLURE GÉNÉRALE DU VÊTEMENT (UNE POCHE GILET TAILLEUR, PAR EXEMPLE, A PLUS DE CHIC QU'UNE SIMPLE POCHE PLAQUÉE). CE CHAPITRE COUVRE CERTAINS DES PRINCIPAUX DÉTAILS VESTIMENTAIRES SUSCEPTIBLES D'AGRÉMENTER VOS VÊTEMENTS ET VOUS EXPLIQUE COMMENT FINIR LES CEINTURES ET LES MANCHES.

Poches

Confectionner un pantalon ou un jean d'homme sans poches reviendrait à confisquer son sac à main à une femme : nous avons tous besoin de poches dans nos vêtements de tous les jours.

Les poches tailleur (poches gilet ou fendues, ou poches à rabat ou passepoilées) sont celles que l'on trouve sur les vestes de costume et les manteaux. Elles sont discrètes et élégantes, mais plus difficiles à confectionner, requérant une bonne dose de réflexion, de pratique et de précision. Les simples poches plaquées constituent un bon point de départ pour les moins expérimentées.

Poches plaquées

Les poches plaquées, de toutes formes ou tailles, selon l'effet désiré, sont généralement faites dans le même tissu que le vêtement et s'appliquent sur l'extérieur. Très visibles, elles doivent être confectionnées avec soin, être parfaitement symétriques, confortables, bien placées et assez solides pour supporter les nombreuses sollicitations inhérentes à leur fonction.

Les poches plaquées peuvent être consolidées par une parementure, entièrement doublées, doublées uniquement sur la parementure, ou gansées. Si vous souhaitez les orner d'un passepoil ou d'une passementerie, fixez la garniture avant de coudre la poche au vêtement. On peut ganser les poches en tissu épais pour réduire l'épaisseur des rentrés.

Que vos poches soient lourdes et votre cœur léger.
Que la chance vous poursuive de jour comme de nuit.

Bénédiction irlandaise.

Poches plaquées doublées

Ce type de poche est élégant et plus résistant que les poches plaquées non doublées. Elles sont conseillées si vous utilisez un tissu épais ou translucide. Il est recommandé de les doubler avec le même tissu, ou au moins de doubler la partie intérieure supérieure de la poche (la plus visible) avec une parementure. Il vous faudra choisir une doublure compatible avec les consignes d'entretien du tissu principal.

1 Endroit contre endroit, placez le bord supérieur du patron de la poche sur la pliure du tissu et coupez la poche en prenant les deux épaisseurs. Piquez les trois bords ouverts sur la ligne de piqûre, en laissant une ouverture d'environ 5 cm le long du bord inférieur. La poche sera retournée sur l'endroit par cette ouverture, donc faites-la plus ou moins large en fonction de la taille de la poche et de l'épaisseur du tissu. Recoupez le surplus.

2 Retournez la poche sur l'endroit par l'ouverture laissée dans la piqûre. Utilisez un accessoire pour retourner les pointes (ou tout autre outil à pointe obtuse) pour bien faire ressortir les angles et les bords de la poche. Repassez la poche à plat. Plissez et repassez le surplus de l'ouverture sur l'envers, puis refermez-la au point de bâti.

Recoupez le surplus de couture (en le réduisant aux angles supérieurs) et crantez les courbes.

Poche avec passepoil bâti sur l'endroit et doublure prête à être appliquée.

Retournez la poche et cousez la parementure à la doublure au point glissé.

Recousez soigneusement l'ouverture par laquelle la poche a été retournée.

Poche plaquée doublée avec couture renforcée aux angles supérieurs.

Poche plaquée doublée terminée, ornée d'un passepoil décoratif.

Rentrez deux fois le bord supérieur, puis piquez les côtés de la partie supérieure afin de former une parementure.

Retournez le bord supérieur sur l'endroit, rentrez les autres bords de coupe et cousez la poche.

Pour donner une forme arrondie à une poche plaquée, placez un gabarit en carton et tirez les fils pour froncer.

Les poches plaquées peuvent s'orner de rabats et d'une surpiqûre décorative.

Un gabarit en carton facilite la formation des angles et des pointes.

On peut aussi coudre la poche au vêtement avec un point de feston.

Poches passepoilées

Les poches passepoilées ont beaucoup d'allure ; confectionnez-les comme les poches doublées, en bâtissant le passepoil au surplus, sur l'endroit de la poche. Prenez-le en sandwich entre la poche et la doublure (voir illustrations page précédente), en laissant une petite ouverture par laquelle vous retournerez la poche. Voyez pages 178-180 comment poser un passepoil sur un bord continu.

Poches plaquées non doublées

Ces poches sont très rapides à réaliser et fréquemment utilisées sur les vêtements de tous les jours, notamment les vêtements d'enfants. Les poches plaquées n'ont besoin que d'un étroit surplus (10 mm environ) sur leur pourtour, mais elles seront plus durables et jolies avec un rentré plus large (servant de parementure) sur le bord supérieur. Celui-ci pourra être entoilé ou doublement rentré pour plus de solidité et pour empêcher la poche de se déformer.

1 Surjetez (ou faites un double rentré sur) le bord supérieur de la parementure et des côtés.

2 Confectionnez un gabarit en carton de la poche finie, sans le surplus. Placez la poche en tissu côté envers vers vous et posez le gabarit par-dessus, en le centrant bien sur le tissu. Avec le fer, rentrez le surplus sur le gabarit. S'il s'agit

d'une poche à bords droits, repliez les coins en onglet en les repassant diagonalement sur les pointes, en rabattant le surplus sur le premier côté d'un angle, puis sur l'autre. Dépliez l'angle et piquez sur l'envers du bord repassé de chaque angle, puis repassez et retournez sur l'endroit. Sur les bords arrondis, effectuez deux rangs de point de bâti à l'intérieur du surplus et tirez dessus pour que la poche se fronce au format du gabarit.

3 Surpiquez le bord supérieur de la parementure. Si vous avez l'intention de fixer la poche avec deux lignes de surpiqûre, faites de même sur la parementure.

4 Épinglez la poche en place et vérifiez qu'elle est bien positionnée avant de la surpiquer ou de piquer les bords (ou les deux).

5 Renforcez les angles supérieurs de la poche avec une deuxième ligne de piqûre.

Poches dans la couture

Les poches prises dans la couture sont nos plus fidèles alliées vestimentaires et, de ce fait, elles sont particulièrement sollicitées.

Les poches dans la couture peuvent être coupées séparément ou à même la pièce du vêtement. La méthode la plus simple consiste à les assembler par des coutures simples.

1 Finissez les bords de coupe des coutures latérales et des pièces de poche si celles-ci sont coupées séparément, puis fixez-les d'abord à la couture latérale.

2 Renforcez la couture latérale devant par un extra-fort cousu sur l'envers, juste à l'intérieur de la ligne de couture. L'extra-fort doit dépasser de 2 à 3 cm chaque extrémité de l'ouverture de la poche.

3 Refermez l'ouverture de la poche au point de bâti. Épinglez et piquez le bas de la couture latérale à partir du surplus d'extra-fort, en vous arrêtant juste en bas de l'ouverture. Laissez l'aiguille enfoncée, faites pivoter la poche, puis piquez le long de la partie arrondie jusqu'au point situé juste en haut de l'ouverture. Laissez l'aiguille enfoncée, faites pivoter la poche, puis piquez jusqu'en haut de le la couture latérale (et de l'extra-fort).

4 Repassez la piqûre. Entaillez la jonction des coutures latérales et de la poche (là où vous avez pivoté) et repassez la poche vers la couture latérale devant. Retirez le bâti qui fermait l'ouverture.

Renforcez la couture latérale sur le devant par un ruban d'extra-fort.

Épinglez et piquez le pourtour de la poche en remontant de chaque côté.

Confectionner et poser un biais

Placez le sens travers (trame) parallèlement à la lisière, et épinglez.

Alors que le droit-fil et le sens travers d'un tissu sont sages et accommodants, le biais s'avère beaucoup plus exigeant. Il doit être coupé à la perfection, dans la diagonale par rapport au droit-fil, et traité à tout moment avec la plus grande déférence. L'avantage des pièces coupées dans le biais est qu'elles sont plus extensibles que celles coupées dans le droit-fil, ce qui permet au vêtement de mieux épouser la forme du corps et de conserver son élasticité (c'est la raison pour laquelle la lingerie est souvent coupée dans le biais). En outre, le tissu tombe mieux lorsqu'il est dans le biais, ce qui le prédestine aux cols boules et aux robes de soirée drapées.

Pour couper le tissu dans le biais, servez-vous d'un cutter rotatif, d'une règle pour patchwork et d'une plaque de coupe autocicatrisante. Commencez par trouver le sens travers (trame) du tissu, le cas échéant. Faites coïncider la lisière du tissu avec le bord de la plaque de coupe. Posez la règle de patchwork à 45° et effectuez la première coupe dans la diagonale avec le cutter. Déplacez la règle parallèlement à la ligne de coupe, à la largeur voulue pour la bande de biais, et coupez au cutter.

Coupez les bandes à l'aide d'un cutter rotatif.

Une autre solution consiste à replier soigneusement un bord de trame parallèlement à la lisière et à le maintenir en place à l'aide d'épingles fines. Posez la règle de patchwork sur la pliure(diagonale) et servez-vous des repères de la règle pour tracer à la craie une ou plusieurs lignes parallèles. Épinglez au centre des traits et coupez aux ciseaux.

Assembler des bandes de biais

Pour assembler des bandes de biais individuelles, coupez chaque extrémité dans le droit-fil, à un angle de 45°. Endroit contre endroit, piquez les bandes en vous servant de la largeur du pied-de-biche pour déterminer la largeur des surplus, et ouvrez les coutures au fer. Si vous devez confectionner une grande longueur de biais, procédez comme suit :

1 Dans le biais du tissu, tracez des lignes parallèles de même largeur à la craie. Ne coupez que les lignes extérieures, pas les bandes individuelles.

2 Coupez les extrémités de la pièce de biais parallèlement à la lisière. Endroit contre endroit, pliez le biais de façon à former un tube, mais au lieu de faire coïncider le début et la fin de chaque trait individuel, décalez un côté vers le bas, en laissant une bande de biais de chaque côté du tube. Faites coïncider les traits de craie à l'intérieur, puis épinglez et piquez sur l'envers.

Assemblez les bandes de biais à angle droit, dans le droit-fil.

3 Ouvrez la couture au fer. En commençant à une extrémité du tunnel, coupez le long de la ligne de biais (à présent continue).

Confectionner un biais prêt à poser

La façon la plus rapide est de le couper en comptant quatre fois la largeur requise. Passez la bande de biais dans un appareil à biais, en le repassant à mesure qu'il ressort, ou repassez la bande en deux dans la longueur, puis dépliez-la et rentrez les bords extérieurs au fer de sorte qu'ils se rejoignent sur la ligne centrale. Repliez et repassez de nouveau dans la longueur. Cela vous donnera un biais prêt à poser, de largeur constante.

Pour couper de larges bandes de biais, par exemple pour ganser un ourlet, déterminez la largeur finie, puis ajoutez deux fois la largeur du surplus.

Poser un biais

Pour poser un biais, ajoutez 4 à 5 cm à la longueur requise. Le biais peut se poser sur l'endroit ou l'envers du tissu.

- Si vous voulez que le biais forme une parementure sur l'envers, placez-le endroit contre endroit sur le tissu. Faites coïncider les bords de coupe et piquez le long de la pliure. Rabattez le biais sur l'envers, et cousez le bord plié à la main sur le tissu.
- Sinon, vous pouvez poser le biais sur l'envers, de la même manière que ci-dessus, puis le retourner sur l'endroit et piquer le bord plié. Cela formera une ganse contrastante sur l'endroit du vêtement.

Pour une ligne continue de biais, placez le tissu endroit contre endroit en décalant d'une largeur les lignes à la craie.

Épinglez l'endroit du biais sur l'envers du tissu, en faisant coïncider les bords de coupe, puis piquez le long de la pliure.

Cousez le tissu pour former un tube, coupez le long des traits pour obtenir une longue bande.

Rabattez le biais sur l'envers et cousez-le soigneusement à la main.

Repassez le biais prêt à poser plié en deux ; dépliez et repassez chaque bord jusqu'au milieu, puis repassez plié.

Les pinces à quilt permettent de maintenir les grandes longueurs de biais en cours de couture.

Pour replier un coin en onglet, piquez jusqu'à la pointe, pivotez, pliez vers le haut, puis vers le bas et continuez à piquer.

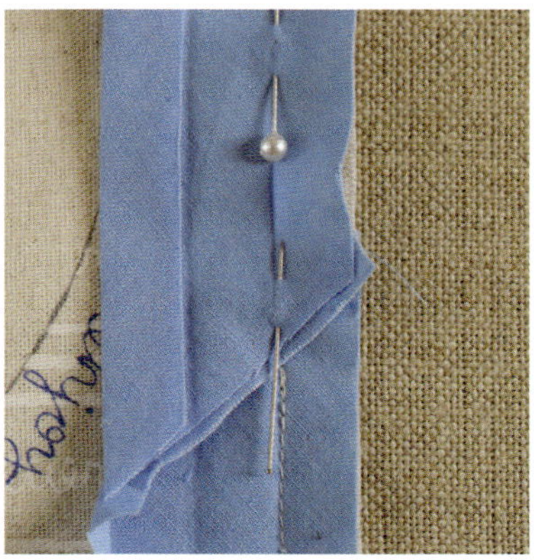

Épinglez l'extrémité finale du biais sur le biais rentré du départ, piquez, puis rabattez le biais sur l'envers.

Pour ganser un bord continu, il suffit de faire chevaucher une extrémité sur l'autre.

1 Préparez le début du biais en pliant une petite quantité dans la diagonale (dans le droit-fil). Recoupez l'excédent à 6 mm. Choisissez un endroit peu visible pour commencer à épingler le biais sur le vêtement, endroit contre endroit (ne commencez pas à un coin, car le surplus formerait une trop grosse épaisseur). Faites coïncider la première pliure du biais avec la ligne de piqûre et épinglez-le en place sur tout le pourtour. Laissez suffisamment de biais au niveau de la jointure afin de recouvrir d'environ 10 mm le début du biais. Coupez l'extrémité dans le même sens (diagonale) mais, cette fois, piquez-la à plat sans la rentrer.

2 Rabattez et repassez le biais sur l'envers et cousez-le à la main.

Si vous avez un très long bord à ganser et à coudre à la main, vous pouvez le maintenir en place à l'aide de pinces à ourlet ou à quilt ; celles-ci ressemblent à des barrettes et peuvent être placées sur le biais replié tous les 5 à 8 cm environ. Elles sont particulièrement utiles quand vous ne cousez pas toute la longueur du biais en une seule fois.

Coins en onglet

Pour ganser des angles saillants, le biais doit être plié en onglet afin de bien épouser la forme du coin. Dans un coin en onglet, la longueur continue de biais produit un pli discret à l'angle. Ce pli peut être laissé tel quel, ou cousu ultérieurement à la main. Pour créer un coin en onglet, procédez comme suit :

1 Au début du biais, rentrez un surplus d'à peine 6 mm. Commencez à épingler le biais sur la pièce à un endroit peu visible (pas un coin). Piquez-le jusqu'à la pointe du coin et arrêtez la couture par quelques points arrière. Retirez l'ouvrage de la machine.

2 En plaçant le côté piqué du biais à gauche de la pièce, pliez le biais dans la diagonale (suivant le droit-fil) à gauche de la pointe piquée. Pressez avec le doigt pour marquer la pliure. À présent, repliez le biais sur la droite, en formant un pli droit coïncidant avec les bords de coupe du biais et du tissu. Le bord de coupe de la bande de biais doit à présent coïncider avec le bord de coupe du tissu en haut de la pièce. La jonction de ce pli et de la première pliure du biais forme l'endroit où vous devrez recommencer à piquer. Épinglez le biais au bord adjacent à partir de cet endroit.

3 Faites pivoter le tissu, écartez le surplus de l'aiguille et enfoncez l'aiguille à la jonction des plis. Écartez le bord extérieur du biais de l'aiguille pendant que vous piquez jusqu'au coin suivant.

4 Repliez chaque coin en onglet de la même façon. Faites chevaucher l'extrémité finale de la bande de biais sur le début. Rabattez le bord plié du biais sur l'autre côté et cousez-le au point glissé sur l'envers de l'ouvrage, en cachant la ligne de piqûre.

Lorsque vous cousez le biais sur l'envers au point glissé, terminez chaque rang de points à l'angle intérieur.

Ganser un article avec une bande de biais séparée

Voici une autre façon de fixer une bande continue de biais sur le pourtour de l'article :

1 Mesurez les longueurs de la couture finale, de l'intérieur de l'angle piqué à l'autre.

2 Tracez des longueurs de biais de taille correspondante, en comptant un angle saillant (45° pour les angles droits) depuis la ligne de piqûre du biais jusqu'à la pliure, plus le surplus.

3 Piquez les bandes en forme de cadre avant de les épingler et de les coudre à votre article.

Cette méthode produit un résultat plus plat aux angles et ne nécessite pas de faire chevaucher les deux extrémités du biais.

Cousez également le pli oblique formé à chaque coin du biais.

Ganser des angles rentrants

Les angles rentrants se trouvent sur les vêtements dotés d'un ourlet en V ou en zigzag. Pour ganser ces angles, renforcez la pointe, entaillez le V pour ouvrir le tissu et continuez à coudre le biais.

Un pied ganseur (ou pour fermeture à glissière) permet de piquer au ras du cordonnet.

Décalez le biais vers l'extérieur du bord, après avoir coupé le bout du cordon, quand vous commencez à coudre.

Aux angles, crantez le surplus de couture du biais.

Confectionner un passepoil

Le biais sert également à confectionner du passepoil, qui n'est autre qu'un cordonnet (de n'importe quelle taille) enserré à l'intérieur d'une bande de biais. Le passepoil ajoute une note raffinée et permet de mettre en valeur les bords d'un vêtement ou d'un ouvrage d'ameublement (cols, poches, housses de coussin...). On peut acheter du passepoil prêt à l'emploi, en coton, coton mélangé ou satin. Choisissez une matière compatible avec votre ouvrage. Certains passepoils sont faits dans le droit-fil, et se prêtent davantage aux bords droits qu'aux bords arrondis.

1 Coupez une bande de biais (voir pages 174-175) suffisamment longue pour ganser votre ouvrage, et suffisamment large pour recouvrir le cordonnet, plus les surplus. Les débutantes préféreront peut-être faire des surplus de même largeur que les surplus de leur ouvrage, auquel cas il leur faudra doubler la largeur du surplus et ajouter cette quantité.

2 Placez le cordonnet sur l'envers du biais, au centre, et repliez le biais par-dessus en laissant 10 mm de tissu de chaque côté pour le surplus.

3 Installez un pied pour fermeture à glissière doté d'un trou à gauche, ou un pied ganseur. Placez le cordon (à l'intérieur du biais, *endroit* vers vous) à gauche du pied et abaissez le pied pour qu'il soit tout contre le passepoil. Maintenez les bords du biais ensemble et piquez le long du cordon avec un point long. Ne consolidez pas par des points arrière. Si cette ligne de piqûre ne maintient pas le cordon en place, faites-en une deuxième.

Poser un passepoil sur un bord continu

On peut faire chevaucher les extrémités du passepoil lorsque le cordon utilisé est fin. Cependant, dans le cas d'un cordon épais, il convient de couper l'excédent, comme cela est décrit dans les étapes 1 et 4 ci-dessous. Les étapes 2 et 3 s'appliquent à toutes les grosseurs de cordonnet.

1 Défaites suffisamment de points de bâti pour retirer le premier centimètre de cordon du biais. Tirez le biais vide dans le surplus et commencez à épingler le passepoil sur la ligne de piqûre à partir d'un endroit peu visible (comme le côté du dos) ou sur un bord droit (plutôt que sur un coin, ce qui créerait une épaisseur disgracieuse).

2 Avec un pied pour fermeture à glissière doté d'un trou à gauche (ou un pied ganseur) et un point un peu plus long, piquez le passepoil sur le bord. Si le passepoil doit suivre un angle en pointe, piquez jusqu'à la pointe et laissez l'aiguille enfoncée lorsque vous relevez le pied. Crantez le surplus du passepoil au niveau de la pointe afin qu'il puisse prendre

aisément l'angle. Pour les coins arrondis, crantez le surplus à plusieurs endroits. Baissez le pied-de-biche et continuez à piquer.

3 Arrêtez-vous à 5-10 cm de la fin du passepoil ; laissez l'aiguille enfoncée dans le tissu et soulevez le pied. Vérifiez que le cordon n'a pas été pris dans la piqûre. Les extrémités du cordon (à l'intérieur du biais) doivent se chevaucher ou se trouver bout à bout.

4 Placez le passepoil contre la partie restante pour déterminer la quantité de cordon nécessaire, puis coupez le passepoil 10-15 mm après ce point. Décousez une partie du bâti pour retirer le cordon du biais jusqu'à ce point. Tirez le biais au-delà du point de départ et cousez la partie restante en place.

Une autre méthode pour poser un passepoil continu consiste à pré-coudre le biais à la circonférence exacte. Pour ce faire, laissez un espace d'environ 10 cm de passepoil ouvert et non cousu à chaque extrémité et assemblez le biais dans la diagonale à cet endroit. Entourez fermement chaque extrémité du cordon de ruban à masquer, coupez les extrémités afin qu'elles rentrent dans le biais et posez la partie restante de passepoil. Dans le cas d'un passepoil fin et continu, laissez les extrémités se croiser. Assemblez les extrémités du biais et posez du ruban à masquer là où vous couperez les bouts du cordon.

Dans le cas d'un passepoil fin et continu, laissez les extrémités se croiser.

Assemblez les extrémités du biais et posez du ruban à masquer là où vous couperez les bouts du cordon.

Un passepoil plus épais nécessitera d'être posé comme indiqué dans l'étape 1 de la page ci-contre.

Joignez les extrémités coupées du cordon bout à bout.

Refermez la partie cousue du biais et finissez la couture.

Piquez le bord extérieur du col, puis recoupez et crantez le surplus.

Lorsqu'un côté d'une paire de pièces correspondantes est entoilé, comme l'endroit et la parementure des cols ou des poignets, posez le passepoil sur le côté entoilé du tissu (l'entoilage rigidifie la pièce, ce qui limite les risques de faux plis). Si la pièce est doublée, parementée ou retournée, placez la deuxième pièce sous le côté passepoilé lorsque vous les épinglez ensemble. Assemblez les pièces comme décrit ci-dessus, avec le pied pour fermeture à glissière, mais réduisez le point à une taille moyenne et piquez, soit juste à l'intérieur de la ligne de piqûre, soit sur la première ligne de piqûre.

Cols

Les cols agrémentent l'encolure d'un vêtement et encadrent le visage. Qu'ils soient ronds ou pointus, d'un seul tenant ou en deux parties, évasés ou plats, ouvragés ou sobres, coupés à même, rapportés ou détachables, les cols se divisent en trois catégories principales :

Épinglez le col à l'encolure du vêtement, en faisant coïncider les repères.

1 **Les cols plats,** comme le col Claudine. Le bord extérieur du col est un tout petit peu plus petit que le vêtement, de sorte qu'il repose bien à plat contre les coutures d'épaule. Ce style de col est particulièrement courant sur les vêtements d'enfants.

2 **Les cols droits,** comme le col Mao, sont droits contre le cou. Les cols des chemises d'homme sont en deux parties : le pied de col et le tombant.

3 **Les cols rabattus,** comme le col tailleur. Ceux-ci se composent d'une partie montante qui se rabat sur le vêtement, au niveau de la ligne de pliure. Les manteaux tailleur ont un col cranté. Le rabat est construit dans la structure du patron, et la ligne de pliure va du col jusqu'aux revers, au niveau du premier bouton.

Mettez un col rabattu en forme autour d'un coussinet de repassage avant de le coudre au vêtement.

Préparer les cols

Pour être parfaits, les cols doivent être entoilés, manipulés et construits comme s'il s'agissait d'objets en trois dimensions. Posez l'entoilage sur le dessus de col, sauf indication contraire du patron.

Pour les cols qui doivent être retournés (sur l'endroit), coupez le dessous de col un tout petit peu plus petit que le dessus (d'environ 3 mm). En faisant coïncider les crans, épinglez et piquez le bord extérieur du col, puis recoupez, entaillez et échelonnez les surplus avant de retourner le col sur l'endroit (voir page 117 pour plus d'informations sur les coutures convexes, pages 116-117 pour les coutures concaves et page 124 pour savoir comment retourner les pointes). Rendez les bords de col bien rigides, soit en repassant les surplus vers le dessous de col et en les sous-piquant (voir page 110), soit en ouvrant la couture au fer et en surpiquant le bord extérieur (ou en piquant au ras du bord).

Avant de monter un col rabattu sur l'encolure d'un vêtement, épinglez le bord d'encolure du col autour d'un coussinet de repassage. Repasser le col sur une forme bombée permet aux surplus non finis de tomber juste à l'endroit qu'il faut lorsque le col est cousu au vêtement, d'abord au point de bâti, puis à la machine.

Coudre les cols

Bâtissez le col à l'encolure avant de le coudre définitivement. Les bords du col et de l'encolure doivent être finis avec une parementure ou un biais. Les cols droits retournés sur l'endroit n'ont pas besoin de finitions : ils s'appliquent comme une ganse, les bords de coupe à l'intérieur.

Finitions des encolures ou poignets en tissu extensible

Pour finir les articles Stretch avec des bandes extensibles à l'encolure ou aux poignets, mesurez la circonférence finie et coupez une bande de deux fois la largeur finie plus deux fois le surplus (pour la largeur), et des deux tiers de la circonférence plus deux fois le surplus (pour la longueur), à l'aide d'un cutter rotatif. Marquez les points centraux et intermédiaires sur l'encolure (ou le poignet) et la

Les cols sont parfois insérés entre le vêtement et une parementure.

Pose d'une bande extensible pour finir une encolure.

Exemple de col droit.

Encolure terminée.

La même méthode peut servir à poser un bord côtelé aux emmanchures d'un vêtement sans manches.

Pour des manches collantes, faites deux rangs de points de fronces (à gauche), puis cousez le dessous du bras (à droite).

Froncez la tête de manche aux dimensions de l'emmanchure, épinglez, puis cousez soigneusement le pourtour de l'emmanchure.

bande, en mesurant à partir d'une couture du vêtement. Faites coïncider la couture de la bande extensible avec une couture du vêtement et étirez légèrement le vêtement afin qu'il épouse la forme de la bande.

Manches

Les manches des chemises de style décontracté, comme les T-shirts, et celles à emmanchures raglan ou chauve-souris, peuvent être cousues à plat dans l'emmanchure. Toutefois, les manches collantes, comme celles des chemises d'homme et des chemisiers ajustés, ont besoin d'aisance pour faciliter le mouvement. Moins il y a d'aisance dans une manche collante, plus elle est serrée. L'aisance est répartie de chaque côté de la ligne centrale de la manche, et la partie à froncer est indiquée par des crans sur le patron.

Préparer des manches collantes

1 Marquez le cran central et les crans latéraux et piquez deux rangs à grands points (comme pour des fronces) entre les crans (la piqûre peut se faire sur l'envers ou l'endroit ; toutefois, si vous avez marqué vos lignes de couture sur l'envers, il vous sera plus facile de piquer sur l'envers, juste à l'intérieur des lignes).

2 Effectuez les coutures du dessous de bras, puis froncez l'ampleur en tirant délicatement les fils de chaque côté jusqu'à ce que la tête de manche s'emboîte dans l'emmanchure.

3 Si la tête de manche semble ne pas présenter de fronces visibles, réduisez l'ampleur en plaçant la tête de manche sur un coussinet de repassage (cela conserve la forme arrondie de la tête), en repassant le surplus jusqu'à 2,5 cm au-delà de la couture et/ou en la passant à la vapeur (si le tissu s'y prête).

Monter des manches collantes

1 Insérez la manche dans l'emmanchure, endroit contre endroit, en faisant coïncider la couture du dessous de bras, le point central et les autres repères.

2 En tenant la manche par le haut à l'intérieur de l'emmanchure, épinglez le pourtour de la manche perpendiculairement au bord, et bâtissez-la à la main ou à la machine. Vérifiez que la manche tombe

correctement sur le corps avant de la piquer définitivement.

3 Placez la tête de la manche sur un coussinet de repassage ou sur le coin de la planche à repasser, et couchez la couture au fer du côté de la manche.

La tête des manches ballon peut être soutenue par l'insertion d'un étroit volant (voir illustration à droite) en haut de la couture d'emmanchure. On peut aussi donner un peu de corps aux têtes de manches tailleur avec une fine bande de molleton.

Épaulettes

Les épaulettes donnent du corps et de la tenue aux têtes de manche. Elles existent dans diverses formes et tailles, chacune avec sa fonction et sa personnalité distinctes.

Les épaulettes épaisses et structurées sont les plus imposantes de la famille ; très volumineuses, elles ne passent pas inaperçues. Les épaulettes fines se remarquent à peine en comparaison, parfois même pas du tout, sans toutefois se dérober à leur fonction de soutien.

En tant qu'accessoires de renfort, les épaulettes ont besoin d'espace dans l'emmanchure, de sorte que si vous ajoutez des épaulettes à un modèle qui n'est pas conçu pour, il vous faudra ajuster l'angle de la couture d'épaule du devant et du dos. Procédez en mesurant la largeur de l'épaulette (la partie la plus épaisse), puis ajoutez la moitié de

Un petit volant de tulle peut servir à soutenir la tête des manches ballon.

Épinglez les épaulettes pour vérifier si elles sont correctement placées.

Manche ballon terminée soutenue par un volant de tulle.

Cousez l'épaule à l'intérieur du vêtement avec un point de gant et un point croisé.

Une pièce de molleton peut aider à soutenir la tête des manches tailleur.

Renforcez l'ouverture de la fente par une piqûre de soutien, puis fendez le tissu.

Ouvrez la partie piquée et posez le parement en ligne continue.

Rentrez et repassez le surplus du bord libre, puis épinglez et piquez le bord de la pliure sur la ligne de piqûre.

Effectuez une pince diagonale en haut du rentré et assemblez le poignet à la manche.

Terminez le poignet en piquant le ras du bord sur l'endroit.

cette largeur à chaque côté (soit le devant et le dos) de la pointe de l'épaule, en effilant complètement au niveau de l'encolure.

Placez les épaulettes de sorte qu'elles dépassent un petit peu du bord de la tête de manche. Épinglez l'épaulette depuis l'extérieur de la couture d'épaule du vêtement afin de la maintenir provisoirement en place. Essayez le vêtement pour vérifier l'emplacement des épaulettes, puis effectuez un point de gant sur le côté rembourré en prenant le surplus de la tête de manche et fixez la partie fine de l'épaulette au niveau de la couture d'épaule, ou cousez le bord extérieur au point croisé.

Poignets

Les poignets ajustés se dotent d'une fermeture et sont généralement accompagnés d'une fente. Cousez les poignets de la même façon qu'une ceinture (voir pages suivantes).

Parements de fente

Les parements de fente bordent l'ouverture pratiquée en bas d'une manche terminée par un poignet ajusté. Le parement de fente le plus facile à utiliser est continu. Coupez un parement de deux fois la largeur finie plus un surplus de 12 mm, et de deux fois la longueur de la fente (les patrons de couture comprennent généralement un patron pour le parement de fente).

1 Tracez à la craie l'emplacement du parement de fente sur

l'envers du tissu. Effectuez une piqûre de soutien le long de la ligne de construction du parement, en laissant un surplus de 6 mm au bord et en finissant en pointe en haut du parement. Faites un petit point en travers, redescendez vers l'ourlet, par une couture légèrement oblique se terminant sur l'autre bord inférieur à 6 mm de l'ouverture. (Autrement dit, la piqûre de soutien commence à 6 mm de la ligne de parement tracée en bas de la manche et converge en haut, de sorte qu'elle forme un V allongé avant d'être fendue.) Fendez jusqu'au point horizontal situé à la pointe du parement.

2 Préparez la bande de parement en la repassant en deux dans la longueur. Ouvrez la fente de façon à pouvoir épingler le parement en ligne continue, et épinglez ou bâtissez l'endroit du parement sur l'envers de la fente. Piquez le parement en place.

3 Couchez les coutures au fer vers le parement. Rabattez le parement par-dessus la fente pour enfermer les bords de coupe, tout en gardant la fente aussi droite que possible. Rentrez et repassez 6 mm du bord libre, puis épinglez le rentré directement sur la première ligne de piqûre, et piquez le bord du parement afin de le fermer. Piquez une pince diagonale en travers du rentré afin de le stabiliser.

4 Assemblez la manche au poignet, en prolongeant le parement sur le dessous du poignet, et en retournant l'autre côté au ras du dessus du poignet.

Ceintures

Les bords de ceinture peuvent être agrémentés de rubans élastiques, de parementures, de coulisses ou de biais. Les ceintures sont généralement rigidifiées et peuvent supporter les tensions, tandis que les parementures sont plus plates et plus souples. Vérifiez toujours l'ajustement du vêtement avant de fixer ou de finir le bord de la ceinture.

Confectionner une ceinture

Les patrons de couture comportent normalement une pièce pour la ceinture. Pour confectionner une ceinture sans patron, il vous faudra compter deux fois la largeur finie, plus deux fois le surplus. Pour la longueur de la bande, calculez le tour de taille (voir page 73) auquel vous ajouterez 2 cm maximum d'aisance, plus deux fois le surplus de couture, plus la sous-patte (généralement de 3 cm). La sous-patte maintient le bouton et est cachée par l'extrémité boutonnée de la ceinture (visible quand elle est portée). Marquez le centre du devant et du dos de la bande. Notez que les ceintures sont le plus souvent assez étroites (entre 3 et 5 cm). Les ceintures plus larges doivent être mises en forme en fonction de la silhouette.

Poser une ceinture

Choisissez un entoilage adapté au tissu et appliquez-le à la bande. L'entoilage thermocollant souple peut être fixé à toute la bande ; l'entoilage plus ferme ne doit être fixé que sur un côté, de préférence le côté le plus à l'extérieur lorsque le vêtement est porté. On peut aussi se procurer des longueurs d'entoilage perforé et pré-coupé et/ou des galons prêts à l'emploi vendus au mètre pour renforcer les ceintures. Si le modèle requiert des boucles de ceinture, bâtissez une extrémité de chaque boucle sur le vêtement avant de fixer la ceinture et de surpiquer le dessus de la boucle en haut de la ceinture.

1 Coupez la ceinture (longueur parallèle à la lisière) et entoilez-la. Fermez les deux côtés courts endroit contre endroit. Côté sous-patte, fermez à partir de la ligne de couture du milieu dos ou devant. Réduisez le surplus aux coins et retournez sur l'endroit. Repassez dans la longueur.

2 Placez le vêtement et la ceinture *endroit contre endroit,* en faisant coïncider les crans. Froncez un peu la ceinture si besoin. Bâtissez la ceinture sur le vêtement et essayez celui-ci avant la piqûre définitive au point droit.

Fermez et retournez les deux bords courts de la ceinture avant de la fixer.

Posez le vêtement et la ceinture endroit contre endroit.

Piquez sur l'endroit dans le creux de la couture de la taille.

Les grosses agrafes permettent de fermer les ceintures.

3 Repassez le surplus vers le haut et l'intérieur de la ceinture et épinglez celle-ci sur la couture de la taille, côté envers du tissu. Bâtissez et essayez, puis terminez en piquant dans le creux de la couture, sur l'endroit. Ou bien, fixez la ceinture sur l'endroit du vêtement et terminez en la cousant à la main sur l'envers, ou en la surpiquant sur tout son pourtour.

4 Lors du dernier essayage, marquez l'emplacement de la fermeture (bouton et boutonnière ou agrafes, voir le chapitre 12 pour plus d'informations sur les fermetures).

Piquez le gros-grain mis en forme sur l'endroit du vêtement, au niveau de la ceinture préalablement sous-piquée.

Rabattez le gros-grain sur l'envers du vêtement et piquez-le au niveau des pinces et des lignes de couture.

Parements de ceinture

La ceinture d'un vêtement peut être renforcée par une parementure arrondie (de la même manière que pour les ourlets décrits page 158) ou une bande de biais, et fermée à l'aide d'agrafes (voir le chapitre 12 pour plus d'informations sur les fermetures).

Les ceintures des sous-vêtements peuvent être finies ou renforcées par du gros-grain ou du biais, qui reste bien plat sous les autres vêtements. Le gros-grain synthétique se met en forme à sec ou à la vapeur pour épouser la forme légèrement arrondie (voir illustrations à droite) de la taille. Il est conseillé d'avoir des sous-vêtements de bon maintien sous les robes très ajustées ou les bustiers. Le gros-grain de coton est le plus « extensible », mais il est parfois difficile à trouver ; il est plus agréable à porter et convient aux vêtements ayant un peu d'aisance.

1 Effectuez une piqûre de soutien sur la ligne de ceinture du vêtement. Coupez le gros-grain aux dimensions du tour de taille, plus un peu pour les rentrés et l'ajout des fermetures. Si possible, repassez le gros-grain à sec ou à la vapeur afin qu'il prenne une forme légèrement arrondie.

2 Faites un double rentré à chaque extrémité du gros-grain : un bout doit être au ras du bord de l'ouverture, et l'autre doit dépasser l'autre bord de quelques centimètres (pour la fermeture). Épinglez l'envers du gros-grain sur l'endroit du surplus de la ceinture et piquez au ras du bord de la ligne de ceinture.

3 Rabattez le gros-grain sur l'envers du vêtement et repassez. Surpiquez le tour de taille. Piquez dans le creux de la couture pour bien le maintenir au niveau des pinces et des lignes de couture.

4 Fixez des agrafes à chaque extrémité de la ceinture.

12

fermetures

- Fermetures à glissière
- Boutons et boutonnières
- Brides à bouton
- Boutons-pression
- Agrafes
- Bande autoagrippante (Velcro)

VISIBLES OU CACHÉES, LES FERMETURES ONT TOUJOURS UNE FONCTION PRATIQUE ; CERTAINES, TOUTEFOIS, COMME LES BRIDES DÉCORATIVES, PARTICIPENT À L'ORNEMENTATION D'UN MODÈLE.

Fermetures à glissière

Rapide, pratique, efficace et (généralement) fiable, la fermeture à glissière est la reine des fermetures. Elle se divise en trois catégories : à bout fermé, séparable ou invisible.

Les fermetures à glissière consistent en un ruban de tissu sur lequel sont posées des mailles de différentes matières et de différentes tailles. Parmi celles-ci figurent :

- les mailles ou spirales continues en nylon ou polyester, légères, souples et parfaitement adaptées aux courbes
- les dents métalliques, plus durables et généralement utilisées sur les jeans ou pantalons d'hommes
- les dents individuelles en plastique moulé, solides et durables ; les plus grandes tailles s'utilisent sur les vestes ou les vêtements lourds et épais d'extérieur.

Comme pour tout article destiné à passer à la machine, prélavez vos fermetures à glissière pour les rendre irrétrécissables, puis repassez-les au fer modéré.

Si vous ne trouvez pas de fermeture à glissière de la bonne longueur, misez sur la sécurité. En langage de fermeture Éclair, cela veut dire : mieux vaut trop long que trop court. Rien n'est plus rageant en effet que de poser une fermeture à glissière sur une jupe et de découvrir qu'elle ne s'ouvre pas assez sur vos hanches. Mais si la fermeture reste, disons, 3 cm plus longue que l'ouverture, la partie libre à l'intérieur du vêtement risque de vous gêner ; à vous de trouver le juste équilibre. Sachez toutefois qu'une fermeture à glissière peut être raccourcie.

Fermetures à glissière, de gauche à droite : fermeture nylon à bout fermé, fermeture métallique à bout fermé, fermeture invisible à bout fermé, fermeture séparable à dents en plastique.

Raccourcir une fermeture à glissière à bout fermé

Choisissez un nombre entre 15 et 40 : c'est le nombre magique de millimètres qu'il faut compter au-delà de l'ouverture de la couture pour placer l'arrêt de la fermeture. Les fermetures à bout fermé en nylon ou plastique peuvent être raccourcies de n'importe quel côté.

Raccourcir depuis le haut

Les fermetures à glissière raccourcies depuis le bord supérieur doivent être prises dans une couture (ceinture ou parementure).

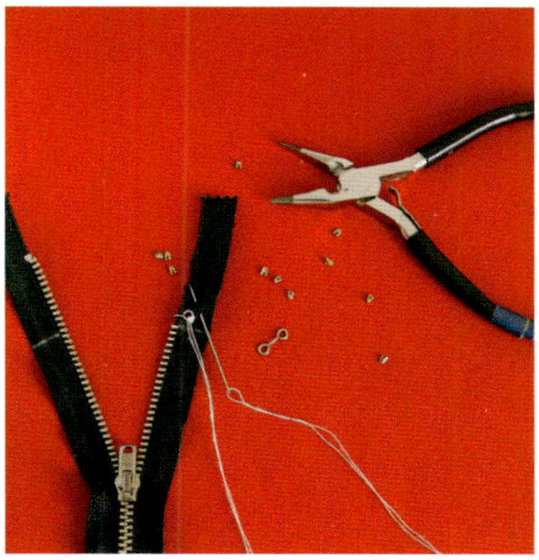

Raccourcissement d'une fermeture métallique depuis le haut.

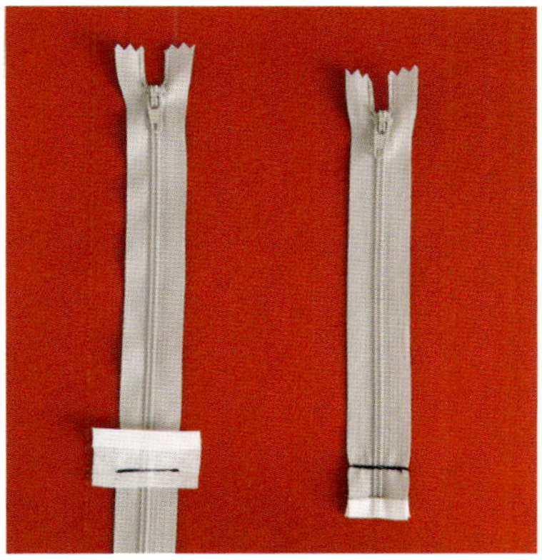

Raccourcissement d'une fermeture en nylon depuis le bas.

1 Fermez la fermeture et marquez la longueur voulue à la craie sur le ruban. Très important : ouvrez la fermeture de sorte que le curseur se trouve au-dessous de l'endroit que vous envisagez de couper.

2 Si vous raccourcissez une fermeture ordinaire à dents de plastique ou une fermeture invisible, effectuez une bride d'arrêt à la machine (au point droit ou zigzag) de part et d'autre des dents, en passant et repassant sur les dents d'un côté du ruban à l'autre, au niveau marqué. Ajoutez un surplus de couture d'environ 15 mm au-dessus de la bride d'arrêt, puis coupez l'excédent de fermeture.

3 Si vous raccourcissez une fermeture métallique, servez-vous d'une pince pour retirer les dents superflues au-dessus du trait à la craie. Effectuez une bride d'arrêt, soit en pliant une petite barre métallique à l'aide de la pince (comme la partie « barre » d'une agrafe) et en la posant sur le bord du ruban juste au-dessus des dents restantes, soit en utilisant un fil très résistant pour coudre plusieurs points sur le bord du ruban, juste au-dessus des dents. Ajoutez un surplus de couture d'environ 15 mm au-dessus de cette bride d'arrêt, puis coupez l'excédent de fermeture.

Raccourcir depuis le bas

Les fermetures à glissière raccourcie depuis le bas peuvent pendre librement sous l'ouverture de la couture. Bien que l'extrémité inférieure de la fermeture soit cachée par le vêtement, le fait de ganser la partie coupée consolide la fermeture et empêche le ruban de s'effilocher. Cette méthode ne convient pas aux fermetures dotées de dents métalliques.

1 Fermez la fermeture, faites coïncider le bord supérieur du ruban de la fermeture avec le haut de la couture, à l'endroit où il sera cousu. L'espace sans dents sera pris dans le surplus de couture. Marquez la longueur requise à la craie sur le ruban, en ajoutant 15 mm de surplus au-dessous.

2 Effectuez une bride d'arrêt à la machine (au point droit ou zigzag), en passant et repassant sur les dents et le ruban. Posez un biais ou un ruban sur le bord coupé juste au-dessous de la bride d'arrêt précédemment effectuée. Ouvrez le bord du biais, faites coïncider le bord ouvert avec la marque de surplus tracée à la craie (sous l'arrêt) et piquez le biais sur la fermeture. Coupez la fermeture au ras du bord du biais, rabattez le biais par-dessus le bord coupé et terminez de coudre le biais.

Pose d'une fermeture à glissière sous patte.

Raccourcir une fermeture à glissière séparable

Les fermetures séparables, comme celles des vestes ou des gilets, se ferment lorsqu'une extrémité d'un côté est insérée dans un petit boîtier d'arrêt situé en bas de l'autre côté. Ces fermetures se raccourcissent donc par le haut.

1 Fermez la fermeture, faites coïncider le boîtier d'arrêt avec le bas de l'ourlet fini.

2 À l'extrémité supérieure du ruban, marquez la longueur voulue en comptant le surplus de couture.

3 Très important : ouvrez la fermeture bien en deçà du trait marqué et raccourcissez-la en suivant les instructions de la page précédente (selon qu'il s'agit d'une fermeture en métal ou en plastique). Coupez l'excédent de ruban et de dents au-dessus de la marque du surplus.

Poser une fermeture ordinaire

Comptez 2 à 2,5 cm de surplus de couture pour le vêtement sur lequel sera posée la fermeture, et surjetez ou surfilez les coutures avant d'insérer la fermeture, sauf si le vêtement doit être doublé (auquel cas les bords de coupe de la couture et de la fermeture à glissière seront cachés par la doublure). Les fermetures ordinaires peuvent être insérées dans une couture de deux manières, tandis que les fermetures invisibles se posent différemment.

Poser une fermeture sous patte

Dans le cas des fermetures avec patte, un côté de la fermeture est piqué au ras du bord (voir page 111) sur l'endroit. On peut aussi le coudre sur l'envers de sorte que la piqûre ne se voie pas. L'autre côté de la fermeture est consolidé par une ligne de piqûre en retrait du pli, ou à la main au point renforcé pour une finition plus délicate (voir page 101).

Les fermetures avec patte s'utilisent souvent sur les robes, les jupes et les pantalons de femme. Cette méthode convient aux fermetures en nylon ou plastique. Les fermetures à dents métalliques sont réservées aux braguettes et nécessitent une technique particulière.

1 Sélectionnez une longueur de point ordinaire et effectuez la couture jusqu'au point d'ouverture, en la consolidant par quelques points arrière à chaque bout. Bâtissez à la machine la partie réservée à la fermeture, sans consolider par des points arrière. Ouvrez la couture au fer, puis retirez le bâti.

2 À gauche de l'ouverture, tracez une ligne droite à 12 mm environ du pli repassé sur l'endroit du tissu. À partir de l'extrémité inférieure de l'ouverture, tracez un trait droit ou diagonal jusqu'à la ligne tracée. Installez un pied pour fermeture à glissière, avec l'aiguille à gauche (certaines machines possèdent un pied droit ou gauche, tandis que d'autres requièrent de changer la position de l'aiguille d'un côté ou de l'autre). Ouvrez la fermeture. Placez l'arrêt supérieur de la fermeture 2 mm sous la ligne de construction horizontale. Placez le côté droit des dents de la fermeture tout contre la pliure du côté droit de l'ouverture. Épinglez ou bâtissez la fermeture en place.

3 Sur l'endroit, piquez le bord de l'ouverture en descendant à partir du bord supérieur. Environ 2-3 cm avant de piquer la pointe inférieure de l'ouverture, tournez le volant de la machine afin de laisser l'aiguille enfoncée dans le tissu. Levez le pied et refermez la fermeture. Continuez à piquer jusqu'au bout de l'ouverture, faites quelques points arrière, coupez les fils et retirez l'ouvrage de la machine.

4 Placez le pli de gauche juste au-dessus de la ligne d'épinglage et épinglez ou bâtissez le côté gauche de la fermeture sous le pli. Le bord supérieur du tissu doit reposer bien à plat au-dessus de l'épaisseur formée par le curseur. Épinglez ou bâtissez le bord plié juste au-dessus de la ligne de couture de droite.

5 Tenez fermement la couture au-dessous de l'ouverture afin qu'elle ne fausse pas l'alignement du côté gauche. Passez l'aiguille à droite du pied (ou changez de pied si nécessaire) et ouvrez la fermeture. Piquez le long de la ligne tracée ou bâtie à gauche de la fermeture ; à 2 ou 3 cm du haut, tournez le volant afin que l'aiguille reste enfoncée dans le tissu. Levez le pied et refermez la fermeture.

6 Continuez à piquer en ligne droite. Lorsque vous atteignez le bout de la ligne verticale, faites pivoter le tissu (en laissant l'aiguille enfoncée et en relevant le pied), puis continuez à piquer par-dessus les dents de la fermeture jusqu'au bout du bord piqué situé sur le côté droit de la fermeture.

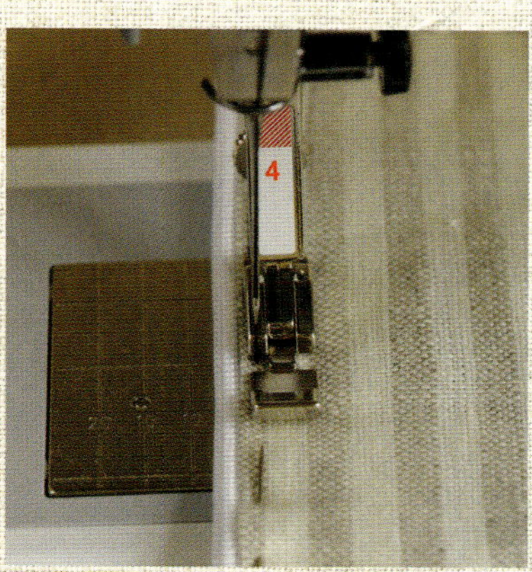

Piquez le bord de l'ouverture à partir du bord supérieur.

Avant d'atteindre l'extrémité inférieure de l'ouverture, laissez l'aiguille enfoncée, relevez le pied et fermez la fermeture.

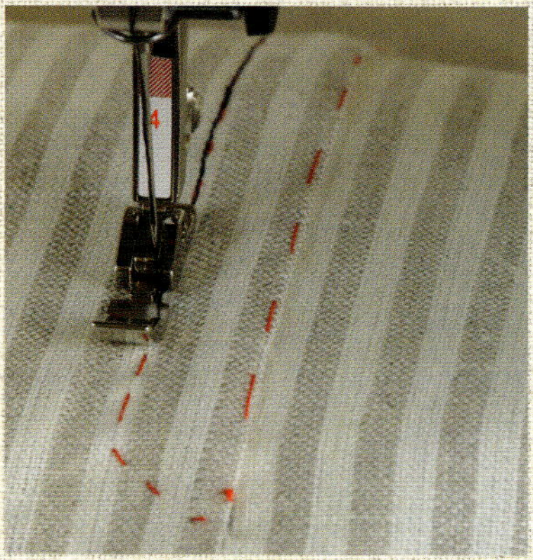

Bâtissez le côté gauche de la fermeture, puis piquez-le à la machine.

Centrez les dents de la fermeture juste sous la couture bâtie, et épinglez en place.

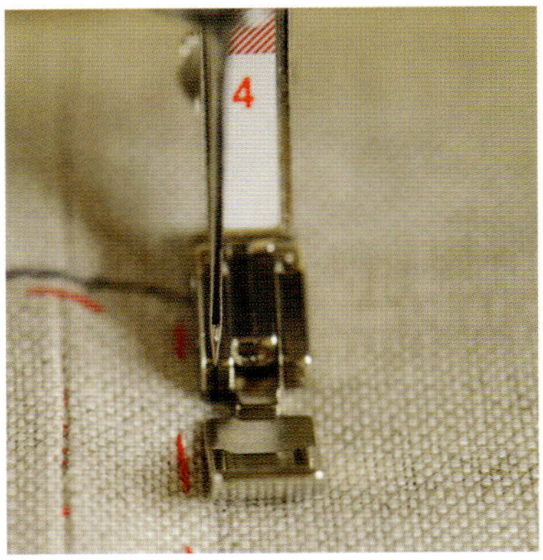

Servez-vous des lignes tracées comme repères pour piquer la fermeture.

Retirez le bâti main et machine à l'aide d'un découd-vite.

Fermeture à glissière bord à bord

Dans la fermeture bord à bord, les lignes de couture maintenant la fermeture en place sont également espacées et les bords de l'ouverture se rejoignent au centre de la glissière. Ce type de fermeture s'utilise sur les ouvertures centrées (dos d'une robe ou d'une housse de coussin).

1 Avec un point ordinaire, piquez jusqu'à la pointe de l'ouverture, en consolidant les extrémités par des points arrière. Sélectionnez un point plus long et bâtissez à la machine la partie correspondant à la fermeture, sans points arrière. Repassez la couture.

2 Sur *l'endroit* du tissu, tracez un trait à 1 cm de part et d'autre de la ligne de couture, parallèlement à la ligne de bâti. En travaillant sur *l'envers*, centrez les dents de la fermeture juste en dessous de la ligne de bâti. Épinglez la fermeture en place et bâtissez sur l'endroit du vêtement, en vous assurant que le bord supérieur du tissu repose bien à plat sur l'épaisseur formée par le curseur fermé. Servez-vous des lignes tracées comme repères pour piquer la fermeture sur l'endroit (extérieur) avec le côté gauche du pied pour fermeture à glissière.

3 Piquez à partir du haut d'un côté de la fermeture. Faites pivoter le tissu (aiguille enfoncée et pied relevé) au bout de la ligne tracée et piquez vers le centre (ligne de couture), en comptant les points effectués. Faites le même nombre de points à partir du centre avant de pivoter de nouveau le tissu et de piquer l'autre côté de la fermeture, jusqu'en haut.

4 Avec un découd-vite, défaites précautionneusement le bâti manuel et le bâti machine maintenant les bords par-dessus la fermeture.

Fermetures à glissière invisibles

Les fermetures invisibles sont le *nec plus ultra* des fermetures cachées. Souples et légères, elles épousent les courbes, mais doivent être soutenues par une agrafe posée sur du ruban-renfort aux endroits les plus sollicités des vêtements ajustés. Si votre surplus de couture est trop étroit pour une fermeture à glissière standard, optez pour la fermeture invisible. En faisant coïncider le ruban de la fermeture avec le bord du tissu, on peut coudre une fermeture invisible avec un surplus de 10 mm. Bâtissez l'emplacement des lignes de construction si votre surplus est plus généreux.

Les fermetures invisibles ont tendance à s'enrouler exactement là où vous voulez les coudre. Leur pose requiert donc une certaine dose de patience. Vous pouvez utiliser un pied pour fermeture ordinaire, mais le résultat ne sera pas aussi satisfaisant qu'avec un pied spécial pour fermeture invisible, et la manipulation de la fermeture ne sera pas aussi aisée. Pour une finition professionnelle, utilisez le pied adéquat. La méthode consistant à poser les fermetures invisibles est contraire à celles des fermetures ordinaires car la couture se fait sous la fermeture une fois que celle-ci a été insérée.

1 S'il s'agit d'un tissu fin, stabilisez le surplus de couture à l'aide d'entoilage thermocollant léger, coupé un peu plus long que la fermeture et appliqué sur le surplus. Finissez les bords de coupe des coutures au point de surjet ou de surfil avant de poser la fermeture, sauf si l'article doit être doublé (auquel cas les bords de la couture seront laissés tels quels car ils seront cachés par la doublure). Ouvrez la fermeture. Placez-la sur la planche à repasser, côté envers vers vous, et passez la pointe d'un fer modéré contre les mailles afin de les écarter du ruban.

2 Posez la fermeture à plat contre la ligne de couture sur l'envers du tissu. Tracez une marque à 2 cm au-dessus de l'arrêt supérieur de chaque côté du ruban et bâtissez à la main cette marque de chaque côté du surplus. (Cela formera le point final de la ligne de piqûre maintenant la fermeture et le point de départ de la couture au-dessous.)

3 Endroit contre endroit, posez la fermeture contre la ligne de couture. Assurez-vous que la marque tracée sur la fermeture continue de coïncider avec le bâti effectué sur le tissu pendant que vous épinglez et bâtissez le côté droit de la fermeture sur le vêtement. Cousez à petits points pour empêcher la fermeture de se déformer.

4 Installez le pied pour fermeture invisible (voir page 46). Ouvrez la fermeture. Baissez le pied de sorte que la rainure du pied se trouve sur le côté droit des mailles de la fermeture, et écarte les mailles du ruban (plus vous piquerez près des mailles, moins la pose sera visible et plus il sera facile de refermer la couture sous la fermeture lors de la dernière étape). Piquez à partir du bord supérieur jusqu'au bâti horizontal.

5 Répétez ces étapes sur l'autre côté, en utilisant la rainure gauche et en piquant de nouveau jusqu'au bâti. Faites quelques points arrière à la fin de la couture, ou tirez les fils sur l'arrière et nouez-les. Fermez la fermeture.

6 Pour effectuer la couture sous la fermeture à glissière, réinstallez le pied pour fermeture standard, avec le trou à droite. Remettez le tissu sous le pied et maintenez le ruban de la fermeture hors de la ligne de piqûre. Tournez le volant de sorte que l'aiguille s'enfonce au point exact où la couture de droite s'est terminée. Sans faire de points arrière au début, piquez la longueur de la couture. Consolidez les extrémités en tirant le fil de canette et en faisant un double nœud.

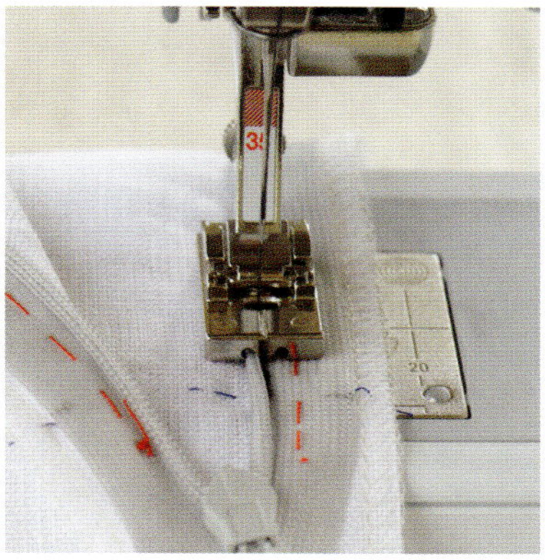

Piquez depuis le bord supérieur jusqu'au bâti horizontal au-dessous duquel la couture sera fermée.

Effectuez la couture sous celle de la fermeture à l'aide d'un pied pour fermeture à glissière standard, avec le trou à droite.

Boutons et boutonnières

Les boutons et boutonnières font partie de ces finitions qui assurent le succès ou l'échec d'un vêtement fait main.

Si vous utilisez un patron de couture, respectez les recommandations relatives à la taille des boutons. Toute divergence pourrait affecter la proportion et l'emplacement des boutons sur la patte de boutonnage, cette bande de tissu parementé qui prolonge, par exemple, le milieu du devant ou du dos du vêtement.

Les pattes de boutonnage doivent être aussi larges que le bouton lui-même au-delà de la ligne de construction, plus un surplus pour assembler la parementure, ou bien la patte peut être repliée sur elle-même en pointe pour une parementure coupée à même. Boutons et boutonnières doivent être soutenus par de l'entoilage.

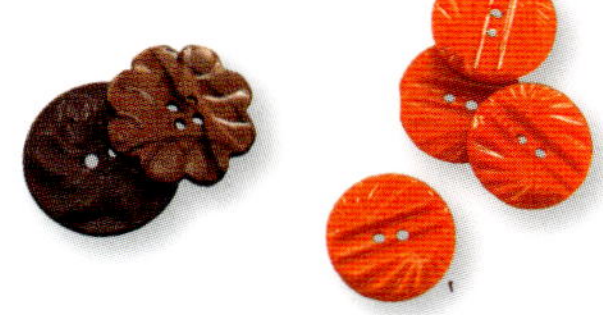

Longueur des boutonnières

Pour déterminer la taille des boutonnières, mesurez le diamètre des boutons plats et ajoutez 3 mm. Pour les boutons sphériques ou hémisphériques, entourez le bouton d'une fine bande de papier, marquez au crayon l'endroit où les extrémités du papier se rejoignent, mesurez la longueur ainsi marquée et ajoutez 3 mm.

Placement des boutonnières

Lorsqu'une ouverture ne présente pas de patte de boutonnage verticale, les boutonnières doivent être horizontales. Cela permet aux boutons d'aller et venir dans la boutonnière chaque fois que le vêtement est sollicité.

Les boutonnières commencent 3 mm après le centre ou la ligne de construction et se prolongent de la largeur du bouton.

Les vêtements d'homme et de femme présentent de légères différences en termes de boutonnage. Sur un vêtement féminin, les boutonnières se ferment droite sur gauche, et vice versa sur un vêtement masculin.

Sur les doubles boutonnages, marquez chaque rang de boutonnières à égale distance de la ligne centrale, et prolongez les boutonnières dans le même sens.

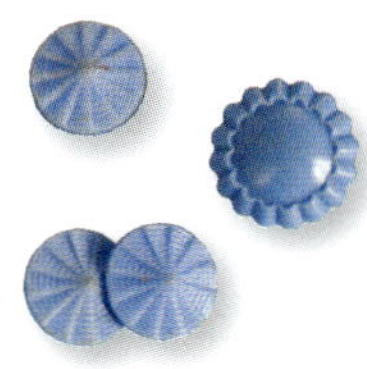

Positionnement des boutonnières

Sur les vêtements, positionnez la première boutonnière à une distance égale au diamètre du bouton par rapport au bord de l'encolure. Placez un autre bouton au niveau de la poitrine, puis mesurez l'espace intermédiaire et divisez par deux. Placez un bouton à cet endroit et espacez tous les autres boutons au-dessous de la poitrine suivant le même intervalle. Si les boutons descendent jusqu'à l'ourlet, laissez une plus grande distance entre le dernier bouton et l'ourlet.

Par quoi commencer : bouton ou boutonnière ?

1. Choisissez les boutons
2. Faites les boutonnières
3. Posez les boutons

Mesurez le diamètre du bouton à l'aide d'un couturomètre.

Les boutonnières font le diamètre du bouton plus 3 mm et se placent au-delà de la ligne centrale.

Placez la première boutonnière à une largeur de bouton sous l'encolure.

À l'aide d'une règle de couturière, espacez régulièrement les boutons.

Pour placer une boutonnière sur une ceinture, mesurez la largeur de la ceinture, divisez-la par deux et placez la boutonnière au centre de la bande. Mesurez et marquez le diamètre du bouton moins 3 mm à partir de l'extrémité de la bande. Commencez la boutonnière à ce point.

Marquage des boutonnières

Choisissez un marqueur adapté à votre tissu, et marquez d'un point chaque extrémité de boutonnière, ou bien bâtissez une petite croix.

Marquage des boutonnières à la machine

Les boutonnières standard se composent de deux étroites piqûres au point de bourdon, légèrement espacées, finies à chaque extrémité par une bride d'arrêt plus large, renforcée par quelques points droits longueur zéro.

1 Mesurez la longueur du bouton en l'insérant dans le pied pour boutonnière automatique. Sélectionnez un point de boutonnière. Resserrez la tension de la canette afin de tirer le fil supérieur sur l'autre côté.

2 Certaines machines enregistrent la longueur prédéfinie du bouton et effectuent automatiquement chacune des étapes de la boutonnière par la simple

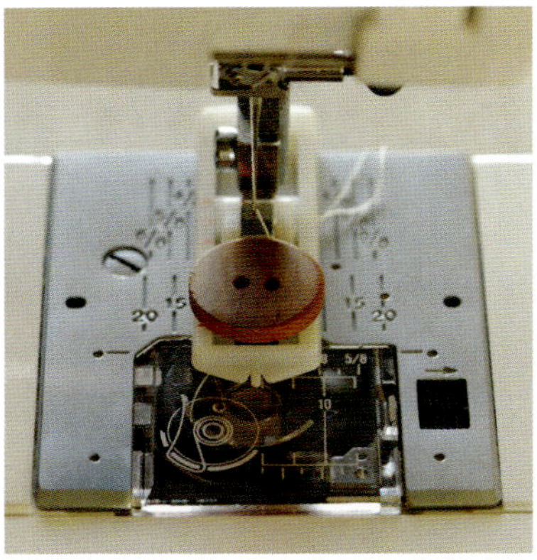

Avec un pied pour boutonnière, mesurez la longueur du bouton.

Les différentes étapes de la boutonnière automatique.

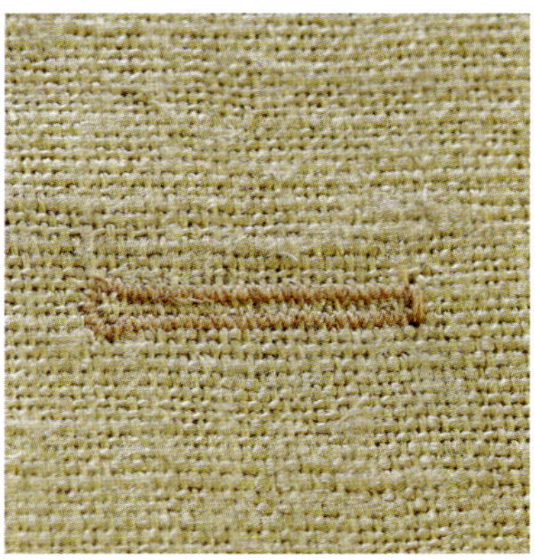

Les boutonnières tailleur, arrondies à un bout, se prêtent aux tissus épais.

pression d'un bouton. D'autres nécessitent de tourner des molettes pour chaque étape spécifique.

3 Une fois la machine réglée, effectuez au moins un essai de boutonnière sur une chute de tissu (avec les mêmes tissu, entoilage et parementure ou doublure que l'ouvrage). Fendez la boutonnière et glissez le bouton par la fente pour en vérifier la longueur avant de confectionner toutes les boutonnières.

Il est possible de confectionner des boutonnières à la machine sans pied pour boutonnière. (Défaire une boutonnière n'étant pas une partie de plaisir, évaluez bien votre degré de patience si vous ne voulez pas que vous enthousiasme se mue en désespoir.) Si vous n'avez pas de pied pour boutonnière, comme c'est le cas pour les machines les moins récentes, voici comment procéder :

1 Marquez chaque point de départ et d'arrêt de la boutonnière. Si vous confectionnez vos boutonnières sans pied spécial, utilisez un pied à broderie afin de bien visualiser chaque étape de l'opération.

2 Utilisez le sélecteur de points pour ajuster le point à chaque étape de la boutonnière, en vérifiant que l'aiguille est en position haute à chaque changement (sinon, le changement de largeur forcera l'aiguille à former une largeur de zigzag différente et cassera l'aiguille).

Les boutonnières tailleur (ou à œillet), légèrement arrondies à une extrémité, ajoutent une finition professionnelle, en particulier sur les vêtements de soirée ou tailleurs, ainsi que sur les étoffes épaisses comme les lainages de manteaux. Si c'est ce que vous recherchez, et que votre machine ne possède pas cette fonction, confiez votre ouvrage (ainsi que la taille des boutons) à un spécialiste en boutonnières. Cela vous coûtera un peu plus que de les faire vous-même, mais le résultat sera parfait.

Boutonnières cousues à la main

Marquez l'emplacement et la longueur des boutonnières sur le tissu, en vous assurant qu'elles sont bien droites et dans le droit-fil du tissu. Avec un petit point devant (voir page 99), effectuez une piqûre de soutien sur la longueur de la boutonnière et fermez chaque extrémité par un point de feston très serré (voir pages 102 et 132 pour plus d'informations sur le point de feston). Vous pouvez soit fendre la boutonnière une fois la couture terminée, soit commencer par faire la fente pour effectuer le point sur les bords de coupe.

Fendre les boutonnières

Attention ! Trop d'impatience peut vite gâcher un projet. Procédez très précautionneusement.

Les cutters à boutonnière s'utilisent conjointement avec une planche de coupe. On pose la boutonnière sur la planche en bois et on frappe le cutter avec un marteau afin qu'il fende l'espace central de manière rapide et très précise, sans entailler la couture. À défaut de cutter à boutonnière, utilisez un découd-vite.

1 Piquez une épingle verticalement au bout de la boutonnière, juste à l'intérieur de la bride d'arrêt, en guise de frein.

2 Percez l'autre côté de la boutonnière avec la pointe du découd-vite et orientez-le vers le haut à mesure que vous coupez jusqu'au centre de la boutonnière.

3 Déplacez l'épingle à l'autre bout de la boutonnière, et fendez le tissu dans l'autre sens, du bord vers le centre.

Un cutter à boutonnière consiste en un ciseau et une planche de coupe.

Sur les boutonnières faites main, marquez l'emplacement et la longueur de la boutonnière sur le tissu.

Boutonnière achevée après avoir été fendue au cutter.

À la main, effectuez un point de feston serré, comme sur l'illustration.

Pour fendre une boutonnière avec un découd-vite, placez une épingle au bout de la fente en guise de frein.

Effectuez des points de bourdon plus longs à chaque extrémité de la boutonnière.

Boutons

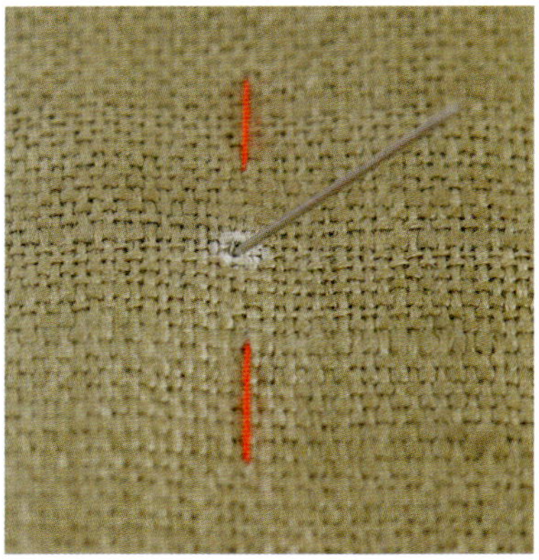

Marquez la position du bouton à l'aide d'un point de craie sur la ligne de construction.

Il existe deux types de boutons : les boutons plats – avec deux ou quatre trous – et les boutons à tige, qui peuvent être plats, ronds ou hémisphériques, et se fixent au tissu par une boucle de métal ou de plastique situé sur le dessous.

Marquer l'emplacement du bouton

Une fois que vous avez confectionné et fendu la boutonnière :

1 Placez le rabat (côté boutonnière) du vêtement sur la sous-patte (côté bouton), en faisant coïncider les lignes de construction (par exemple, milieu devant ou milieu dos). Épinglez les lignes de construction (entre les emplacements des boutonnières).

2 Piquez une épingle juste à l'extrémité de la boutonnière, exactement sur la ligne de construction, puis séparez délicatement le rabat de la sous-patte. Vérifiez que l'épingle est bien piquée sur la ligne de construction du milieu devant ou du milieu dos, par exemple, et marquez chaque position d'un point à la craie.

3 Pour les boutonnières verticales (par exemple sur une patte de boutonnage), placez les boutons au centre de la longueur de la boutonnière et sur la ligne de construction.

Poser un bouton à la machine

Seuls les boutons plats peuvent être cousus à la machine. Pour ce faire, installez un pied spécial pour poser les boutons, qui maintiendra le bouton en place pendant la couture, et sélectionnez un point zigzag serré. Centrez le bouton sous le pied et tournez le volant à la main pour vérifier que le point est suffisamment large pour piquer dans les deux trous du bouton. Lorsque vous avez effectué suffisamment de points pour fixer solidement le bouton, réglez la machine sur un point droit longueur zéro et effectuez deux points dans un trou pour consolider la couture. Répétez l'opération sur les deux autres trous d'un bouton à quatre trous.

À défaut de cutter à boutonnière, incisez la longueur de la boutonnière à l'aide d'un découd-vite.

Poser un bouton plat à la main

Les boutons plats à deux ou quatre trous sont rapides à coudre, mais ils doivent reposer sur une tige de fil, de telle manière que le bouton passe facilement dans la boutonnière et reste bien à plat sur le vêtement sans tirailler la surface. Les boutons à quatre trous peuvent être cousus à points verticaux ou horizontaux, ou encore en X.

Enfilez l'aiguille en prenant le fil (solide) directement sur la bobine (pour éviter qu'il ne s'effiloche). Doublez la longueur de fil. Si vous n'avez pas de fil spécial boutons, coupez deux longueurs de fil à coudre ordinaire et enfilez-les simultanément dans l'aiguille, puis repassez-les ou cirez-les (à la cire d'abeille). Les deux fils doivent être orientés dans la même direction que lorsqu'ils se déroulent de la bobine, sinon ils risquent de s'emmêler ou de former des nœuds. Ne faites pas de nœud avant de commencer à coudre.

1 Sur l'endroit du vêtement, effectuez deux ou trois petits points sur l'emplacement marqué, puis coupez les fils qui dépassent. Centrez le bouton sur la marque et faites sortir l'aiguille par l'un des trous.

2 Placez un bâtonnet (aiguille à repriser, allumette ou cure-dent) sur le dessus du bouton, entre les deux trous. Cousez par-dessus le bâtonnet lorsque vous piquez l'aiguille dans l'autre trou pour la faire sortir sur l'envers du vêtement. Tirez bien le fil. Effectuez quatre ou cinq points de la sorte dans les deux trous.

3 Au dernier point, retirez le bâtonnet et piquez l'aiguille dans un trou pour la faire ressortir dans l'espace situé entre l'endroit du vêtement et le dessous du bouton. Écartez le bouton de la surface et confectionnez une tige en enroulant le fil deux ou trois fois autour des points.

4 Consolidez la couture par deux points arrière à la base de la tige et coupez les fils.

Cousez par-dessus une aiguille à repriser ou un cure-dent placé entre les trous.

Confectionnez une tige sous le bouton afin qu'il repose à plat dans la boutonnière.

Poser un bouton à tige à la main

Les tiges de bouton sont de petites extensions, en fil métallique, en plastique ou – dans le cas de certains boutons recouverts – de tissu, situées derrière le bouton et l'empêchant de reposer contre la surface du vêtement. Cousez le bouton en piquant (pas trop serré) à travers la tige, qui doit être parallèle à la boutonnière, et finissez selon la méthode décrite dans les étapes 3 et 4 de la pose des boutons plats. Les boutons à tige n'ont besoin que d'un seul tour de fil à la fin.

La partie du vêtement située sous le bouton à tige peut être renforcée par la pose simultanée d'un petit bouton plat ou d'un petit rond d'entoilage appliqué sur l'envers, ce qui consolidera la zone et la protégera de l'usure.

Terminez la tige par un point dans le fil enroulé.

Utiliser des boutons décoratifs

Les boutons très travaillés, comme ceux faits dans du verre taillé, pourraient endommager la boutonnière et la surface du vêtement. Utilisez-les uniquement à des fins décoratives, en les posant à l'extrémité de la boutonnière, côté rabat, et en utilisant une pression de taille adéquate pour fermer le vêtement.

Lancez un point suffisamment long pour laisser passer le bouton.

Effectuez des points de feston par-dessus les quatre fils de la boucle.

Terminez par deux petits points arrière sur l'envers du tissu.

Brides à bouton

Les brides brodées et les brides-boutonnières remplacent avantageusement les boutonnières, en particulier sur les tenues habillées et les tissus délicats. Les brides se fixent directement sur la surface du vêtement, sur la ligne de construction du milieu dos, par exemple, le bouton se trouvant sur la sous-patte.

Brides brodées

Pour confectionner une bride brodée, recouvrez une boucle de fil d'un point de feston.

1 Préparez une aiguillée double (ou utilisez un fil épais) et nouez l'extrémité. Piquez l'aiguille depuis l'intérieur du vêtement, lancez un point (suffisamment large pour laisser passer le bouton) et faites ressortir l'aiguille par le premier point de sortie, sans trop tirer le fil.

2 Faites un point juste au-dessus du premier, de telle sorte que la boucle se compose de quatre fils. En travaillant à partir du premier point de sortie, passez l'aiguille par-dessus la boucle à quatre fils, puis dans la boucle formée par le fil pour produire un point de feston. Tirez pour que le point se trouve juste sur le point de sortie.

3 Continuez à passer l'aiguille par-dessus les quatre fils puis dans la boucle formée par le fil, jusqu'à ce que la boucle soit entièrement recouverte de points de feston bien serrés. Terminez en repiquant l'aiguille sur l'envers et en effectuant deux petits points arrière.

Brides-boutonnières

Ce type de brides se compose d'un fin tube de tissu coupé dans le biais. On peut les utiliser en guise de liens, de garnitures, de fines bretelles ou de boutonnières décoratives.

Pour une simple bride, déterminez sa longueur en fonction du bouton et ajoutez un surplus à chaque extrémité. Alignez les deux extrémités de la bride avec le bord du tissu, pour former une boucle en forme de U ouverte vers l'extérieur du vêtement. Effectuez un échantillon avant de l'appliquer au bord du vêtement non fini. Épinglez la bride sur la ligne de couture. Les extrémités seront prises dans la parementure ou dans la finition de la couture.

Pour poser une série de brides sur un vêtement, déterminez la taille des brides en fonction des boutons, puis confectionnez un gabarit en papier pour bien les espacer.

1 Sur une feuille de papier, tracez une ligne de la longueur de l'ouverture du vêtement. Déterminez la largeur requise pour la bride et tracez une deuxième ligne parallèle à la première. Marquez l'emplacement des brides à intervalles réguliers.

2 Coupez la bride en segments de même longueur (en comptant le surplus à chaque extrémité), ou formez des brides en ondulant simplement la bride entre les deux lignes (ce qui est plus rapide, mais nécessite une plus grande longueur de bride). Épinglez-les et renforcez-les avec une piqûre de soutien (point court) le long de la première ligne sur le papier. Épinglez le gabarit ainsi piqué juste sur la ligne de couture du vêtement fini (papier par-dessus et boucles orientées vers le vêtement et non vers le bord), et piquez le long de la ligne de couture avant de déchirer le papier.

3 Déterminez l'emplacement exact des boutons en plaçant la ligne finie du milieu dos par-dessus la ligne de construction de la sous-patte et en épinglant à l'intérieur de chaque bride.

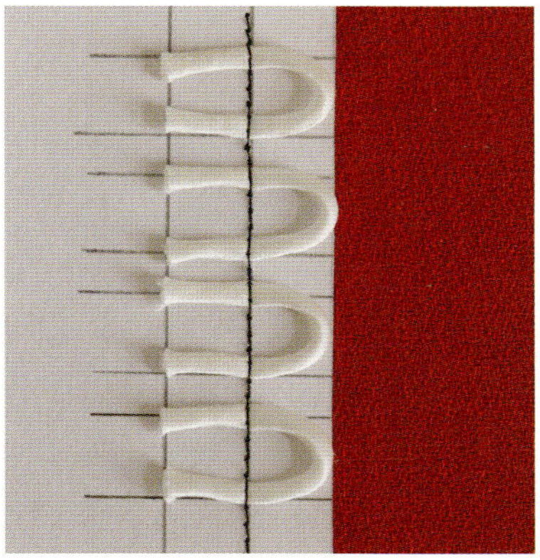
Confectionnez un gabarit en papier pour uniformiser la taille et l'espacement des brides.

Déchirez le papier une fois les brides cousues en place.

Posez un bouton à l'intérieur de chaque bride.

Confectionner le tube de tissu

Le tube de tissu pourra être rembourré par ses propres surplus ou cousu autour d'un cordonnet. Il devra être coupé dans le biais de façon à être suffisamment extensible pour être retourné sur l'endroit, et pour être façonné en forme de U bien net.

Un tourne-ganse est un instrument très pratique pour retourner les tubes de tissu sur l'endroit, lorsque l'on confectionne de fines bretelles, des liens ou des brides-boutonnières. Il consiste en une tige métallique dotée d'un loquet à une extrémité et d'un anneau à l'autre. Une fois le tube préparé, il suffit d'insérer le loquet dedans, de l'accrocher à l'extrémité de la couture, puis de tirer doucement sur l'anneau pour retourner le tube de tissu sur l'endroit.

Pour confectionner un tube sans cordon intérieur, coupez des bandes de biais (voir page 174) d'au moins 25 mm de large.

1 Épinglez une extrémité de la bande de biais sur la planche à repasser. Tirez sur la bande de biais pour l'étendre pendant que vous la repassez à la vapeur. (Préparer ainsi le biais permettra de conserver une largeur constante au moment de le coudre en forme de tube.)

2 Pliez le biais *endroit contre endroit*. Sélectionnez une petite longueur de point et commencez à piquer en étirant un peu le biais. Piquez la largeur du pied-de-biche sur une petite partie, puis déviez pour faire

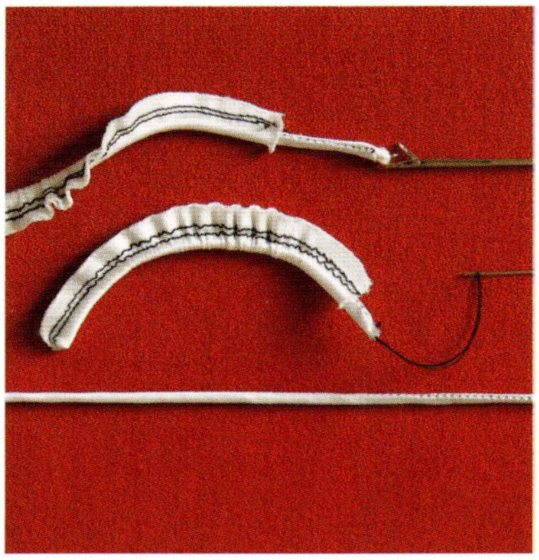

Utilisation d'un tourne-ganse (haut) ou d'une aiguille à repriser (centre) pour retourner le tube ; tube achevé.

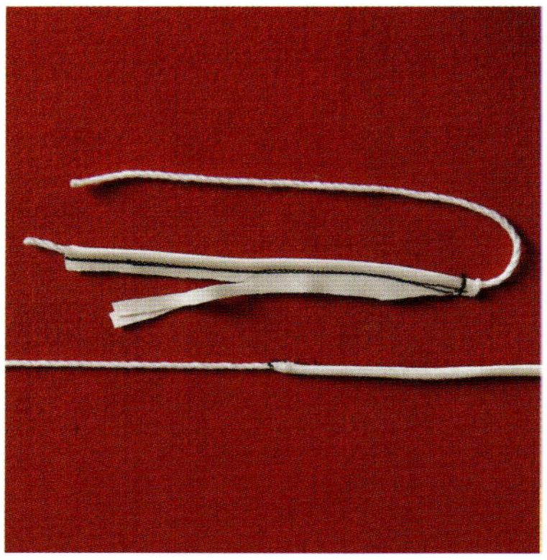

Retournez le tube sur l'endroit en le faisant glisser sur le cordon.

Les brides-boutonnières du commerce forment une solution plus rapide.

la piqûre à 3 mm du bord plié. Une fois la piqûre terminée, recoupez le surplus afin qu'il soit partout de la même largeur.

3 Pour retourner le tube, pratiquez une petite fente dans le pli, près de l'extrémité la plus large du tube, insérez un tourne-ganse depuis l'extrémité la plus étroite (il devrait remplir tout l'espace) et, lorsqu'il réapparaît à l'autre bout, passez le loquet dans la fente. Tirez doucement le tourne-ganse afin de retourner le tube sur l'endroit. À défaut de tourne-ganse, utilisez une grosse aiguille à repriser et un fil solide fixé à une extrémité du tube pour retourner celui-ci.

Bride sur cordonnet

Les brides confectionnées avec un cordonnet présentent un bel aspect rembourré et sont plus faciles à retourner (il suffit de tirer sur le cordon). Pour faire ce genre de bride, coupez un cordon de deux fois la longueur du biais (celle-ci étant égale à la longueur requise pour le tube).

1 Placez l'extrémité du biais au centre du cordon. Repliez le biais endroit contre endroit, par-dessus le cordon. Épinglez le biais sur toute sa longueur, au ras du cordon. Installez un pied pour fermeture à glissière avec un trou à gauche, ou un pied ganseur, et placez le cordon gansé à gauche du pied. Étirez un peu le biais à mesure que vous piquez (avec un point court). Fixez le biais au point central du cordon en piquant sur le cordon.

2 Recoupez le surplus. Utilisez le cordon pour retourner le biais sur l'endroit, en tirant délicatement dessus.

Brides-boutonnières du commerce

Une autre manière de confectionner des brides consiste à utiliser un cordonnet tout simple, ou, plus rapide, à acheter une longueur de brides prêtes à l'emploi. Celles-ci sont fixées à un galon ou un ruban que l'on place à l'intérieur du surplus, comme pour le gabarit de papier de la page 203.

Des tubes destinés aux bretelles fines et autres applications peuvent aussi s'acheter prêts à l'emploi dans un nombre limité de couleurs.

Boutons-pression

Les boutons-pression, ou pressions, sont les membres les plus discrets de la famille des fermetures, mais pas forcément les plus solides ni les plus efficaces. Les pressions individuelles sont en nylon transparent ou en nickel (argenté ou noir) et se déclinent dans toutes les tailles, de 5 mm à 21 mm de diamètre. Les boutons-pression sur bande consistent en deux galons garnis de pressions régulièrement espacées (éléments mâles d'un côté, éléments femelles de l'autre). Ils se prêtent très bien aux bodys et aux vêtements de bébés, mais sont souvent onéreux.

1 Sous le rabat supérieur du vêtement, marquez l'emplacement de la pression par un point ou une croix de craie. Dans le cas de pressions multiples, tracez ou bâtissez une ligne droite au bon endroit (le long d'une ligne de construction, par exemple) et divisez-la en parties égales pour positionner les pressions. Séparez les deux parties de la pression. Commencez par coudre la partie mâle (avec un centre saillant) sur l'envers du rabat supérieur.

2 Enfilez l'aiguille comme pour la pose d'un bouton (pages 200-201). Effectuez deux petits points arrière dans la parementure du rabat supérieur, puis coupez les fils qui dépassent. Faites sortir l'aiguille par un des quatre trous de la pression.

3 Centrez la pression sur l'emplacement marqué. Sortez l'aiguille et faites un point (dans la parementure seulement) juste à côté du trou de la pression. Pour le point suivant, repassez l'aiguille dans le trou et par-dessus la pression, puis passez-la dans la boucle précédemment formée pour faire un point de feston.

4 Fixez les points dans la parementure, et effectuez quatre ou cinq points d'affilée dans chaque trou. Avant de passer au trou suivant, piquez l'aiguille sur l'endroit du rabat et faites un point renforcé (voir page 101) en prenant un seul fil de tissu. Une fois les quatre trous cousus, terminez par deux points arrière sous la pression.

5 Frottez de craie le centre saillant de la pression. Placez le rabat par-dessus la sous-patte, en faisant coïncider les lignes de construction. Le centre de la pression laissera une marque sur la sous-patte, à l'endroit où devra être cousue l'autre partie de la pression. Cousez celle-ci également au point de feston, mais en prenant toutes les épaisseurs.

Agrafes

Les agrafes constituent un autre moyen discret de fermer un vêtement. Elles nécessitent d'être un peu tirées latéralement et s'utilisent sur les vêtements ajustés pour leur donner une finition bien nette. Les agrafes de jupes et de pantalons sont un peu plus grosses que les agrafes ordinaires,

Passez l'aiguille sous le point précédent pour former un point de feston.

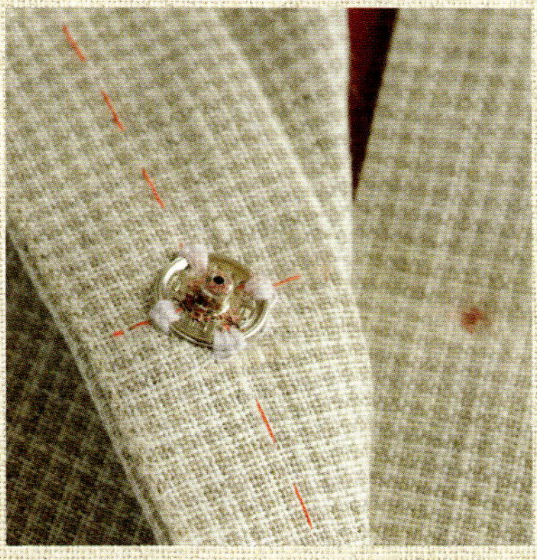

Frottez de craie le centre saillant de la pression pour marquer l'emplacement en miroir sur la sous-patte.

Cousez l'autre partie de la pression sur la sous-patte.

Faites un point sous la partie bombée du crochet afin de l'empêcher de bouger.

Terminez par deux points arrière et coupez les fils qui dépassent.

Cousez chaque extrémité de la barre au point de feston sur la sous-patte.

mais elles remplissent la même fonction. Utilisez des agrafes à porte ronde pour les fermetures bord à bord, et des agrafes plates à porte droite sous les rabats.

1 Sous le rabat supérieur du vêtement (ou sous un côté d'une ouverture bord à bord), tracez une ligne à la craie à 3 mm du bord et parallèle à celui-ci. Préparez une aiguillée double avec un fil solide. Effectuez deux points arrière en peu en retrait du point marqué, en ne prenant que la parementure, et coupez les fils qui dépassent.

2 Placez le crochet sur l'endroit marqué, puis piquez l'aiguille dans la parementure pour la faire ressortir à l'extérieur d'un des trous circulaires (œillets). Cousez chaque œillet au point de feston, en ne prenant que la parementure et en effectuant un seul point renforcé (voir page 101) sur l'endroit.

3 Passez l'aiguille sous le « bec » du crochet et effectuez trois ou quatre points sur la partie plate, en ne prenant que la parementure. Effectuez un point renforcé (en ne prenant qu'un fil) sur l'endroit du vêtement.

4 Passez l'aiguille sous la partie bombée destinée à empêcher le crochet de bouger. Faites un point renforcé en ne prenant qu'un fil sur l'endroit du vêtement, puis terminez par deux points arrière.

Pour les fermetures bord à bord

Placez la porte (l'autre partie de l'agrafe) sur l'autre bord, au même niveau que le crochet, en faisant très légèrement dépasser l'arceau du bord fini. Cousez les deux petits œillets de la porte au point de feston. Piquez l'aiguille entre les épaisseurs de tissu et faites-la ressortir juste au ras interne du bord fini. Faites deux points autour de chaque côté de l'arceau, en ne prenant qu'un fil sur l'endroit du vêtement et en terminant par quelques points arrière.

Pour les bords croisés

Marquez l'emplacement de la porte (ronde ou droite) sur l'extérieur de la sous-patte, au même niveau que le crochet. Cousez chacun des œillets au point de feston et terminez par quelques points arrière.

Œillets

Les œillets à riveter sont de petits cercles de métal que l'on pose sur une surface stabilisée, que l'on renforce et que l'on ferme par laçage, par exemple sur les chaussures, certaines ceintures et les corsets. Les œillets sont très résistants et conviennent tout particulièrement aux fermetures des vêtements de soirée, de mariée ou de corsetterie. Ils peuvent également servir de finition décorative sur les articles moins ajustés, comme le devant d'une chemise de style pirate. Les œillets s'achètent sous forme de kits comprenant un outil de coupe, un outil de fixation, des œillets métalliques et des rondelles pour renforcer l'arrière des œillets, ainsi que le mode d'emploi. Il vous faudra en outre un marteau.

Mesurez et marquez très précisément l'emplacement des œillets sur chaque bord de l'ouverture, à au moins 1 cm du bord fini, et suivez les instructions du kit. Faites un ou deux essais préalables sur une chute de tissu (les mêmes tissu et renfort que votre vêtement). Assurez-vous de travailler sur une surface adéquate (un établi en bois ou un morceau de poutre) qui amortira l'impact du marteau.

Les kits à poser les œillets se composent d'un outil de coupe, d'un outil de fixation, d'œillets et de rondelles.

Bande autoagrippante (Velcro)

De toutes les fermetures, la bande autoagrippante, plus connue sous son nom de marque Velcro, est la plus facile à poser, à ouvrir et à fermer. Suffisamment large, elle offre une parfaite adhérence entre les deux côtés. Elle peut également faire office de lien provisoire ou s'utiliser sur les pièces interchangeables. Le ruban Velcro se reconnaît à son bruit de déchirement caractéristique lorsque les deux parties sont séparées, ce qui convient essentiellement aux articles d'ameublement ou, en petite quantité, à certains détails vestimentaires (poches ou rabats de sac). Ne l'utilisez pas sur des vêtements ajustés ni sur des tissus légers.

L'inconvénient du ruban Velcro est que la partie agrippante a tendance à s'accrocher partout et à endommager les tissus fluides, lisses et lâches. À la longue, les « griffes » attirent les peluches et autres éléments indésirables, tandis que les « boucles » de la partie velours s'usent et n'assurent plus une parfaite adhérence.

Pour appliquer du Velcro à un vêtement, piquez la partie agrippante, griffes vers vous, sur l'endroit de la sous-patte, et la partie velours sous le rabat supérieur, vers le corps.

Avant de laver vos articles garnis de Velcro, assurez-vous que les deux parties sont bien fermées afin que les griffes n'accrochent pas les autres vêtements, en particulier ceux en Lycra.

Optez pour le ruban Velcro à coudre pour vos ouvrages de couture, et la version adhésive pour tout autre projet.

13

passementerie et finitions décoratives

- Toute la passementerie
- Garnitures faites main
- Perles
- Applications
- Smocks

*Le cadre de lit était d'or,
incrusté de diamants étincelants,
et le couvre-lit était cousu de motifs
de perles et de rubis.*

L. Frank Baum, *The Road to Oz.*

Toute la passementerie

N'oubliez pas qu'il suffit d'un tout petit peu de clinquant pour produire beaucoup d'effet, et qu'une décoration excessive peut parfois se solder par un véritable désastre. Point trop n'en faut! Soyez parcimonieuse dans le choix des garnitures et autres pampilles que vous souhaitez appliquer.

Les consignes d'entretien de vos garnitures doivent être compatibles avec celles du tissu. La règle d'or en matière de passementerie est de les décatir. Si les garnitures sont lavables en machine, nouez-les sans serrer, placez-les dans un filet à lingerie ou une taie d'oreiller (en fermant l'ouverture) et passez-les à la machine.

Marquez l'emplacement de la garniture à la surface du tissu, au point de bâti ou au marqueur, puis épinglez ou bâtissez les garnitures plates en place, en laissant un peu d'aisance. Sur les ouvrages confectionnés de toutes pièces, fixez la garniture en ligne continue avant d'effectuer la dernière couture. Les garnitures plates peuvent être cousues à des articles existants en joignant les deux bouts, légèrement rentrés, à un endroit peu visible, ou en faisant se chevaucher les extrémités pour cacher le point de départ. Les tresses épaisses rendent mieux si elles sont appliquées sur une couture déjà faite. En fonction de la nature de la tresse, utilisez un point zigzag écarté, un point serpentin machine ou une couture à la main pour la poser. Rentrez un petit ourlet à chaque extrémité et cousez les extrémités ensemble.

Les galons sont des garnitures dans le droit-fil qui se prêtent bien aux coutures droites et forment de jolis coins en onglet; mais, contrairement au biais, ils ne peuvent pas être repassés à la vapeur pour prendre une forme arrondie. Lorsque vous choisissez des galons et rubans, assurez-vous que les consignes d'entretien du galon (soie ou synthétique, satin, organza ou gros-grain, par exemple) sont les mêmes que celles du tissu auquel vous les destinez. Pour les fronces, choisissez un galon souple et large (satin de soie, mousseline ou organza en polyester); les rubans plus rigides se prêteront davantage aux plis. Les rubans en satin mélangé

Marquez l'emplacement du galon au point de bâti et piquez-le au point serpentin.

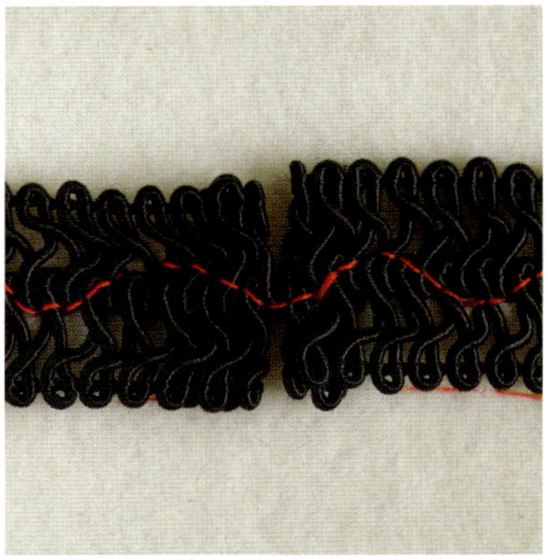

Rentrez chaque extrémité de quelques millimètres et cousez-les bord à bord.

Vous pouvez aussi, si le galon n'est pas trop épais, l'intégrer dans la couture de l'article

Froncez un cercle de tissu pour confectionner un yo-yo.

Les étoffes fluides et transparentes comme l'organza, à reflets changeants, font de jolies fleurs dans le biais.

Les yo-yos peuvent s'associer à d'autres garnitures pour de superbes effets décoratifs.

Enroulez le bord froncé du tissu et piquez dans toutes les épaisseurs pour fermer la fleur.

Rubans froncé sur un bord (gauche), au centre (milieu) et en zigzag (droite).

Utilisez les fleurs individuellement ou rassemblées par un galon vert.

conviennent aussi bien aux fronces qu'aux plis, tandis que le taffetas et le gros-grain, plus raides, sont plus adaptés aux nœuds et plis. Le ruban de velours, à l'aspect luxueux, peut s'appliquer à plat ou sous forme de nœuds. Ceux-ci peuvent être formés de plusieurs pièces afin de reposer bien à plat, comme le nœud Chanel, ou bien s'utiliser d'un seul tenant pour produire de jolies boucles. Évitez les rubans bordés de fil métallique sur un vêtement destiné à être lavé.

Les rangs de sequins apportent une touche glamour instantanée. Il existe des pieds-de-biche spéciaux, comme le pied ganseur, qui permettent d'appliquer ce genre de garnitures aisément, mais un simple pied à broderie peut convenir. Placez les sequins (qui doivent se chevaucher) vers vous et piquez à l'aide d'un point zigzag peu serré.

Garnitures faites main

En feuilletant les pages d'un ouvrage sur l'histoire de la mode ou celles d'un magazine de haute couture, vous noterez peut-être que les plus beaux modèles sont ceux qui utilisent les garnitures de manière originale et inattendue. Les possibilités de confection et d'assortiment des détails décoratifs n'ont pour limites que celles de votre imagination.

Yo-yos

Les yo-yos s'utilisent individuellement ou en groupe, tels quels ou agrémentés d'ornements divers. Assemblés par quelques points sur le haut, le bas et les côtés, les yo-yos s'agencent en rangée ou en quadrillage. Ils constituent une excellente manière d'employer de petites chutes de tissu.

Coupez un cercle de tissu de deux fois le diamètre du yo-yo fini, plus 6 mm de surplus. Rentrez le surplus au fer sur *l'envers* du tissu. Avec un double fil noué, effectuez un long point devant juste à l'intérieur du pli sur *l'envers*. Tirez fermement le fil pour froncer le cercle et enfermer les bords de coupe, et arrêtez le fil par quelques points arrière. Fixez le yo-yo sur l'endroit du tissu à l'aide d'une perle ou d'un bouton posé au centre, ou en appliquant le bord extérieur.

Ruban volanté

Les rubans plats peuvent être froncés en leur centre, sur un bord, ou en forme de zigzag, selon l'effet désiré. Ces volants s'utilisent individuellement ou en groupe.

Fleurs en tissu

Les étoffes fluides, légères et semi-transparentes se prêtent très bien aux fleurs en tissu. Découpez une bande de biais de deux fois la longueur de la fleur finie et coupez-la en pointe oblique à chaque bout (pour un résultat optimal, ne coupez pas votre biais trop large). La bande doit avoir environ 50 cm de long pour une fleur de taille moyenne. Pliez la bande en deux dans la longueur, *envers contre envers*, et froncez les bords de coupe par un petit point devant. Enroulez le biais pour confectionner la fleur et terminez en effectuant plusieurs points arrière sur le dessous, dans toutes les épaisseurs. Confectionnez un bouton central avec un petit carré de tissu plié dans la diagonale, dont les pointes latérales seront rabattues sur la pointe centrale (voir photo page ci-contre, en haut). Froncez le bouton par le centre et piquez-le au centre de la fleur.

Les cristaux Swarovski forment l'élite de la famille des perles.

Perles

Les perles sont au tissu ce que les gouttes de rosée sont aux toiles d'araignée : de petits éclats de magie à l'effet incomparable. Les boutiques de perles recèlent de véritables merveilles et l'on s'y promène toujours avec enchantement !

Types de perles

Le choix est tout simplement immense : verre, bois, pierre, céramique, vraies perles de culture ou imitations, cristal ou métal... Les rocailles AB

Rocailles (en haut), perles tubulaires (en bas, gauche et droite), perles aurora borealis à facettes (en bas au milieu).

Semis de rocailles et de perles tubulaires cousues individuellement.

Chaque rocaille peut être cousue par un point individuel.

Un rang de perles peut être couché sur le tissu.

(aurora borealis) sont des perles de verre et de cristal qui reflètent la lumière et produisent un effet irisé ; elles servent souvent à embellir les robes de mariée. Les perles Swarovski sont les reines de leur catégorie.

La pose des perles peut être aléatoire ou suivre un dessin précis, et leur répartition peut être plus ou moins dense ou espacée. Dans le cas d'un dessin spécifique, utilisez un marqueur effaçable pour reporter le motif sur le tissu. Les petites rocailles rondes s'associent à des sequins, des perles tubulaires ou tout autre type de perles.

Les motifs et galons perlés du commerce ajoutent du clinquant, mais les semis denses sont aussi rapidement posés à la main : les perles sont fixées à une base en voilage, et les motifs ainsi formés peuvent être cousus sur le tissu principal.

Poser les perles

Enfilez une aiguille à perler (voir page 23 pour plus d'informations) avec un fil de nylon pour perles, qui est plus solide que le fil à coudre ordinaire, mais plus prompt à s'emmêler et difficile à nouer. Vous pouvez également utiliser un fil de bonne qualité préalablement passé à la cire d'abeille. On peut coudre les perles une fois l'ouvrage terminé, ou avant si le vêtement doit être doublé (la couture sera alors cachée par la doublure). Il est conseillé de renforcer le tissu à perler avec un entoilage ou un stabilisateur. Les tissus très fins pourront être renforcés avec de l'organza. Pour éviter les plis disgracieux, ne tirez pas trop sur le fil.

Il existe deux méthodes principales pour poser les perles : l'application individuelle ou la couchure de rangs de perles.

Coudre chaque perle individuellement

Lorsque les perles sont éparpillées sur une surface ou utilisées pour remplir un motif, suivez la méthode ci-après pour les poser individuellement.

1 Pour coudre chaque perle avec un point individuel, fixez le fil à l'arrière du tissu avec un nœud suivi de deux petits points arrière. Faites ressortir l'aiguille sur l'endroit du tissu à l'emplacement de la première perle.

2 Passez la perle dans l'aiguille, puis tirez doucement sur le fil jusqu'à ce que la perle repose sur le tissu.

3 Repiquez l'aiguille dans le tissu, aussi près que possible de la perle, mais sans tirer le fil trop fort.

4 Passez l'aiguille et le fil sur l'envers du tissu jusqu'à l'emplacement de la perle suivante, en veillant à ne pas trop tirer sur le fil.

5 Tous les 4 ou 5 cm, fixez la couture sur l'envers par un petit point arrière. Cousez la dernière perle avec quelques points arrière sur l'envers.

Coucher des rangs de perles

Cette méthode facile et rapide convient très bien aux longs rangs de perles pré-enfilées ou lorsqu'il s'agit de remplir de grandes surfaces.

1 Fixez le fil sur l'arrière du tissu à l'aide d'un nœud suivi de deux petits points arrière. Faites sortir l'aiguille et le fil à perles sur l'endroit du tissu, à l'emplacement de la première perle. Enfilez vos perles sur le fil dans l'ordre désiré pour former un rang continu.

2 Faites sortir une deuxième aiguillée sur l'endroit du tissu à une largeur de perle du point de sortie de la première perle et effectuez un petit point par-dessus le fil perlé, tout contre la première perle.

3 Faites glisser les cinq perles suivantes contre la première, puis faites ressortir la deuxième aiguille sur l'endroit, tout près de la dernière perle couchée, et effectuez un autre point par-dessus le fil.

4 Continuez ainsi à coucher les perles en rang, en plaçant un point de couchure toutes les cinq perles environ.

Les rangs de perles peuvent être pré-enfilés sur un fil, puis couchés sur le tissu.

Utilisez un fil à perles invisible ou un fil assorti au tissu de fond.

Renforcez les tissus très fins avec de l'organza pour stabiliser les motifs perlés.

Cousez les sequins à l'aide d'une rocaille passée au centre (ici, les sequins sont associés à des perles tubulaires).

Marquez les lignes de votre motif de perles avant de les coudre.

Vous pouvez coudre les rangs de sequins en leur centre par un point arrière.

Sequins

Les sequins, parfois appelés paillettes, sont de petits disques plats ou concaves percés d'un seul trou en leur milieu. Les sequins individuels peuvent être cousus au tissu à l'aide d'une rocaille, qui permet de les fixer et de fournir un point d'attache pour repiquer l'aiguille dans le tissu. Les rangs de sequins se cousent aussi au point arrière (voir page 101). Les sequins de grande taille dotés d'un trou sur le bord peuvent être assemblés au tissu au point arrière ou avec une rocaille.

1 Faites sortir l'aiguille et le fil sur l'endroit du tissu en les passant au centre d'un sequin.

2 Enfilez une rocaille sur l'aiguille et repassez celle-ci au centre du sequin, en tirant le fil jusqu'à ce que la perle soit contre le sequin, bien à plat sur le tissu.

3 Faites ressortir l'aiguille à l'emplacement du sequin suivant et continuez ainsi jusqu'à la fin du motif.

Entretenir les ouvrages perlés

Les vêtements ornés de perles doivent être lavés à la main ou à sec. Lors du repassage, évitez de poser le fer sur les perles, car la chaleur pourrait les endommager. Posez un linge propre sur la partie perlée et repassez au fer sec autour des perles. Ou bien couvrez la planche à repasser d'une serviette de toilette, posez la surface perlée dessus (côté perles dessous) et repassez au fer doux sur l'envers.

Applications

La technique des applications, ou appliqué, consiste à créer un motif en cousant un ou plusieurs tissus sur un tissu de base ; c'est un moyen très facile de personnaliser un article. Les modèles d'applications vont du personnage de dessins animés pour les enfants aux motifs abstraits et artistiques.

Les textiles tissés fermes et non extensibles sont plus faciles à manipuler que les étoffes fluides. Si l'ouvrage doit être lavé, réalisez-le avec des tissus compatibles. Préparez votre motif sur du papier et marquez l'emplacement de l'application sur l'endroit du tissu de base.

Découpez la forme à appliquer ou, si nécessaire, coupez les bords excédentaires d'un motif acheté dans le commerce. Épinglez l'application en place et bâtissez-la. Les applications peuvent être cousues à la machine ou à la main selon l'une des méthodes suivantes :

Applications à la machine

Sans stabilisateur, les applications cousues au point passé peuvent déformer la surface. Pour pallier ce problème, épinglez une pièce d'entoilage thermocollant non tissé, plus grand que le motif, sur l'envers du tissu de base. Une fois l'application terminée, coupez l'excédent d'entoilage juste à l'extérieur de la ligne de piqûre. Ou bien utilisez un morceau de papier à cartouche, que vous pourrez déchirer une fois le surfilage achevé. Les éventuels restes de papier partiront au lavage.

Choisissez un fil assorti ou contrastant pour coudre les bords de l'application. Le coton mercerisé est idéal, car il présente un joli lustre. Surfilez les bords au point passé (un point zigzag très serré) pour fixer l'application au tissu de base. Fignolez les pointes en réduisant la largeur du point à mesure que vous approchez de la pointe, pivotez, puis augmentez progressivement la largeur du point de l'autre côté de la pointe.

Les motifs prêts à poser sont faciles à appliquer.

Les motifs perlés doublés d'un renfort d'organza peuvent être simplement appliqués en place.

Utilisez du papier sulfurisé pour protéger votre fer et votre planche de la colle.

Détachez le papier protecteur et appliquez les pièces une à une sur le tissu de base.

Surfilez les bords de chaque pièce au point zigzag.

Ajoutez des touches décoratives sous la forme de boutons ou de broderies main ou machine.

Applications machine avec entoilage

C'est la raison pour laquelle j'adore l'entoilage double face. On peut utiliser de la bande à repriser thermocollante pour les toutes petites pièces (voir page 61 pour plus d'informations sur l'entoilage). N'oubliez pas qu'il est très important de protéger la planche à repasser et de repasser avec du papier (le papier sulfurisé est idéal car rien n'y adhère) ou un tissu lavable pour empêcher la colle de l'entoilage d'endommager votre housse de planche.

1 Découpez un gabarit en papier pour chaque pièce à appliquer. Avec le fer, fixez la toile thermocollante double face sur l'envers du tissu en laissant le papier protecteur en place. Posez le gabarit de votre motif sur l'endroit du tissu et tracez le contour. Découpez la forme, puis détachez le papier protecteur.

2 Placez la pièce renforcée, côté colle dessous, sur l'endroit du tissu de base, couvrez de papier sulfurisé et repassez jusqu'à ce que les bords soient bien fixés. Exercez des mouvements de pression, sans faire glisser le fer sur le tissu, afin d'éviter poches d'air et faux plis.

3 À moins que votre tissu de base ne soit épais (toile ou jean, par exemple), épinglez un carré d'entoilage non tissé et non thermocollant à l'arrière de l'application.

4 Surfilez les bords extérieurs de la forme au point zigzag. Arrêtez les fils en les faisant passer sur l'envers et en les nouant avec un double nœud. Sur l'envers, coupez l'entoilage au ras du surfil.

À défaut d'entoilage double face, vous pouvez confectionner et fixer l'application à la manière d'une pièce de renfort. Cela fonctionne bien avec les formes simples. Pour ce faire, thermocollez une pièce d'entoilage non tissé sur le tissu à appliquer. Reportez le motif et marquez le contour au point droit. Recoupez jusqu'à la ligne de piqûre, puis surfilez les bords de coupe au point zigzag. L'opération est un peu plus délicate, mais elle permet de coudre l'application sur le tissu de base à l'aide d'un simple point droit à la machine, en sélectionnant un point court et un fil assorti au tissu.

Pour les applications sur l'envers, piquez le contour du motif au point droit.

Applications machine sur l'envers

Dans ce type d'application, le tissu à appliquer est placé sous le tissu de base, qui sera ensuite découpé pour révéler le tissu sous-jacent, avant de surfiler les bords au point zigzag. Cette technique se prête tout particulièrement aux tissus unis ou à petits motifs (pour l'application) et aux tissus de base tissés serré et peu susceptibles de s'effilocher.

1 Dessinez le contour du motif sur l'endroit du tissu de base et épinglez une généreuse pièce de tissu à appliquer derrière cette zone. Stabilisez la zone en épinglant une pièce d'entoilage non thermocollant à l'arrière. Piquez le contour du motif avec un petit point droit sur l'endroit du tissu de base.

Découpez soigneusement le tissu de base (supérieur) à l'intérieur de la ligne de piqûre.

2 Soulevez délicatement le tissu de base du tissu sous-jacent. Avec des ciseaux pélican ou de petits ciseaux à broder, découpez le tissu de base pour révéler l'application sous-jacente.

3 Surfilez les bords du tissu de base au point passé. Faites passer les fils sur l'envers et nouez-les avec un double nœud. Sur l'envers, coupez l'entoilage au ras du surfil.

Surfilez les bords du motif au point passé.

Entaillez et rentrez le surplus sur le gabarit, puis bâtissez le pourtour.

Fixez l'application au tissu de base avec un point d'ourlet invisible.

Motif achevé d'applications à la main.

Applications à la main

Cette méthode s'applique aux formes simples et utilise l'aiguille pour rentrer les coins et les bords à mesure que l'on coud la forme au point invisible. Comme pour les ourlets invisibles (voir page 161), on effectue des points courts sous le tissu de base et on ne prend qu'un ou deux fils du tissu extérieur sur la pliure de l'application. Si vous êtes experte en patchwork, vous pouvez utiliser la technique du papier freezer pour confectionner des motifs plus sophistiqués (comme ci-dessous).

Il est conseillé de dessiner votre motif d'application sur de l'entoilage léger ou du papier-calque et de l'épingler sur le tissu de base de façon à pouvoir placer les pièces dessus et à les modifier éventuellement avant de les coudre définitivement en place.

1 Découpez un gabarit d'application, sans surplus, dans de l'entoilage thermocollant non tissé. Posez le gabarit sur le tissu à appliquer, ajoutez un surplus de 6 mm et découpez la forme. Entaillez les éventuelles courbes et rentrez les surplus au fer sur l'envers, puis bâtissez-les en place. Si vous utilisez du papier freezer, dessinez votre motif sur le côté non glacé et repassez le côté glacé sur l'envers du tissu au fer sec et chaud. Entaillez et rentrez les surplus de la même manière, mais sans les bâtir.

2 Placez l'application sur l'endroit du tissu de base. Épinglez ou bâtissez-la en place et cousez les bords au point glissé. Si vous utilisez du papier freezer, arrêtez-vous 2 ou 3 cm avant la fin, retirez le bâti ou les épingles et détachez délicatement le papier. Terminez le point glissé.

3 Pour une finition décorative, utilisez une aiguille longue pour broder les bords au point de feston ou de chaînette, ou tout autre point de broderie (voir chapitre 14).

Smocks

La technique des smocks fait usage de points de broderie pour maintenir des fronces en place. Les manches, col, empiècement et côtés de la blouse de travail anglaise traditionnelle étaient ornés de smocks, dont les broderies symbolisaient l'activité de l'ouvrier : des fleurs et feuilles pour un fermier, des moutons et des haies pour un berger ou des croix pour un fossoyeur.

Les smocks se font surtout sur les tissus légers, comme le voile, l'organdi, le coton fin, le linon, le shantung de soie et le lin fin.

La première étape consiste à froncer régulièrement le tissu (partez de 2,5 fois la largeur finale). Les professionnels plissent le tissu avec une machine à aiguilles multiples et réalisent les fronces en une seule étape. Certaines boutiques spécialisées peuvent le faire pour vous. Sinon, vous pouvez faire vous-même le tracé et les fronces à la main. Vous pouvez acheter dans le commerce des transferts imprimés de points, très pratiques. Ils s'appliquent très facilement au fer à repasser afin de marquer les plis régulièrement sur l'envers, ou utiliser un tissu à pois ou à carreaux (ceux-ci vous serviront de repères). Le nombre de rangs de fronces nécessaires dépend du motif.

Pour froncer le tissu avant de procéder à la broderie décorative, préparez une aiguillée avec un fil de couleur contrastante et nouez l'extrémité. Piquez et sortez l'aiguille dans chaque point, en laissant une longueur de fil à la fin du rang. Répétez pour chaque rang, puis tirez doucement les fils ensemble pour obtenir la largeur voulue. Nouez les fils et coupez-les.

Une fois les fronces terminées, il vous faudra entamer le travail de broderie, qui ne se fait que sur le dessus des plis, selon diverses formes et motifs : losanges, nid d'abeille, point de câble (simple ou double), etc.

Confection de fronces pour smocks dans un tissu léger.

Les smocks en zigzag font partie des plus simples à exécuter.

Ce tissu floral rouge et vert comporte des smocks en forme de cœur.

Gros plan des cœurs décoratifs du motif de smocks.

Ce motif de smocks utilise les carreaux du tissu comme points de repère.

14

broderie

- Fils à broder
- Aiguilles à broder
- Avant de commencer
- Points de broderie

LA BRODERIE PEUT SERVIR À DÉCORER UNE SURFACE UNIE OU À EMBELLIR UN MODÈLE EXISTANT. ELLE N'EST PAS NÉCESSAIREMENT AUSSI COMPLEXE À RÉALISER QU'UNE TAPISSERIE DE BAYEUX ; LES POINTS LES PLUS SIMPLES SUFFISENT À AJOUTER UNE TOUCHE ORNEMENTALE TOUT À FAIT CONVAINCANTE.

Chaque point de broderie se décompose en étapes bien spécifiques, au cours desquelles l'aiguille exécute une sorte de chorégraphie qui laisse sur le tissu de petites touches de couleur décoratives. Si vous pensez à la broderie dans ce sens, vous comprendrez vite pourquoi c'est une activité relaxante, aux vertus quasi thérapeutiques.

Fils à broder

Tous les fils de coton, de soie, de laine ou de rayonne conviennent. Il existe aussi des fils à broder métalliques qui, en petite quantité peuvent rehausser un motif ou fixer une perle. Au moment de choisir, pensez à l'effet escompté, à la compatibilité du fil avec le tissu et à l'utilisation de l'ouvrage. Pour pénétrer l'univers de la broderie, familiarisez-vous avec les points, puis jouez avec les combinaisons de couleurs, les types de fils et les méthodes. En effectuant vos échantillons de broderie, vous perfectionnerez votre technique tout en créant un guide visuel dont vous pourrez ensuite vous inspirer.

FILS À BRODER

Fibre	Types de fil disponibles	Caractéristiques
Coton	Coton floche ; coton perlé ; fil fleur (ne se dédouble pas)	Légèrement brillant Les fils floches se cassent facilement Lavable
Soie	Soie floche ; soie perlée ; fil à boutonnière	Très brillant, aspect luxueux Fil très solide Lavable à sec ou main uniquement
Laine	Laine à broder crewel ; laine à un fil ; laine à tapisserie	Finition mate, solidité moyenne Texture extensible Certains fils sont lavables
Lin	Lin floche	Finition mate
Rayonne	Rayonne floche	Très brillant, texture extensible Très solide

Coton floche

Le fil floche à broder se vend sous forme d'échevettes (petits écheveaux de longueur déterminée) et consiste généralement en six fils non tordus, facilement séparables en brins triples, doubles ou individuels, en fonction de l'effet désiré.

Comme les peintures pour bâtiment, le fil floche existe dans une multitude de couleurs. Conservez la marque et le numéro d'identification du coloris des échevettes que vous utilisez afin de vous en servir comme référence. Sinon, vous aurez beaucoup de mal à vous souvenir d'un coloris particulier.

Rangement des fils dans une boîte en plastique (plusieurs tailles disponibles).

Coton perlé

Le coton perlé est un fil mercerisé solide, très brillant, vendu sous forme d'échevettes ou de pelotes. Il se vend dans diverses grosseurs, allant du n° 3 au n° 20 (plus le nombre est petit, plus le fil est épais). Contrairement au coton floche, le coton perlé ne se dédouble pas. Les calibres les plus gros ont plus d'impact et permettent de remplir rapidement une zone. Le coton perlé s'utilise également pour le crochet, certains ouvrages de dentelle (frivolité), le tricot, le matelassage et l'assemblage des patchworks.

Le coton perlé existe dans diverses grosseurs.

Bien ranger ses fils à broder

À mesure que votre goût pour la broderie se développera, votre collection de fils s'étoffera. Rangez votre stock dans des boîtes ou des sacs étiquetés afin qu'ils ne s'emmêlent pas de manière irrémédiable. Le fil floche peut être enroulé autour de petits morceaux de carton (sur lesquels vous inscrirez le code de couleur) et regroupé par familles de couleurs. Les boîtes à plusieurs compartiments – comme celles conçues pour les clous et les vis – constituent une option très pratique.

Aiguilles à broder

Les aiguilles à chenille, à tapisserie ou à repriser ont un chas plus long que les autres types d'aiguille, et sont donc plus faciles à enfiler avec du fil épais ou dédoublé (voir pages 20-23). Choisissez une aiguille adaptée à la grosseur de votre fil à broder et qui puisse aisément percer la surface de votre tissu (l'aiguille doit faire un trou suffisamment gros dans le tissu pour laisser passer le fil de manière fluide). Les aiguilles à tapisserie ont une pointe obtuse qui convient au canevas et aux tissus à armure grossière, car elle passe entre les fils et non pas au travers (comme pour le point de croix).

… les voiles brodés du ciel,
Ourlés de lumière d'or et d'argent

W. B. Yeats, « Aedh Wishes for the Cloths of Heaven ».

Avant de commencer

Un fil coupé trop long est plus gênant qu'autre chose. En broderie, la bonne longueur correspond à la distance entre le bout de vos doigts et votre coude. Un fil trop manipulé, notamment le coton perlé, peut devenir pelucheux et perdre son lustre.

Pour enfiler l'aiguille, coupez le fil en biais et humectez le bout. Pour enfiler plusieurs brins, essayez de replier une petite partie de fil contre le chas de l'aiguille et de la ramener contre celle-ci pour forcer les brins à rentrer dans le chas. Si cela ne fonctionne pas, vous pouvez recourir à un enfile-aiguille ou à une aiguille à plus gros chas.

Débuter l'ouvrage

Utilisez un marqueur effaçable pour marquer l'emplacement de votre motif sur l'endroit du tissu, ou, si vous embellissez un imprimé existant, suivez les contours du motif.

Les métiers à broder permettent de maintenir le tissu bien tendu pendant que vous brodez ; la tension étant constante, le tissu ne plisse pas.

Commencer un travail de broderie

Cela requiert une certaine méticulosité. Idéalement, il faut éviter toute épaisseur disgracieuse. Vous pouvez donc soit nouer l'extrémité du fil, soit effectuer quelques points arrière et recouvrir l'extrémité du fil avec les points de broderie.

Pour faire un nœud plat :

1 Enfilez l'aiguille. Orientez la pointe de l'aiguille vers l'extrémité du fil.

2 Tenez la plus longue extrémité du fil tendue contre l'aiguille et enroulez le fil trois ou quatre fois autour de l'aiguille, en serrant bien.

3 Avec le pouce et l'index, maintenez la torsade en place pendant que vous ramenez l'aiguille en arrière et la faites passer par la grande boucle en faisant glisser la torsade vers l'extrémité du fil.

Motif de broderie tracé au marqueur effaçable ; le tambour à broder tend parfaitement le tissu.

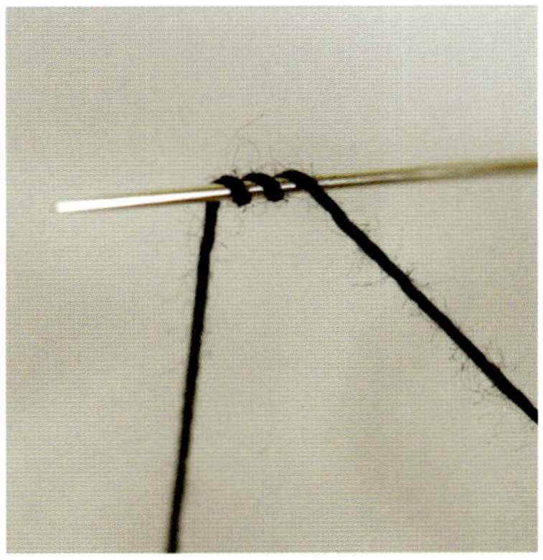

Pour faire un nœud plat, enroulez le fil trois ou quatre fois autour de l'aiguille.

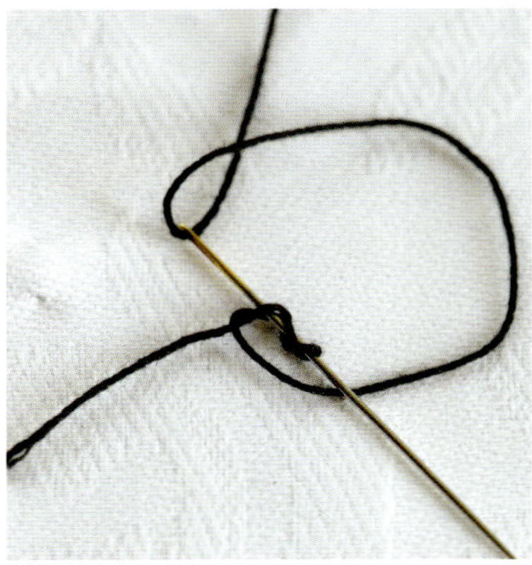

Faites glisser le nœud le long de l'aiguille vers l'extrémité du fil.

Si vous brodez avec une double épaisseur de fil, procédez comme suit :

1 Coupez un fil deux fois plus long que la longueur usuelle, rassemblez les deux extrémités et passez-les dans l'aiguille.

2 Effectuez un petit point sur l'envers du tissu, en laissant la boucle en évidence.

3 Passez l'aiguille dans la boucle et tirez-la pour resserrer le fil sur lui-même.

Terminer un travail de broderie

Pour terminer un travail au point de broderie, effectuez quelques petits points arrière et passez le fil sous les points précédents, ou bien faites un nœud.

Pour nouer le fil :

1 À la fin de la broderie, faites un petit point arrière sous le dernier point. Au lieu de tirer entièrement sur le fil, laissez une petite boucle.

2 Passez l'aiguille dans la boucle, en laissant une deuxième boucle. Ne la serrez pas.

3. Passez l'aiguille dans cette deuxième boucle, puis tirez pour former un nœud. Coupez le fil qui dépasse.

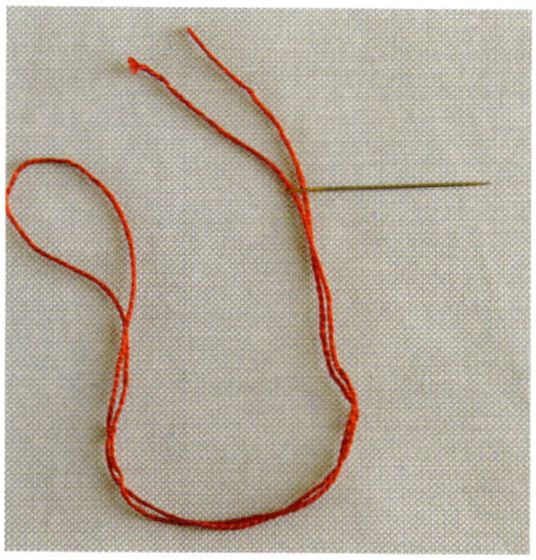

Une façon de commencer un travail de broderie consiste à passer les deux bouts du fil dans le chas de l'aiguille.

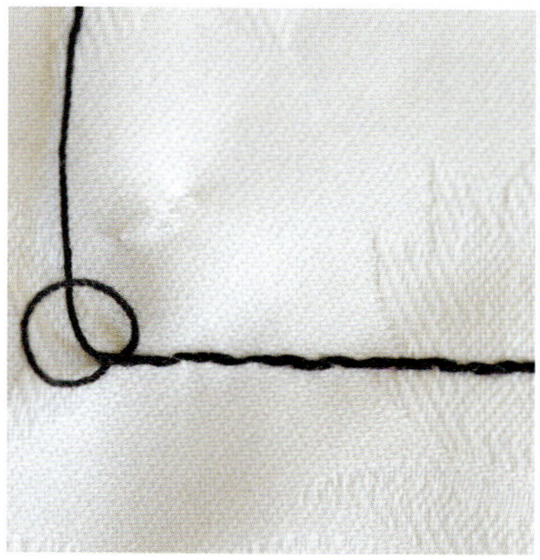

Pour terminer une ligne de broderie manuelle, faites un petit point arrière sur l'envers, sous le dernier point.

Sur l'envers du tissu, passez l'aiguille dans la boucle et serrez.

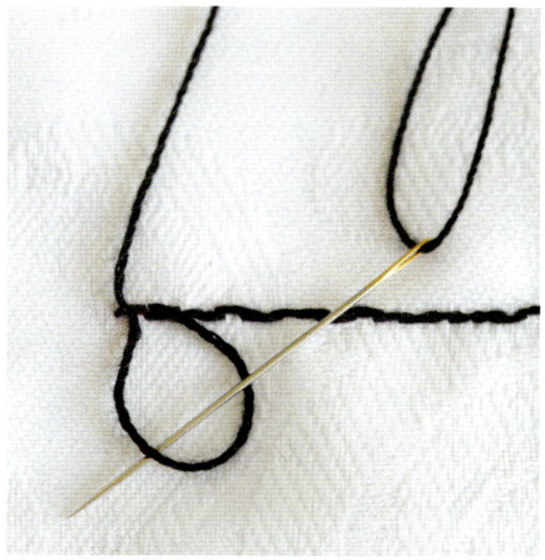

Passez l'aiguille dans la boucle, puis dans la deuxième boucle avant de serrer bien fort.

Points de broderie

Vous trouverez dans les pages suivantes les instructions relatives aux points de broderie les plus couramment employés, mais il existe des centaines de variantes dans les ouvrages spécialisés.

Point devant

Le point devant crée une ligne brisée de points droits, que l'on peut exécuter individuellement ou en lignes parallèles. Il existe de nombreuses variantes décoratives, comme le point devant entrelacé ou le point mirliton.

Variantes du point devant

Employé en broderie, le point devant se décline dans deux versions décoratives. Chacune s'exécute en deux étapes.

Point mirliton Effectuez une ligne de point devant, puis passez un autre fil (de couleur identique ou contrastante) de haut en bas sous chaque point, toujours dans le même sens (de droite à gauche si vous êtes droitière, et vice versa).

Point devant entrelacé Effectuez une ligne de point devant, puis passez un autre fil alternativement de bas en haut sous un point et de haut en bas sous le point suivant.

Effectuez plusieurs points devant en ligne droite, en piquant l'aiguille plusieurs fois de suite dans le tissu.

Tirez le fil jusqu'à ce qu'il repose à plat sur le tissu. Ne tirez pas trop, sinon le tissu froncerait.

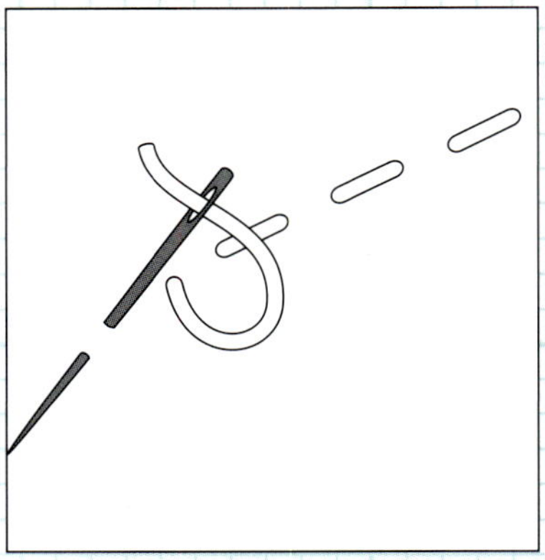

Point devant.

Point devant entrelacé (fil blanc) et point mirliton (fil beige).

Le point arrière s'exécute généralement de droite à gauche, en lignes droites ou courbes.

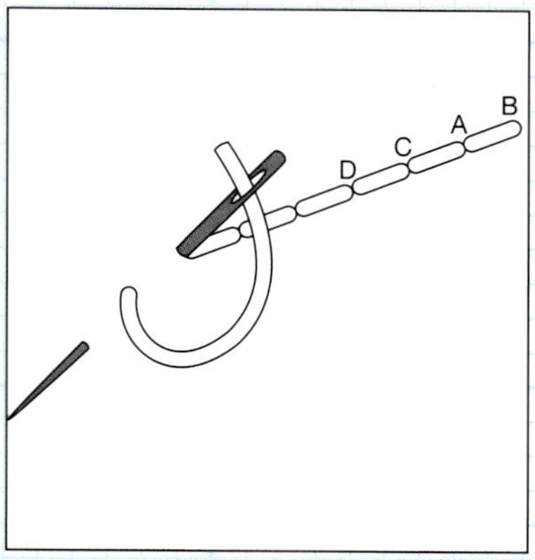

Point arrière.

Point arrière

Le point arrière s'utilise beaucoup pour tracer le contour des formes et broder des noms ou des initiales.

Variantes du point arrière

Comme le point devant (voir page précédente), le point arrière présente deux versions principales : entrelacé et surjeté.

1 En vous reportant au schéma ci-dessus, et en commençant sur l'envers, faites sortir l'aiguille sur l'endroit en A, puis faites un petit point en arrière et repiquez l'aiguille en B. Faites-la ressortir de nouveau sur l'endroit en C, puis piquez-la en arrière en A, puis en D, etc. Travaillez dans le sens opposé si vous êtes gauchère.

2 Faites des points de longueur constante – environ 6 mm sur les tissus de poids léger à moyen, plus longs sur les tissus plus épais ou avec des laines plus grosses.

3 Répétez ce même mouvement d'avant en arrière pour former une ligne continue de points sur l'endroit et une ligne de points qui se chevauchent sur l'envers.

La variante du point de tige s'exécute avec le fil au-dessus de l'aiguille.

Point fendu.

Le point de tige s'exécute avec le fil au-dessous de l'aiguille.

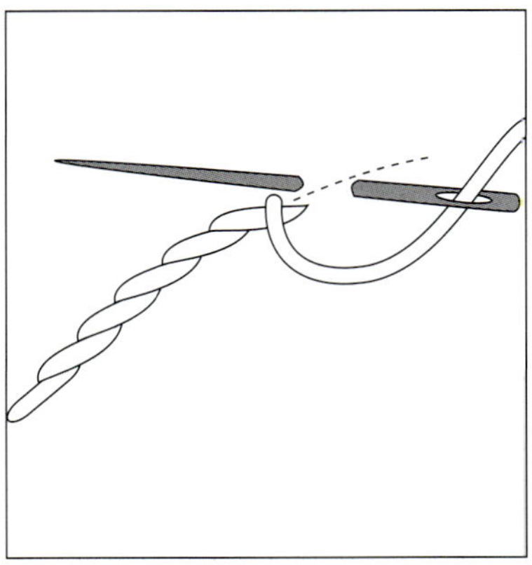

Point de tige.

Point de tige

Le point de tige produit un rang de broderie solide et torsadé, très utile pour dessiner le contour des formes et créer des lignes continues.

1 En travaillant de gauche à droite, faites sortir l'aiguille juste au-dessus du trait marqué. Faites un point vers l'avant en tenant le fil de travail sous l'aiguille. Piquez l'aiguille juste au-dessous du trait marqué.

2 Remettez l'aiguille au même niveau que le premier point de sortie, au milieu du premier point. Continuez ainsi en gardant une même longueur de points.

Pour une variante, tenez le fil de travail au-dessus de l'aiguille.

Point fendu

Le point fendu ressemble à un point de chaînette fin. Il s'exécute comme le point de tige, mais les points sont faits directement sur le trait, et au lieu de commencer chaque nouveau point à côté du précédent, on fait ressortir l'aiguille dans le fil du point précédent.

Broderie sur fils couchés (couchure)

Les points de couchure sont des points de contour servant à maintenir un brin à intervalles réguliers par un deuxième fil qui peut être de couleur identique ou contrastante. La broderie sur fils couchés sert aussi à poser des perles à la surface du tissu (voir page 215).

1 Coupez et enfilez deux longueurs de fil dans deux aiguilles : un fil épais qui sera couché (le fil de contour) et un fil pour exécuter les points de couchure. Faites sortir le fil principal (de contour) sur l'endroit et étendez-le sur le tracé du motif. Faites sortir le deuxième fil (de couchure) juste devant le point de sortie du premier fil.

2 Effectuez un petit point (vertical ou oblique, mais sans changer en cours de route) par-dessus le fil de contour afin de le maintenir en place. Refaites sortir l'aiguille sur l'endroit, un peu au-delà du premier point de couchure, pour exécuter le deuxième.

3 Espacez régulièrement vos points de couchure sur les parties droites et resserrez-les un peu sur les parties courbes. À la fin du travail, arrêtez les deux fils sur l'envers.

La broderie sur fils couchés peut servir à fixer des galons, du croquet ou des fils épais.

Espacez régulièrement les points de couchure.

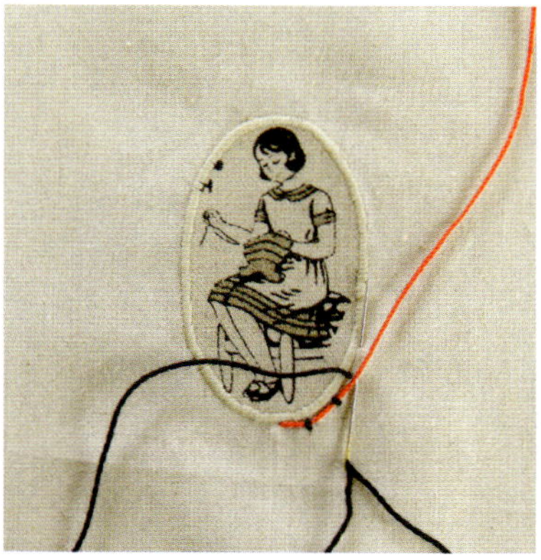

Faites sortir le fil principal sur l'endroit, puis utilisez un deuxième fil pour le coucher.

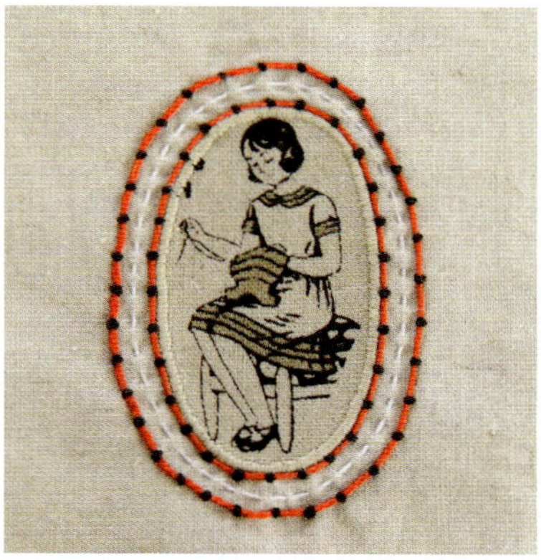

Des couchures réalisées avec des fils de couleurs différentes font une jolie bordure.

Piquez l'aiguille pour la faire ressortir sur le trait marqué.

En travaillant de gauche à droite, piquez l'aiguille à une largeur de point du précédent.

Tirez doucement l'aiguille par-dessus le fil de travail, afin de former un point à angle droit.

Le point de feston peut s'exécuter en ligne droite, ou en cercle, pour créer des motifs intéressants.

Point de feston

Le point de feston sert à ornementer les bords – par exemple de couvertures, d'applications, etc. –, ou s'utilise tel quel comme point décoratif, mais plus espacé que lorsqu'il est utilisé de manière fonctionnelle (comme pour les boutonnières, voir page 199).

1 Fixez votre fil sur l'envers et faites sortir l'aiguille là où vous voulez commencer le point suivant (sur le trait marqué).

2 Piquez l'aiguille sous le trait marqué, à la hauteur désirée, et faites-la sortir au niveau du point d'entrée (pour obtenir un point vertical).

3 En travaillant de gauche à droite, piquez l'aiguille sous le trait marqué, à une largeur de point du point précédent. Faites ressortir l'aiguille directement au-dessus du point d'entrée, sur le trait. Tirez doucement sur l'aiguille en la faisant passer par-dessus le fil de travail afin de former un point à angle droit.

4 Continuez à former des points régulièrement espacés, et toujours à la même hauteur, jusqu'à ce que vous reveniez au point de départ. Terminez en effectuant deux points arrière sur l'envers du tissu, sous le point de départ.

Point de chaînette

Le point de chaînette évoque les maillons d'une chaîne. Il s'utilise en contour ou en remplissage.

1 Faites sortir l'aiguille sur l'endroit de l'ouvrage. En travaillant du haut vers vous, repiquez l'aiguille juste dans le point de sortie. Faites-la ressortir devant, placez-la par-dessus le fil de travail, puis tirez doucement (afin de ne pas resserrer complètement la boucle du point).

2 Continuez la chaînette de la même manière, en piquant l'aiguille dans le point de sortie du premier point, puis en la faisant ressortir par-dessus le fil de travail.

Point de bouclette

Le point de chaînette peut aussi s'exécuter sous forme de boucle individuelle ; il prend alors le nom de point de bouclette. Il peut s'utiliser en groupe pour former une marguerite : effectuez cinq points régulièrement espacés autour d'un point central.

1 Faites sortir l'aiguille sur l'endroit de l'ouvrage. Effectuez un point de chaînette unique sans trop tirer le fil de travail afin de former un pétale arrondi (et non pointu).

2 Au lieu de poursuivre en ligne droite, repiquez l'aiguille juste à l'extérieur du point de chaînette pour terminer le pétale.

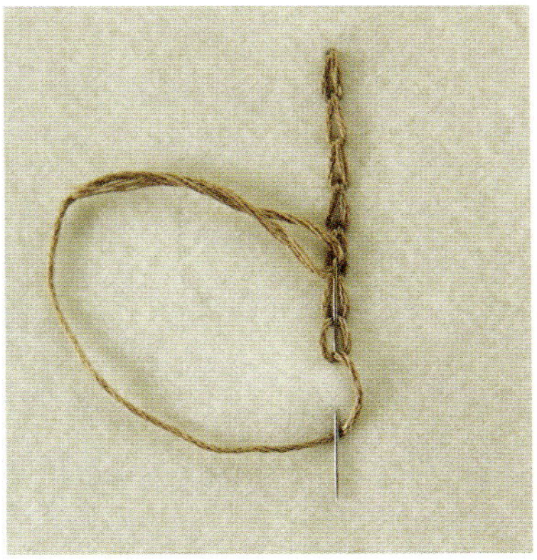
Le point de chaînette ressemble aux maillons d'une chaîne.

Le point de bouclette est un point de chaînette unique.

Le point de chaînette s'utilise pour délimiter une forme comme le rabat d'une poche ou une application.

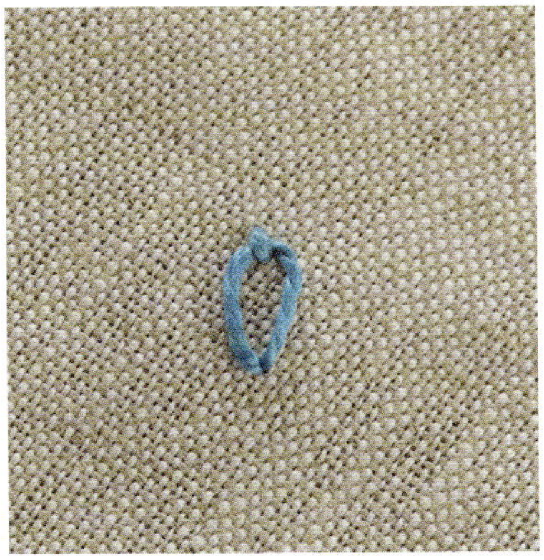
Pour terminer le point de bouclette, repiquez l'aiguille sur l'envers, juste à l'extérieur du point.

Faites sortir l'aiguille au centre de la fleur et pivotez légèrement à chaque nouveau pétale.

Point de croix

Le bien nommé point de croix est l'un des points de broderie les plus connus. Il s'exécute en ligne droite, ou bien pour remplir un espace. Le fil supérieur de la croix doit toujours être orienté dans le même sens, et les points se font généralement sur un tissu à armure unie (qui compte le même nombre de fils de trame et de fils de chaîne) ; toutefois, le point de croix peut se faire partout où il y a des lignes distinctes, comme sur un tissu à carreaux.

1 En travaillant de droite à gauche, faites sortir l'aiguille en bas à droite et piquez-la en diagonale vers la gauche en passant par-dessus un nombre déterminé de fils.

2 Faites ressortir l'aiguille verticalement, en bas à droite, juste au-dessous du point d'entrée. Continuez ainsi de droite à gauche jusqu'à ce que le premier rang de points forme une ligne complète de demi-croix.

3 Une fois la ligne de demi-croix achevée, piquez l'aiguille en haut à droite pour former une croix complète.

4 Faites-la ressortir en bas à droite, pour entamer le point suivant. Continuez ainsi jusqu'à la fin de la rangée. Répétez l'opération sur autant de rangs que vous le souhaitez.

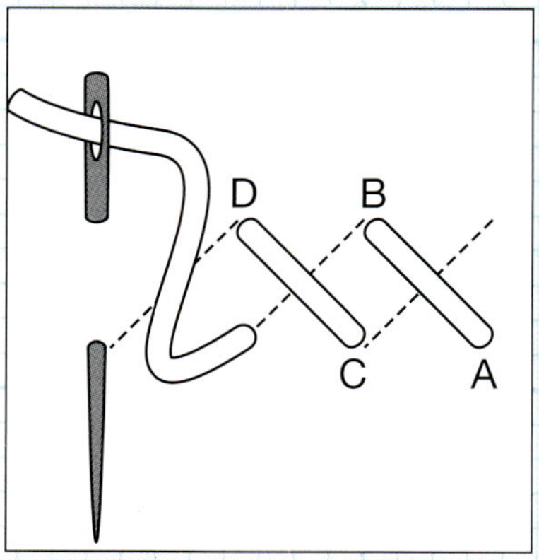

Point de croix, étapes 1 et 2.

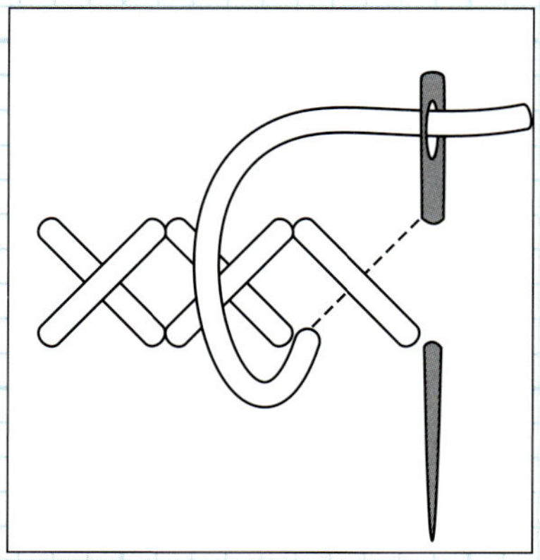
Point de croix, étapes 3 et 4.

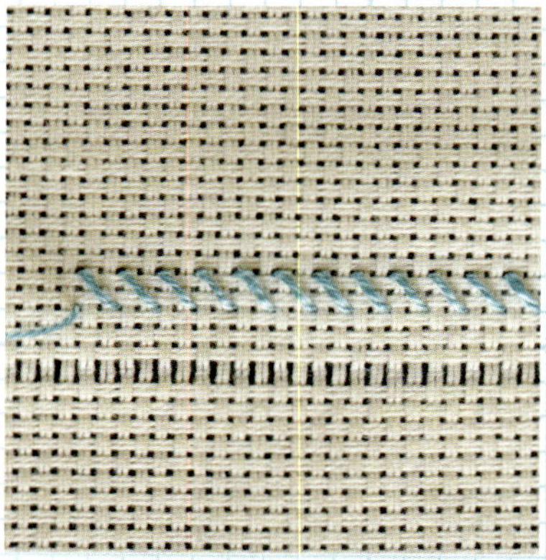
Effectuez la première rangée de demi-croix.

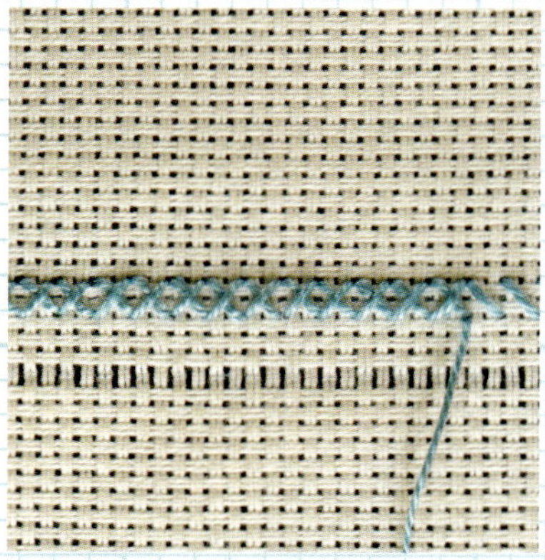
Retournez en arrière pour ajouter la partie supérieure de chaque croix.

Ces points ne sont pas forcément carrés sur les armures irrégulières.

Le point de croix peut également servir de point de couchure décoratif.

Utilisation d'un canevas à broder

Pour faire du point de croix sur un tissu à armure irrégulière, bâtissez une pièce de canevas ou de toile à broder tire-fil, plus grande que le motif, à l'endroit où vous voulez faire apparaître le motif. Effectuez votre motif au point de croix, en prenant soin de passer l'aiguille entre les fils et non pas au travers (car vous ne pourriez plus les retirer). Une fois le motif brodé, tirez délicatement chaque fil du canevas situé sous le point de croix. Il existe même des canevas solubles à l'eau.

Point de chausson utilisé pour décorer un tissu rayé.

Point de chausson

Le point de chausson fait partie de ces points qui sont aussi utiles que décoratifs (voir page 103).

Point passé

Le point passé est un point de remplissage, brodé très serré.

1 Au centre du motif, faites sortir l'aiguille sur un côté du dessin et piquez-la sur l'autre côté, soit verticalement, soit obliquement. Tirez l'aiguille sur l'envers et faites-la ressortir juste à côté du début du point précédent.

2 Continuez à broder ainsi, en travaillant du centre vers l'extérieur, jusqu'à ce que le dessin soit complètement rempli.

Commencez au centre pour remplir un motif au point passé.

Brodez toute la partie que vous souhaitez remplir.

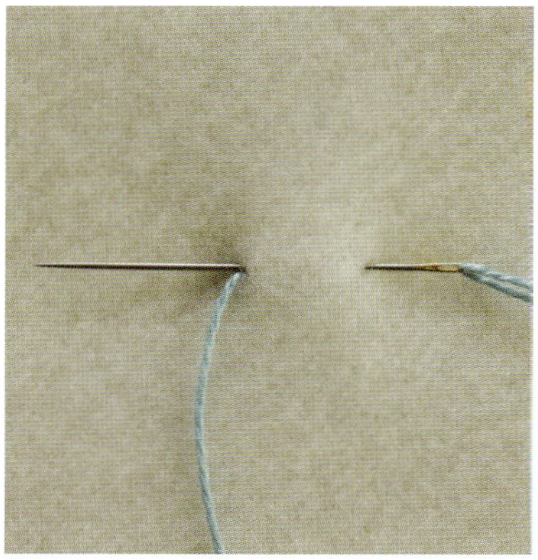

Faites un point arrière, mais ne tirez pas sur l'aiguille.

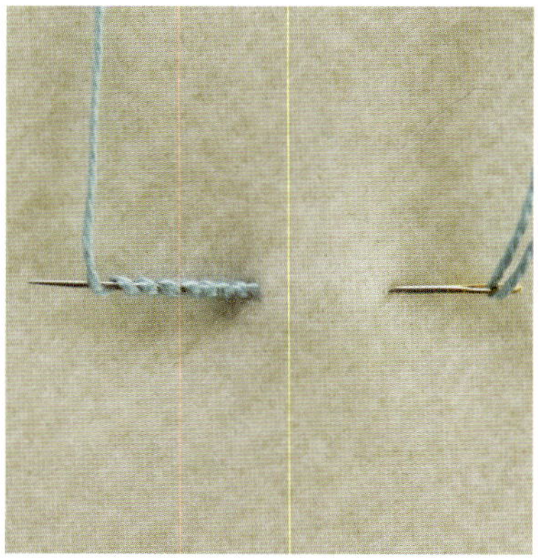

Enroulez le fil plusieurs fois autour de l'aiguille.

Terminez le point en repiquant l'aiguille en arrière, sur l'envers de l'ouvrage.

Le point de poste fait de ravissants corps de libellules ; les ailes sont exécutées au point de bouclette.

Point de poste

Le point de poste permet de former de jolies petites spirales miniatures. Pour un résultat optimal, utilisez un seul brin de fil et une longue aiguille de modiste. Enroulez le fil autour de l'aiguille en suivant le sens de la torsion du fil, afin de produire un point bien régulier.

1 Faites sortir l'aiguille sur l'endroit. Effectuez un point arrière de la taille du point de poste désiré, mais ne tirez pas sur l'aiguille (elle doit rester piquée dans le tissu).

2 Enroulez le fil autant de fois que nécessaire autour de l'aiguille pour obtenir la taille du point. Comptez le nombre de tours (pour les répéter sur vos prochains points).

3 Tenez les boucles de fil avec le pouce et tirez doucement l'aiguille et le fil au travers. Retournez l'aiguille vers l'arrière en disposant délicatement les boucles en place si nécessaire.

4 Pour terminer, repiquez l'aiguille sur l'envers et arrêtez le fil.

Point de nœud

Le point de nœud est un point décoratif qui forme de petites boules à la surface du tissu Il peut être utilisé en semis, en groupe pour remplir un espace, ou encore individuellement au centre d'une fleur réalisée au point de bouclette.

1 Faites sortir l'aiguille sur l'endroit. Tenez le fil tendu, presque parallèle à la surface du tissu.

2 Enroulez le fil trois fois autour de l'aiguille. Tenez fermement les boucles, puis piquez l'aiguille juste à côté du point de sortie, en rassemblant doucement le nœud ainsi formé. Ne tirez pas trop fort (un fil fin pourrait traverser le tissu). Faites bien attention à ne pas piquer l'aiguille juste dans le point de sortie, car votre nœud disparaîtrait.

Enroulez le fil trois fois autour de la pointe de l'aiguille.

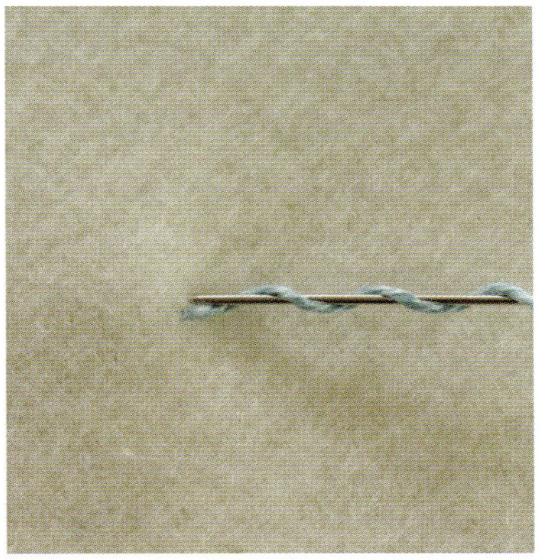
Piquez l'aiguille juste à côté du point de sortie.

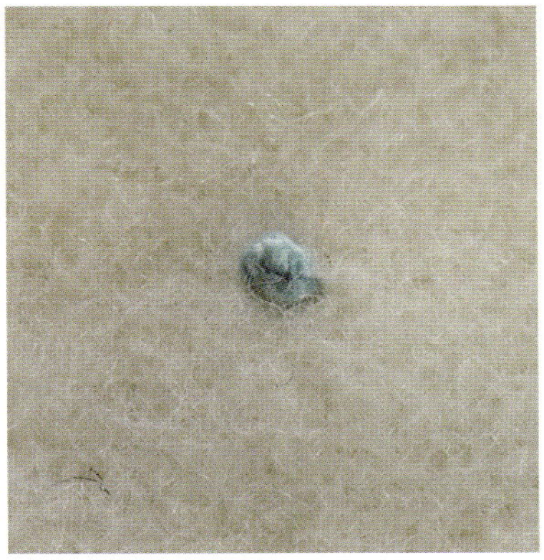
Le point de nœud produit une petite boule en forme de croissant.

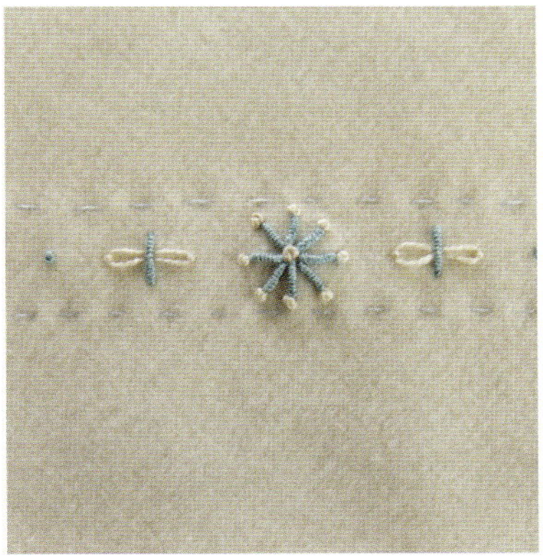
L'association de points de nœud, de poste et de bouclette fait de ravissants motifs.

Motif en point de nœud, point de tige et points lancés (longs points droits).

15

retouches et réparations

- Reprendre et élargir
- Rallonger et raccourcir
- Effectuer des réparations
- Repriser à la main
- Repriser à la machine
- Rapiécer
- Réparer les coutures défaites
- Remplacer un élastique
- Remplacer une fermeture à glissière
- Rafraîchir les vêtements usés

LES RETOUCHES FONT PARTIE INTÉGRANTE DE TOUT TRAVAIL DE COUTURE. ALORS QU'ON S'ÉMERVEILLE DEVANT UN VÊTEMENT FAIT MAIN, LES RETOUCHES, EFFECTUÉES LABORIEUSEMENT ET RÉUSSIES À FORCE DE PATIENCE ET DE MÉTICULOSITÉ, ONT TENDANCE À NE PAS SE REMARQUER.

Savoir faire des retouches est un véritable atout pour sauver un vêtement peu seyant. La clé de la réussite – surtout lorsqu'il s'agit de réduire ou d'agrandir une taille – est un bon repassage, si possible à la vapeur. Les parties les plus susceptibles d'être retouchées sont les coutures latérales et toute ligne de construction existante, comme les pinces. Chaque fois que c'est possible, répartissez la différence d'ampleur sur chaque quart du vêtement ; ne retoucher qu'un endroit peut donner un résultat déstructuré. On peut aussi gagner ou perdre un peu d'ampleur en ajustant l'emplacement des fermetures, comme les boutons des poignets et les agrafes des ceintures.

Reprendre et élargir

Changer la taille des pinces et des plis existants – ou en ajouter de nouveaux – est une façon simple et efficace de reprendre (rétrécir) ou d'élargir (agrandir) un vêtement. Si le fait de reprendre a tendance à produire des coutures ou des pinces excessivement larges, recoupez-les à 15 mm et finissez les bords de coupe afin qu'ils restent à plat.

Les coutures fermées sont plus solides que les simples : si le fait d'élargir un article très ajusté ne vous laisse plus que très peu de surplus, renforcez les coutures par une ganse ou en les surfilant ensemble.

Découdre

Le découd-vite est un ustensile fort utile, qu'il faut savoir manier sans trop de précipitation ni trop de méticulosité.

Curieusement, on ressent une certaine satisfaction à procéder de la manière suivante. Avec un découd-vite, ou la pointe d'un coupe-fil bien affûté, soulevez et coupez un point sur deux ou trois. Sur l'envers, coupez le fil uniquement à chaque extrémité, puis soulevez la couture déstabilisée, pincez-la avec vos doigts et tirez fortement le fil vers l'arrière. Répétez l'opération, puis brossez ou détachez les petits bouts de fil de chaque côté. Sur les coutures machine, il est généralement plus facile de tirer sur les fils de canette que sur les fils supérieurs.

Les retouches se font principalement sur les coutures latérales, les pinces, les plis, ou encore sur les ourlets.

Découdre les bords surjetés

Découper les coutures réalisées avec une surjeteuse à trois fils n'est pas aussi laborieux qu'il y paraît. Il convient avant tout de trouver et de retirer le fil d'aiguille qui forme la piqûre droite la plus éloignée du bord, à l'intérieur des boucles. Coupez un point au découd-vite, puis levez quelques points supplémentaires pour avoir assez de longueur. Tirez ce fil jusqu'à ce qu'il casse, et recommencez. Les boucles qui enferment le bord du tissu se déferont facilement une fois le fil d'aiguille retiré.

Les coutures réalisées avec une surjeteuse à quatre fils (point de sécurité) comportent deux fils d'aiguille, dont l'un effectue la couture au point de chaînette. Le fait de découdre le fil d'aiguille défera le point de sécurité dans un sens, mais pas dans l'autre, donc vous avez une chance sur deux d'y arriver du premier coup. Ensuite, procédez comme pour le surjet à trois fils.

Rallonger et raccourcir

Sur les vêtements très portés, il est plus facile de raccourcir et reprendre que d'élargir et rallonger.

Lorsque l'on raccourcit des vêtements fuselés – par exemple un pantalon –, l'ourlet excédentaire devient plus petit que la circonférence dans laquelle il est

Pour défaire un bord surjeté, repérez le fil d'aiguille et tirez-le au découd-vite.

Ourlet fuselé raccourci à l'aide d'un biais.

Une fois le fil d'aiguille retiré, les boucles se déferont d'elles-mêmes.

Pour un ourlet plus large sur un article fuselé, fendez la couture latérale.

Le surjet à quatre fils est un peu plus difficile à découdre.

Vêtement rallongé par l'ajout d'une ganse à l'ourlet défait.

Stabilisez la partie déchirée en bâtissant une pièce de papier sur l'envers.

Effectuez de petits points devant en avant et en arrière, dans le droit-fil.

Tournez l'ouvrage et tissez des points dans les premiers points.

rentré. Recoupez l'excédent d'ourlet à une largeur suffisante pour fixer une parementure ou un biais (6 mm). Cousez et faites une piqûre arrière sur la parementure, roulez-la vers l'intérieur et cousez le bord à la main.

À défaut de biais ou de parementure, fendez la partie de la couture latérale et de la couture interne de la jambe située à l'intérieur du rentré et cousez les bords à la main.

Pour rallonger un article, défaites l'ourlet sur l'envers et repassez-le avant de coudre un biais (visible ou non, voir page 160 pour plus d'informations) et de le finir. S'il n'y a pas assez d'ourlet ou si les marques de l'ourlet précédent ne s'effacent pas, envisagez d'ajouter une garniture par-dessus la partie marquée ou une ganse décorative réalisée dans un autre tissu.

Effectuer des réparations

Pour faire simple : plus vous attendrez, plus le problème s'aggravera et plus vous mettrez de temps à le réparer. La plupart des problèmes sont faciles à résoudre, mais lorsque les réparations sont négligées, le vêtement finit souvent dans la pile des vêtements à donner.

Il y a trois sortes de réparations : les réparations provisoires (vive les épingles de sûreté !), les réparations de fortune (pièces thermocollantes, coutures manuelles rapides…) et les réparations permanentes, qui requièrent un peu plus de temps.

Pour effectuer une réparation courante, observez bien la construction du vêtement avant de le démonter. Le fait de réaliser un croquis de la partie à réparer, et d'ajouter des notes relatives aux mesures peut s'avérer très utile au moment de remettre les pièces du puzzle en place.

Repriser à la main

Pour raccommoder des déchirures aussi discrètement que possible, il vous faut un fil simple parfaitement assorti au tissu. Si votre nécessaire à couture n'en contient pas, tirez des fils dans une partie intérieure non visible du vêtement, comme un ourlet ou une poche.

1 Placez le tissu déchiré, *envers vers vous*, sur un morceau de papier un peu plus grand que la déchirure. Rassemblez les deux parties de la déchirure l'une contre l'autre, puis bâtissez le tissu sur le papier afin de stabiliser la zone à repriser.

2 Commencez par deux petits points arrière, à 10-15 mm à l'extérieur de la déchirure, puis effectuez des points devant aussi petits que

possible, d'avant en arrière, en suivant le droit-fil. Travaillez en dépassant un peu à l'extérieur de la déchirure, afin d'assurer une meilleure stabilité à la réparation. Ne tirez pas trop fort à la fin de chaque rang.

3 Une fois que vous avez recouvert toute la déchirure de rangées de points devant dans un sens, tournez l'ouvrage d'un quart de tour et répétez l'opération en tissant entre les points devant. Terminez par deux petits points arrière.

4 Pour finir, retirez le papier de support, tirez délicatement dans le biais de la partie reprisée et repassez sur l'envers.

Un champignon à repriser est un outil en bois ou en plastique, en forme de champignon, utilisé pour repriser les chaussettes. Retournez la chaussette sur l'envers et étendez la partie à repriser sur le champignon afin de maintenir une tension constante.

À l'aide d'un point droit court, piquez d'avant en arrière à travers la déchirure.

Pour plus de solidité, tournez l'ouvrage d'un quart de tour et répétez les piqûres.

Repriser à la machine

Pour repriser discrètement à la machine, il faut également un fil assorti, sur la bobine et dans la canette.

Tout d'abord, coupez les fils qui dépassent à la surface du tissu, puis appliquez (au fer) une pièce ou un entoilage thermocollant derrière la déchirure.

Installez le pied à repriser, qui permet de mieux contrôler l'espacement et l'emplacement des points. Il fonctionne très bien sur les tissus fermes, comme le denim, le lin et les cotons épais, ainsi que sur les surfaces à motifs où le reprisage peut se fondre dans le fond. Si vous avez un tambour à broder, utilisez-le pour stabiliser la partie à repriser (retournez le tambour pour maintenir le tissu à plat sur la plaque). À défaut, tâchez de maintenir la partie bien tendue pendant que vous reprisez. Débrayez les griffes d'entraînement, placez la partie cerclée sous le pied à repriser, avec le tambour retourné, si nécessaire, pour maintenir le tissu contre la plaque à aiguille, et déplacez manuellement le tissu vers l'avant et l'arrière jusqu'à ce qu'il y ait suffisamment de points pour recouvrir la déchirure.

À défaut de pied à repriser, utilisez un pied à broderie (ouvert), voire un pied universel. Sélectionnez une petite longueur de point pour coudre les lignes verticales (dans le droit-fil) en prenant l'entoilage derrière le tissu. Si la solidité est un critère plus important que la discrétion, effectuez une autre série de piqûres perpendiculaires aux premières. Ou bien fermez et consolidez les bords de la déchirure avec un point droit, puis reprisez au point zigzag.

Découpez soigneusement la partie trouée à l'intérieur du carré tracé.

Épinglez et bâtissez un petit ourlet et cousez les bords à la main sur la pièce de dessous.

Rapiéçage

On peut réparer des trous dans un tissu en utilisant soit un tissu de même couleur que l'original, soit une pièce du même tissu, découpé dans une partie non visible du vêtement (intérieur de poche, parementure ou dessous de col).

Commencez par couper les fils qui dépassent du trou.

1 Coupez un carré de tissu plus grand que le trou et placez-le sur l'envers du tissu. Si vous rapiécez le trou avec le même tissu que celui du vêtement, faites coïncider le sens du fil et le motif des deux parties. Bâtissez la pièce en place.

2 En travaillant sur l'endroit et dans le droit-fil, tracez à la craie un carré bien net autour du trou. Soulevez le tissu (pour le séparer de la pièce sous-jacente) et découpez soigneusement le carré à l'aide de petits ciseaux, en entaillant chaque coin sur 5 mm environ.

3 Rentrez les bords de coupe du carré et cousez les bords au point invisible ou autre point d'application (voir pages 217-222), en prenant la pièce en dessous. Sur l'envers, rentrez les bords de coupe et cousez les bords au point glissé invisible. Repassez sur l'envers.

Si la solidité est un critère plus important que la discrétion, bâtissez les côtés de la pièce et cousez les bords à la machine, au point droit. Vous pouvez aussi surfiler les bords de coupe non rentrés au point zigzag, mais cela se verra plus que le point droit.

Vous pouvez également dissimuler les trous sous des applications décoratives ou une poche appliquée.

Prends ton aiguille, mon enfant, et travaille à ton ouvrage ; il se transformera en rose. Telle est la vie, Myrtle, un point à la fois, patiemment exécuté, et elle se dessinera peu à peu, comme une broderie.

Oliver Wendell Holmes,
L'Ange gardien.

Réparer les coutures défaites

Lorsque les coutures se défont, il suffit le plus souvent de remplacer les points qui manquent, soit à la machine, soit à la main au point arrière. Si le tissu s'écarte de la couture, faites de votre mieux pour le coincer sous la couture, puis renforcez la zone avec du biais, un galon ou une bande de tissu (à bords finis).

Remplacer un élastique

Les sous-vêtements qui ne tiennent plus sont un problème universel, et la preuve irréfutable que l'élastique a une durée de vie limitée. Quand l'élastique ne tient plus son rôle, il suffit de le remplacer.

Dans le cas d'un élastique caché dans une coulisse, décousez une petite partie de la coulisse, sur le côté ou le dos du vêtement. Coupez l'élastique, puis attachez (avec un nœud ou une épingle de sûreté) un nouvel élastique à l'ancien. Tirez délicatement l'ancien élastique afin d'insérer le nouveau dans la coulisse (voir page 143 les différentes sortes d'élastique).

Certains élastiques sont cousus directement sur la coulisse au

Retirez les fils qui dépassent de la couture défaite.

Recousez la partie défaite à la main ou à la machine, en prenant bien les bords du tissu.

Renforcez la réparation par une bande de biais ou de galon.

Fixez le nouvel élastique à l'ancien et tirez l'ancien élastique pour faire glisser le nouveau dans la coulisse.

Pour remplacer un élastique, maintenez le tissu étiré pendant que vous surpiquez l'élastique au point zigzag.

Retournez l'élastique sur l'intérieur et piquez-le en place.

point droit ou au point de chaînette industriel ; il vous faudra faire preuve d'un peu de patience pour les découdre.

Vérifiez la taille du nouvel élastique avant d'assembler les deux bouts (voyez comment procéder pages 144-145), puis recousez directement sur la partie décousue de la coulisse.

1 Coupez un élastique neuf faisant les deux tiers de la taille ou du tour de cheville et ajoutez un petit surplus à chaque extrémité (6 mm suffisent).

2 En commençant au niveau d'une couture, divisez la circonférence de l'ouverture en quatre et tracez les marques à la craie ou avec des épingles. Faites de même avec l'élastique. Épinglez l'endroit de l'élastique (bordure décorative vers l'intérieur) sur l'endroit du tissu en faisant coïncider les marques.

3 Étirez le vêtement et l'élastique pour insérer d'autres épingles entre les premières et maintenez le tissu étiré pendant que vous fixez l'élastique avec un point zigzag peu serré aussi large que la bande d'élastique.

4 Rentrez l'extrémité de l'élastique et faites chevaucher le surplus au niveau du point de départ. Retournez l'élastique à l'intérieur du vêtement (bordure décorative visible) et piquez sur l'endroit au point zigzag peu serré ou au point serpentin.

Remplacer une fermeture à glissière

Il est pratiquement impossible de reproduire la surpiqûre d'une braguette. Heureusement, ce n'est pas indispensable. Il est toutefois primordial de prendre des notes relatives à la construction et de tout mesurer (certains des points essentiels figurent dans les instructions ci-dessous ; veillez à bien les respecter) avant de retirer l'ancienne fermeture à glissière.

1 Côté sous-patte, défaites la couture en tenant la fermeture entre la sous-patte et le pantalon. Décousez la partie de la ceinture fixée à la fermeture.

2 Côté braguette (rabat supérieur), laissez la surpiqûre décorative intacte, et ne défaites que la couture maintenant la fermeture à la parementure. S'il y a un point d'arrêt (petite bride de piqûre zigzag

très serrée) renforçant la partie inférieure de la braguette, laissez-le intact et découpez soigneusement le ruban de la fermeture autour.

3 Côté sous-patte, insérez le ruban de la nouvelle fermeture sur le devant, entre la sous-patte et le bord du pantalon. Consultez vos notes pour vérifier que la distance entre les dents de la fermeture et le bord du pantalon est la même que pour l'ancienne fermeture. Épinglez ou bâtissez la nouvelle fermeture. Installez un pied pour fermeture à glissière (trou du côté des dents), ouvrez la fermeture et piquez-la en place aussi loin que le pied le permet.

4 Fermez la fermeture, posez le rabat supérieur par-dessus et épinglez-le pour fermer la braguette. Retournez le pantalon sur l'envers. Épinglez la sous-patte vers l'extérieur afin qu'elle ne vous gêne pas pendant que vous épinglez ou bâtissez l'autre côté de la fermeture à la parementure.

5 Retirez les épingles qui fermaient le rabat supérieur à l'extérieur du pantalon. Ouvrez et fermez la fermeture pour vérifier sa position, puis cousez-la à la parementure (à la main) au point arrière. Vous ne devriez voir aucune couture apparaître sous la surpiqûre externe.

6 Remettez le pied universel sur votre machine et repiquez la ceinture au point droit.

Insérez le ruban de la nouvelle fermeture sur le devant.

Piquez la fermeture en place aussi loin que le pied le permet.

Fermez la fermeture et épinglez le rabat supérieur par-dessus, puis retournez sur l'envers.

Épinglez la sous-patte vers l'extérieur et cousez la fermeture à la parementure.

Rafraîchir des vêtements usés

Un ourlet trop déchiré pour être réparé peut être coupé.

Remplacez un ourlet déchiré par une bande de tissu contrastant ou une garniture décorative.

Appliquez une pièce imprimée toute simple sur les déchirures ou les taches.

Particulièrement sollicitées, les parties près du corps, sur un vêtement, se détériorent plus vite que les autres. Les chemises d'homme, par exemple, s'usent rapidement au niveau de la couture qui assemble le pied de col au tombant. La manière la plus simple et la plus rapide de ressusciter une chemise à laquelle on tient est de retourner son col.

Les vêtements masculins sont construits un peu différemment des vêtements féminins. Les cols et les poignets sont piqués et retournés, pris en sandwich avec la partie adjacente et surpiqués en place. Cela signifie que vous pouvez retirer les cols et les poignets en décousant une seule ligne de piqûre, ce qui simplifie les choses.

Retourner un col

Pour retourner le col d'une chemise d'homme afin de lui donner une nouvelle vie, suivez ces étapes très simples :

1 Marquez à la craie ou au bâti les points qui devront coïncider sur le tombant et le pied du col, tel le milieu du dos et l'endroit où le tombant rejoint le pied.

2 Décousez la surpiqûre assemblant le tombant et le pied de col. Repassez le dessous du col, qui deviendra la partie supérieure (visible). Amidonnez-le pour lui donner plus de tenue.

3 En vous aidant des repères marqués, remettez le tombant en place, sens dessus dessous. Épinglez, bâtissez puis piquez le col en place au point droit.

Astuces décoratives

Sur les vêtements ordinaires ou d'enfants, l'ajout de garnitures, d'applications et autres finitions décoratives peut facilement rafraîchir les articles un peu fatigués, tout en dissimulant les retouches et les réparations. Voici quelques idées :

- Une simple pièce décorative peut être appliquée au point de bourdon ou de feston, à la main ou à la machine, en jouant sur l'assortiment ou le contraste des tissus.
- Les petits trous et déchirures peuvent être cachés par une jolie broderie.
- Un ourlet trop déchiré pour être réparé peut être coupé et remplacé par une bande de tissu ou une jolie ganse décorative.

Glossaire

Note : les termes ***en gras et en italique*** sont expliqués à une autre entrée du glossaire.

Aiguille **1.** Aiguille en acier pour couture manuelle, dotée d'un chas à une extrémité et d'une pointe à l'autre ; selon leur fonction, elles existent dans diverses formes et tailles. **2.** Aiguille pour machine à coudre, dont le chas se trouve près de la pointe et dont le talon plat s'insère dans le serre-aiguille.

Aiguille à jean Aiguille pour machine, solide et acérée, destinée à la couture des jeans et autres tissus denses et lourds.

Aiguille empennée Aiguille pour machine à coudre dotée d'ailettes de part et d'autre du fût et utilisée pour créer des trous décoratifs et des points à jour.

Aiguille universelle Aiguille pour machine à coudre utilisable sur les tissus tricotés et ***tissés***.

Aisance Ampleur supplémentaire prévue pour les mouvements, sur un vêtement ou un patron.

Anneau en D Anneau en plastique ou en métal, en forme de D, utilisé comme fermoir sur les ceintures et les bretelles.

Applications Pièces de tissu cousues sur un tissu de base, à la main ou à la machine, en guise d'ornement.

Appliqué voir **Applications**.

Apprêt Traitement chimique administré à de nombreux tissus du commerce, afin de leur donner une certaine rigidité ; peut s'éliminer au lavage.

Armure Mode d'entrecroisement des fils de trame et de chaîne d'un tissu (satin, sergé ou uni) ; voir aussi **Contexture**.

Baleine Tige flexible en plastique (autrefois en os de baleine) servant à renforcer le corsage des vêtements ajustés.

Basque Pièce de tissu arrondie ou évasée qui prolonge la taille d'une veste ou d'une robe ajustée.

Bâti machine Point le plus long de la machine à coudre, utilisé pour assembler provisoirement deux pièces de tissu.

Bâti tailleur Points provisoires utilisés pour marquer les ***plis***, les ***pinces*** et autres ***lignes de construction*** avant la couture définitive ; ces points sont ensuite retirés.

Bâtir **1.** Coudre à longs ***points devant***, ou avec un long point droit machine, pour assembler provisoirement deux pièces de tissu. **2.** Marquer provisoirement, à l'aide de longs points manuels, l'emplacement d'une couture. On dit aussi faufiler.

Biais **1.** Coupe en diagonale (45°) par rapport au ***droit-fil***, plus extensible que celui-ci. **2.** Bande de tissu (faite main ou prête à poser) coupée dans le biais et dont les deux bords longs sont rentrés ; utilisée pour ganser ou consolider les coutures, ourlets, emmanchures, etc.

Bord à bord Se dit de deux bords placés l'un contre l'autre, sans couture ni dépassement.

Bord de coupe Bord coupé et non fini d'un tissu, susceptible de ***s'effilocher***.

Bord-côte Tissu en tricot extensible, utilisé pour les cols et les poignets.

Bords piqués Point machine effectué au ras d'une couture ou d'un pli ; utilisé pour finir, renforcer ou décorer.

Bougran Grosse toile raide et apprêtée, mise en forme pour consolider les ceintures et les chapeaux.

Bouillonné Rangs de *fronces* sur un vêtement, exécutés avec un fil élastique à la place d'un fil de canette ordinaire ; les fronces qui en résultent sont extensibles.

Brandebourg *Bride* à bouton ornementale, réalisée dans un cordon ou un galon.

Bras libre Élément de la machine à coudre, en forme de cylindre tronqué, que l'on peut retirer de la base pour coudre plus facilement les manches, les poignets, les jambes de pantalon et autres pièces tubulaires.

Bride-boutonnière Bride confectionnée dans une fine bande de biais, utilisée comme boutonnière décorative.

Brides d'arrêt Série de points main ou machine utilisés pour renforcer un endroit sollicité, comme une ouverture de poche ou une boutonnière.

Broderie à fils comptés Terme générique désignant différents types de broderie (d'Assise, point de croix, noir sur blanc, jours à fils tirés, Hardanger, etc.) dans lesquels un point s'exécute sur un nombre exact de fils, conformément à une *grille*.

Broderie anglaise Ouvrage à jours brodés, imitant la dentelle.

Broderie aux points d'ombre Type de broderie dans lequel un point de chausson de couleur est effectué sur l'envers d'un tissu fin et transparent, créant ainsi une sorte de contour « ombré » sur l'endroit.

Calicot Coton écru bon marché, utilisé pour les *toiles de moulage*.

Canette Petite bobine de métal ou de plastique sur laquelle on enroule le fil inférieur de la machine à coudre.

Chaîne Fils du tissu courant sur la longueur ; voir aussi **Trame**.

Champignon à repriser Outil en forme de champignon sur lequel on étend les textiles endommagés (généralement, les chaussettes ou les vêtements de laine).

Ciseaux cranteurs Ciseaux produisant un bord en dents de scie, peu prompt à *s'effilocher*.

Contexture En broderie, nombre de fils de chaîne et de trame par centimètre dans un tissu à *armure* unie ; plus le nombre est élevé, plus le tissage est fin et serré et plus les points seront petits.

Cordonnet (de passepoil) Fin cordon de coton, de diverses épaisseurs, utilisé pour confectionner un *passepoil*.

Corsage Partie supérieure d'une robe, entre les épaules et la taille, avec ou sans manches.

Coton mercerisé Fil à coudre ou à broder en coton, traité sous tension pour présenter un aspect lustré et une plus grande solidité.

Coulisse Tube plat de tissu – fait par un double rentré ou l'ajout d'une pièce de tissu – par lequel on introduit un cordon, un ruban ou un élastique.

Coussinet de repassage Petit coussin très ferme et bombé, utilisé pour repasser les parties arrondies d'un vêtement (pinces courbes, cols, etc.).

Couture anglaise Couture plate et étroite, réalisée envers contre envers et dont les surplus sont enfermés par une deuxième piqûre, endroit contre endroit.

Couture rabattue Couture créée en assemblant les pièces de tissu envers contre envers, en coupant un surplus au ras de la piqûre, puis en rentrant l'autre surplus par-dessus et en le piquant en place.

Craie de tailleur Petit morceau de craie peu friable, à bords vifs, utilisé pour marquer provisoirement le tissu ; voir aussi **Crayon de tailleur.**

Crans Petits triangles imprimés sur le bord des patrons, indiquant l'endroit où l'on doit faire coïncider deux bords ; voir aussi **Repères**.

Cranter Pratiquer de petites entailles dans le surplus d'une couture arrondie, au ras de la piqûre, afin qu'elle repose bien à plat.

Crayon de tailleur S'utilise pour marquer le tissu d'un trait fin et précis ; voir aussi **Craie de tailleur**.

Croquet Tresse ou galon décoratif de forme ondulée et de taille variable.

Cutter rotatif Lame circulaire et rotative dotée d'un manche en plastique, utilisée en conjonction avec une ***plaque de coupe*** et une ***règle pour patchwork*** pour effectuer des coupes rapides et précises dans plusieurs épaisseurs de tissu.

Découd-vite Petit outil pointu, doté d'une lame acérée, dont on se sert pour défaire les coutures ou couper les points.

Denim Étoffe grossière très résistante, servant entre autres à fabriquer les jeans.

Doublure Étoffe secondaire fixée à l'intérieur d'un vêtement afin d'en accroître le confort et la durabilité, donner plus de poids et de chaleur et/ou dissimuler les ***bords de coupe***.

Drapé Façon dont tombe un tissu lorsqu'il est suspendu.

Droit-fil voir **Sens du fil**.

Échelonner Couper l'un des deux ***surplus*** d'une couture plus court que l'autre pour réduire l'épaisseur et éviter les faux plis.

Effilocher (s') **1.** Se dit d'un ***bord de coupe*** dont les fils se défont (on dit aussi s'effranger). **2.** Retirer délibérément les fils pour créer une frange.

Empiècement Partie plate et ajustée d'un vêtement à partir de laquelle le reste du vêtement est suspendu ; se trouve généralement entre les épaules d'une chemise ou à la ceinture d'une jupe.

Endroit Face extérieure d'un tissu ; pas toujours visible sur certaines étoffes ; voir aussi **Envers**.

Entoilage Textile tissé ou non tissé utilisé pour stabiliser et donner du corps à un tissu ; il en existe de diverses épaisseurs et degrés d'élasticité, sous forme thermocollante ou non.

Entoilage thermocollant Toile enduite d'adhésif sur une ou deux faces, utilisée pour renforcer ou stabiliser un tissu ; l'entoilage thermocollant s'achète en rouleau (pour les ourlets) ou en feuilles (pour les ***applications***).

Envers Surface intérieure d'un tissu ; voir aussi **Endroit**.

Extra-fort Ruban de coton tissé croisé et serré, que l'on coud sur l'envers d'une piqûre afin de la consolider et de l'empêcher de se détendre.

Faufiler voir **Bâtir**.

Fente Ouverture dans le bas d'un vêtement (veste, manteau, jupe…).

Fermeture Tout type d'accessoire destiné à fermer un vêtement : fermeture à glissière, agrafes, boutons-pression, boutons, ***brandebourg, Velcro***…

Fil monofilament Fil en nylon transparent composé d'un seul filament (brin), utilisé pour donner des résultats « invisibles » à la main ou à la machine.

Finir En couture, rentrer un bord de coupe, le piquer en place, le surfiler au ***point zigzag*** ou de ***surjet*** ou le ***ganser*** pour l'empêcher de ***s'effilocher***.

Froncer Plisser le tissu par des rangs de longs points à la main ou à la machine afin d'en réduire l'ampleur.

Ganser Finir les bords de coupe (d'un vêtement ou d'un ***patchwork***) en les recouvrant d'une étroite bande de tissu décorative.

Garniture Terme générique englobant divers articles de passementerie : galon, cordon, ruban, etc., utilisés pour embellir un ouvrage.

Godet Pièce de tissu, de forme généralement triangulaire, insérée dans un vêtement pour lui ajouter de l'ampleur (jupe à godets).

Griffes d'entraînement Élément en dents de scie qui agrippe le tissu et l'entraîne sous le ***pied presseur*** de la machine.

Grille Schéma représentant un motif de ***broderie à fils comptés,*** comme le point de croix, dans lequel un carré représente un point.

Gros-grain Ruban caractérisé par des côtes de ***trame*** prononcées.

Hauteur d'entrejambe Mesure ou couture allant de l'entrejambe à la cheville.

Jacquard Tissu dont le tissage des fils forme un motif.

Lacet Cordonnet ou ruban inséré dans un ourlet ou une ***coulisse*** pour former des fronces ou fermer un vêtement.

Lé Largeur d'un tissu, de ***lisière*** à lisière.

Ligne d'ourlet **1.** Ligne formée par le bord inférieur d'un vêtement. **2.** Ligne d'un patron montrant où doit être rentré l'ourlet.

Ligne de couture Ligne de piqûre assemblant deux pièces de tissu; voir aussi **Lignes de construction**.

Lignes de construction Lignes de couture marquées sur un patron ou un vêtement, servant à indiquer la ligne de piqûre terminée des coutures, pinces et plis.

Lisière Bord tissé de part et d'autre d'un lé de tissu, parallèle à la ***chaîne***.

Manche montée Type de manche collante, dont les coutures latérales sont assemblées avant que la manche ne soit cousue à l'emmanchure ; voir aussi **Raglan**.

Mannequin Modèle en trois dimensions d'un torse humain, généralement du cou aux cuisses, utilisé pour essayer les vêtements en cours de confection.

Marquage au fil Points provisoires destinés à marquer les ***lignes de construction*** d'un vêtement ; voir aussi **Bâtir**.

Marqueurs Stylos à encre effaçable à l'air ou à l'eau conçus pour tracer les lignes de couture, les motifs de broderie ou les contours de matelassage sur les tissus ; voir aussi **Craie de tailleur.**

Mercerie (articles de) Accessoires comme les boutons, fils, fermetures, garnitures, etc., nécessaires à la finition d'un vêtement ; indiqués sur les patrons de couture.

Modèles Variantes stylistiques proposées sur une pochette de patron.

Molleton Textile épais – en laine, coton ou polyester – destiné à isoler et placé entre le tissu supérieur et le tissu de base des patchworks ou des vêtements matelassés.

Montant Partie du pantalon qui va de la fourche à la ceinture.

Mousseline Tissu doux et très léger, à mailles lâches, existant dans plusieurs épaisseurs et matières.

Nervures Petits plis parallèles très étroits, piqués au ras de la pliure ; peuvent se faire avec des aiguilles doubles.

Non-tissé Textile qui n'est pas fait de fil ou de laine ; peut être naturel (daim, cuir...) ou synthétique (certains entoilages).

Œillet Petit trou percé dans un tissu pour lacer ou décorer ; souvent fini par un point de boutonnière ou de petits anneaux métalliques. Voir aussi **Rondelle**.

Onglet Assemblage de deux bords à angle droit résultant en une jointure diagonale.

Ourler Rentrer un bord de coupe, le plus souvent deux fois de suite, et coudre le bord plié à la main ou à la machine.

Papier carbone (de couturière) Papier spécialement conçu pour reporter les marques des patrons et les contours de broderie sur le tissu ; s'utilise en conjonction avec une ***roulette à patron.***

Parementure Pièce de tissu qui termine le ***bord de coupe*** d'un vêtement, comme l'encolure, le devant d'une veste ou l'emmanchure; peut être coupée séparément ou formée en repliant le tissu sur lui-même.

Passe-lacet Grosse aiguille à long chas, ou petit instrument servant à introduire un lacet ou un ruban dans une ***coulisse***.

Passementerie Terme collectif regroupant diverses garnitures ornementales, telles les franges, galons, dentelle, cordons et glands.

Passepoil Bande de tissu (généralement dans le ***biais***) insérée dans une couture pour créer une bordure décorative; souvent, le tissu entoure un ***cordonnet***, qui donne plus de corps au passepoil.

Patchwork Ouvrage fait de petites pièces de tissu assemblées à la main ou à la machine, et formant un motif particulier.

Patte Petite bande d'étoffe cousue sur un vêtement et souvent munie d'un bouton (encolure, manche, ceinture ou devant de chemise).

Pattemouille Linge de tissu, utilisé (humide ou sec) entre le fer et les tissus délicats.

Petits plis Plis étroits réalisés dans un tissu et généralement cousus en place.

Pied pour fermeture à glissière ***Pied presseur*** amovible conçu pour faciliter la pose des fermetures à glissière.

Pied presseur Élément amovible d'une machine à coudre, maintenant le tissu contre les ***griffes d'entraînement***; on dit aussi pied-de-biche.

Pied transporteur Élément de machine à coudre permettant de piquer plusieurs épaisseurs de tissu sans que celles-ci se décalent; particulièrement utile pour les étoffes glissantes, ainsi que pour les travaux de matelassage.

Pied-de-biche voir **Pied presseur.**

Pince Pli triangulaire ou arrondi, effectué dans un vêtement pour lui donner du volume.

Piqûre dans le creux Sur l'endroit de l'ouvrage, piqûre réalisée exactement dans le « creux» créé par l'assemblage d'une ou de plusieurs pièces.

Piqûre de soutien Ligne de piqûre machine réalisée juste à l'intérieur d'une ligne de couture arrondie afin de la stabiliser et de l'empêcher de se déformer.

Planche à velours Planche plate dotée d'une surface à pointes d'acier utilisée pour le repassage du velours et autres tissus à ***poil***.

Plaque à aiguille Plaque métallique recouvrant les ***griffes d'entraînement*** d'une machine à coudre, avec un trou au centre destiné à laisser passer l'aiguille.

Plaque de coupe Plaque en plastique « autocicatrisant » spécifiquement utilisée avec des ***cutters rotatifs***.

Pli Pliure à l'intérieur ou à l'extérieur d'un tissu, maintenue en place par une piqûre à une ou deux extrémités. Les plis varient en fonction de la façon dont est plié le tissu: plissé soleil, plis creux, couchés...

Poche gilet Poche coupée dont l'ouverture est bordée d'une patte de renfort.

Poids à patron Poids utilisés sur les patrons en papier à la place des épingles traditionnelles; ils empêchent également le tissu de glisser sur le plan de travail.

Poil Surface fibreuse de certaines étoffes (comme le velours), avec un sens très marqué; il est important de couper les pièces de tissu à poil en plaçant tous les patrons dans le même sens.

Point arrière **1.** Un ou deux points effectués au début ou à la fin d'une piqûre machine pour la consolider. **2.** En broderie, point de contour plat. **3.** En couture manuelle, point de renfort utilisé pour assembler deux pièces de tissu.

Point devant Point de base exécuté en passant le fil par-dessus et par-dessous le tissu ; s'utilise également en broderie.

Point glissé Point quasi invisible utilisé pour assembler deux bords pliés sur l'endroit ; s'exécute de droite à gauche en ne prenant qu'un ou deux fils de chaque pièce de tissu à la fois.

Point invisible Point utilisé pour coudre les ourlets, invisible sur l'endroit du vêtement.

Point zigzag Point machine formant des dents de scie ; sert essentiellement à finir les ***bords de coupe***.

Pointe bille (aiguille à) Aiguille pour machine à coudre dont la pointe permet de coudre les tissus maille sans déchirer les fibres.

Raglan Type de manche fixée à un vêtement par des coutures allant du dessous de bras à l'encolure ; voir aussi **Manche montée**.

Recouper Éliminer l'excédent de ***surplus*** de couture à l'aide de ciseaux ; on dit aussi tailler, réduire.

Règle pour patchwork Règle quadrillée en plastique transparent, utilisée avec un ***cutter rotatif.***

Renforcer Consolider un tissu ou une couture, en surpiquant, en ajoutant une ***ganse*** pour éviter l'étirement, une ***doublure***, une ***triplure***, de l'***entoilage*** ou une épaisseur supplémentaire de tissu, ou en consolidant une couture aux endroits sollicités, comme le bord ouvert d'une poche.

Repasser Utiliser un fer à repasser ; en couture, le fer à repasser ne doit pas être manié à grands mouvements de va-et-vient, mais posé sur le tissu avant d'être soulevé et déplacé.

Repères Symboles figurant sur les patrons et indiquant où assembler les pièces, faire les plis, aligner les bords, etc. ; voir aussi **Crans**.

Repriser Réparer un trou dans le tissu en tissant du fil par-dessus.

Rétrécissement Diminution de la largeur et de la longueur d'un textile après lavage. Bien que la plupart des tissus soient traités de manière à être irrétrécissables (décatis), certains sont plus sujets que d'autres au rétrécissement ; en cas de doute, les tissus doivent être lavés et séchés avant d'être coupés et cousus.

Revers Chacune des deux parties (souvent triangulaires) rabattues sur la poitrine, qui prolongent le col ou l'encolure.

Rondelle Anneau métallique utilisé pour renforcer un trou pratiqué dans le cuir ou le tissu ; prend parfois le nom d'***œillet***.

Roulette à patron Petit instrument à roue dentée, utilisé pour reporter les ***repères*** d'un patron sur le tissu ; la roulette à bord lisse s'emploie avec du ***papier carbone de couturière***.

Ruche Fine bande de tissu froncée et qui est utilisée comme ornement vestimentaire (cols, manches...).

Sens du fil Direction des fils d'un textile : le ***droit-fil*** (indiqué par une flèche sur les patrons) suit la ***chaîne*** parallèlement à la ***lisière*** ; le ***sens travers***, qui suit la ***trame***, elle-même perpendiculaire à la chaîne, est légèrement plus extensible que le droit-fil.

Smocks Technique de broderie consistant à former de petites ***fronces*** et à les maintenir en place par des rangs de broderie décorative.

Sous-piqûre Piqûre machine effectuée dans toutes les épaisseurs d'une ***parementure*** (c'est-à-dire à la fois dans le ***surplus*** et la parementure) afin de les stabiliser et d'empêcher la parementure de rouler sur l'endroit.

Surjet Point effectué sur un ***bord de coupe*** afin de l'empêcher de ***s'effilocher***.

Surjeteuse Machine effectuant des surjets sur les tissus.

Surpiquer Effectuer une piqûre – décorative ou fonctionnelle – sur l'endroit de l'ouvrage, à une distance déterminée des bords finis ou des coutures.

Surplus (de couture) Excédent de tissu qu'on laisse au-delà d'une piqûre (généralement 15 mm sur les patrons du commerce) ; on dit aussi réserve, marge.

Tambour à broder Paire de cercles concentriques et ajustables servant à maintenir le tissu tendu pendant la broderie.

Tapisserie Ouvrage de broderie réalisé à la laine sur un canevas (grosse toile à jour) de dimensions et d'épaisseur variables.

Tension Pression exercée sur les fils supérieur et inférieur à mesure qu'ils passent dans la machine ; lorsque la tension est bien réglée, les deux fils se rejoignent au centre des épaisseurs de tissu.

Thermocoller Assembler deux surfaces par l'usage d'***entoilage thermocollant***, une toile enduite – sur une ou deux faces – d'un adhésif activé par la chaleur du fer.

Tige Extension située sur le dessous de certains boutons, et par laquelle on passe le fil pour poser le bouton.

Tissé Étoffe composée de fils tissés, par opposition au ***non-tissé***.

Tissu à sens Tissu dont les motifs ne sont pas identiques dans les deux sens, mais ayant un haut et un bas ; les patrons doivent être tous posés dans le même sens.

Toile de moulage Sorte de prototype du vêtement, réalisé dans un tissu bon marché afin d'y apporter les retouches nécessaires avant de couper le vrai tissu.

Trame Fils du tissu courant sur la largeur, perpendiculairement aux fils de ***chaîne***.

Triplure Toile apprêtée que l'on place entre le tissu et la ***doublure*** afin de donner du corps aux tissus fins.

Unifil Tissu pour ***broderie à fils comptés,*** dans lequel les fils de chaîne sont de même taille que les fils de trame.

Velcro Nom de marque d'un ruban de nylon double, composé d'une face duveteuse et d'une face « agrippante » ; sert de fermeture.

Voilage Tissu mince et translucide (dentelle, tulle, voile, mousseline...) servant notamment à filtrer la lumière devant une fenêtre.

Volant **1.** Bande d'étoffe légère, froncée ou finement plissée sur un vêtement. **2.** Élément de la machine à coudre qui soulève et abaisse l'aiguille en cours de piqûre ; peut se tourner manuellement.

Chez Dessain et Tolra, des idées à coudre...

Pour apprendre à coudre à la machine

Coudre à la machine, le b.a.-ba pour débuter en couture...., par Kate Haxell: tout ce qu'il faut connaître et juste ce qu'il faut savoir pour mener à bien vos premiers projets !

Pour coudre : des modèles avec patrons à taille réelle

Style petite fille, par Yoshiko Tsukiori: 24 modèles adorables pour les petites filles de 4 à 10 ans.

Petits hauts tout simples, par Christine Palmaccio : 25 vêtements raffinés faciles à coudre soi-même (en taille 38 à 42), et quelques modèles sans patron pour les plus débutantes.

Total Liberty pour les petits, par Annabel Bénilan : 24 modèles à coudre soi-même, pour les filles et les garçons (2 à 6 ans).

Basiques pour les 2 à 6 ans, par Carole Favero : 26 modèles dont 4 mixtes à coudre soi-même, et quelques modèles sans patron pour les plus débutantes.

Sacs et rangements à la japonaise, 20 modèles à coudre, par Akiyo Kayiwara : 20 sacs et pochettes à coudre soi-même, à emporter partout avec soi !

Pour embellir et décorer

Bordures de perles au crochet et à l'aiguille pour vêtements, chapeaux, bijoux, par Midori Nishida & C.R.K design : adoptez le loisir favori des japonaises et apportez de la fantaisie à vos accessoires !

Miniatures en perles de rocaille, 100 babioles, breloques et autres trésors à créer, par Murr-Hinson : autour de 12 thématiques, réalisez d'adorables motifs en perles de rocailles, pour customiser vos accessoires et créer vos propres bijoux.

Index

Les numéros de page en *italique* renvoient aux illustrations

A

accordéon *voir* plis accordéon
agrafes 205-206, *206*
aiguilles à coudre 19, 20, *22*, 23
  à broder 23, 225
  à cuir 23
  à matelasser 23
  à perler 23
  à repriser 23, 225
  à tapisserie *22*, 23, 225
  courbes *22*
  de modiste 23
  longues 23
  tailles 20
  voir aussi aiguilles pour machine
aiguilles pour machine 42-45, *43*
  à fil métallique 44-45
  à jean 44
  à quilter 44
  changer 42-43
  doubles *43*, 44
  jumelées *43*, 44
  Microtex 43
  pour fil à broder 45
  Stretch 44
  tailles 43, *43*, 44, 45
  types 43-5, 43
  universelles 43
aisance 73-74, 135, 150, *150*
angles, piqûre machine 105
applications 217, *217*
  à la machine 217-219
  à la main 220, *220*
  aiguilles 23
  et perles 217
  marqueurs 30, *31*
  parementure double face 63, 218-19, *218*
  pour rapiéçage 244
  sur l'envers 219, *219*
appliqué *voir* applications

B

bande autoagrippante 207
bandes de biais
  assemblage 122, *122*, 174, *174*
  coupe 26, 174, *174*
  pour passepoil 178-180, *178*, 179
  voir aussi biais
bâti 84, 86
  à la machine *84*
  à la main 84, 86-87, 98
  fil 24
  tailleur 84-85, *85*
biais 58
  bords de coupe 127, *127*
  coins en onglet 176-177, *176*, 177
  confection 175, *175*
  faux ourlets 167
  pose 175-177, *175*, 176
  pour passepoil 119, *119*
bords
  de coupe, finition 125-131, *125-131*
  festonnés (ourlets) 46
  piqués 111, *111*
  rentrés et piqués 126, *126*
  surjetés *53*
bordures imprimées 89
bouillonné 138-139, 138, 143
boutonnières
  à œillet *198*
  coupe 27, 199, *199*
  couture 108, *108*
  longueur 196, *197*
  machine 197-198, *198*
  main 102, 198, *199*
  marquage 197, *197*
  parementure 61, 196
  placement 196
  positionnement 196-197, *197*
  tailleur *198*
boutons 196, 200
  à la machine 200
  à la main 24, 200-201, *201*
  à tige 200, 201, *201*
  décoratifs 201
  plats 200-201, *201*
boutons-pression 204-205, *205*
bretelles 203, 204

brides
d'arrêt 120
de soutien 104, *104*
brides à bouton
brides boutonnières 202-203, *203*
brides-boutonnières du commerce 204, *204*
brodées 202, *202*
sur cordonnet 204, *204*
brides-boutonnières 202-203, *203*
du commerce 204, *204*
sur cordonnet 204, *204*
broderie 224
aiguilles 23, 225
ciseaux 25, *27*
débuter l'ouvrage 226-227, *226-227*
enfilage de l'aiguille 226
nœud plat 226, *226*
nouer le fil 227, *227*
pied presseur *47*, 48
points 228-237
sur fils couchés *voir* couchure
tambour *226*
voir aussi points de broderie
Butterick, Ebenezer 66

C

canettes 42
remplissage 42
tension 45, *45*
canevas à broder 235
carnet à aiguilles 20
carreaux, coupe des tissus à 88-89, *89*
ceintures 185
poser 186-187, *186*
cercles, calcul 74
chaîne *56*, 56
chaise à couture *34-35*
champignon à repriser 243
chaussettes, reprisage 243
chausson, point de 103, *103*, 167, *167*, 235, *235*
chenille 23, 225
Chinagraph, crayons 30, *31*
chutes de tissu 11
cire de tailleur 30
ciseaux 25, 27
à broder 25, *27*
cranteurs *27*, 126
pélican 25, *27*
coins en onglet 176-177, *176*, *177*
cols 180-181
à motifs 90
Claudine 180, *180*
coutures 123, *123*
droits 180, *180*
en tissu extensible 181
plats 180, *180*
pointes 124
rabattus 180, *180*
retourner un col 248
cordon élastique 143
coton
mercerisé 24
perlé *225*, 225
couchure
broderie 231, *231*, 234
perles *214*, 215, *215*
coulisses 103, *103*, 143, 144-145, *144*, *145*
appliquées 144-145
intégrées 144
coupe-fil 25, 26, *27*
coussinets de repassage 35, 37, *37*
couture manuelle 98
finitions 100, *100*
nouer l'extrémité du fil 98, *98*
commencer 100
coutures 114-115
à bords rentrés et piqués 126, *126*
anglaises 129, *129*
angles droits 125, *125*
arrondies 116-118, *117*, *118*, 123, *123*
avec fronces 116, *116*
bandes de biais 122, *122*
bords pointus 124, *124*
concaves 116-117, *117*
convexes 117, *117*
crantées 126, *126*
défaites, réparation 245, *245*
droites 115
enfilage de l'aiguille 115-116
en fourreau 123, *123*
en pointe 121, *121*
« en sandwich » 131, *131*
épinglage 114
extensibles 122, *122*

fermées 128-129
surfilées *128*
surjetées *128*
finition des bords de coupe 125-130, *125-130*
froncées 116, *116*
ouvertes 125-127, *125-127*
passepoilées 119, *119*
rabattues 130, *130*
renforcées 120, *120*
simples
bords crantés 126, *126*
bords gansés (variante) 128
bords gansés 126-127, *127*
bords rentrés et piqués 126, *126*
bords surfilés 125
bords surjetés 125, *125*
surjetées *103*, 125, *125*, *128*
couturomètre 29, *29*, 139, *144*, 156
craie de tailleur 30, *31*
crayons de tailleur 30, *31*
créativité 13-14
cuir 93-94
aiguilles 23, 44
cutters
à boutonnière 27, 199, 199
rotatifs 26, 27

D
daim *voir* suède
décatir
le tissu 59
les entoilages tissés 63
les garnitures 210
déchirer les tissus 60
déchirures
reprisage à la machine 243, *243*
reprisage à la main 242-243, *242*
découd-vite 26-27, *27*, 200, 240
défauts du tissu 60
Demorest, Ellen Curtis 66
denim 95
dentelle 92
ourlet 92, *92*
rangement 92
dés à coudre 24-25, *25*
doublures 150-151, *150*, *151*
coutures renforcées 120
de manteau 150-151
droit-fil 57
des patrons 68
trouver 60

E
échelonner (les surplus de couture) 123, *123*
éclairage 35
élastique 142, 143-145
à boutonnières 143
à lingerie 143
à plier 143
coulisses 103, *103*, 143, 144-145, *144*, *145*
plastique 143
polyuréthane 143
rond 143
tissé 143
tressé 143
tricoté 143
usé, remplacement 245-246, *246*
empiècements 131, *131*
enfilage du fil
couture à la machine 114-115
couture à la main 163
enfile-aiguille 20, *22*
entoilages 61-63, 151
décatissage 63
double face 63, 218
et planche à repasser 37, 218
non tissés *62*, 63
thermocollants/non thermocollants 61, *61*, *62*, 63
tissés 62, 63
tricotés 63
entretien des ouvrages 11
épaulettes 183-184, *183*
épingles 15, *18*, 19
à dentelle *18*, 19
à matelasser *18*, 19
à tête en plastique 35
à tête nacrée *18*, 19
à tête plate *18*, 19
de sûreté 23
en acier *18*, 19
et aimants 20
et surjeteuses 53
équerre de confection *28*, 29
espace de travail 10

essayages 86, 145-147
premier 86, 146-147
retouches 147
toiles de moulage 146, *146*

F
fatigue oculaire 35
faufil *voir* bâti
faux ourlets 167
fermetures à glissière 120, 190, *190*
bord à bord 194, *194*
et doublure 151
invisibles 194-195, *195*
point renforcé 101, *101*
raccourcir 190-192, *191*
remplacer 246-247, *247*
sous patte 192-193, *192, 193*
fers à repasser 36, 37
fibres naturelles 57
fils 23-24
à matelasser 24
à perler 225, *225*
à surjet 24
de lin 24
fils à broder 224-225, *225*
floches 225, *225*
perlés 225, *225*
fleurs en biais 213
fourche, renfort 120, *120*
fourrure, fausse 93
fronces 99, 116, *116*, 136
à la machine 116, *116*, 136-139, *136*
à la main 136

G-H
garnitures 210-212, *211*
décatir 210
fleurs *212*, 213
perles *211*, 213-216, *213*
rubans 210, 212, *212*, 213
sequins 212, 216, *216*
tresses et galons 210, *210*, 211
yo-yos 212-213, *212*
guide-cordonnet, pied 48
Howe, Elias 41
huile de machine 49

I-J-K-L
imperial measures 28
imitation fourrure 93
inspiration 13-14
jeannettes 35, 37, *37*
ligne de pliure (cols) 180
lisières 56, *56*, 80

M
machines à coudre
accessoires 49, *49*
Bernina 41-42, 43
canettes 42
choisir 41-42
composants *40*
dépannage 49-51
double entraînement 48
électroniques 41
installation du fil 42, 114-15
pieds presseurs 46-8, *47*
plaque à aiguille 49
tension 45, *45*
maille (tissus tricotés) 58
manches 182-183
ballon 183, *183*
collantes 182-183, *182, 183*
épaulettes 183-4, 183
marquage
au fil 30, 84-86
outils de 30, *31*, 33
marqueurs
effaçables à l'air 30
effaçables à l'eau 30, *31*
matelas à repasser (de voyage) 36
matériaux denses 95
matières plastiques 94
mensurations 73-74
femmes *76*
hommes *77*
Merrow, Joseph 52
mesure, outils de 28-29, 29
mesure-ourlet 29, 29
mètres ruban 28, 29
mi-longues (aiguilles) 23
modifications 240
agrandir 240
découdre les bords surjetés 241, *241*

défaire les coutures 240
raccourcir 241-242, *241*
rallonger 241, 242
reprendre 240

N

nécessaire à couture 33-34
nervures 139, *139*
nœud
perdu 100, *100*
plat 98
nouer un fil 98, *98*

O

œillets 206-207, *207*
ourlets 156
à la machine 157-158, 160-161
à la main 157-8, 163-4
ajustage 157
circulaires/évasés 158, *158*
déchirés, remplacement 248, *248*
décoratifs 156, 159, *159*, 248, 248
discrets 156, 161
doubles à la machine 162-163 *162*
faux ourlets 167
gansés 160, *161*
invisibles machine 160, *161*
point de chausson 167, *167*
point d'ourlet invisible 166, *166*
point glissé 164, *164*
point oblique 166, *166*
rentrés sur l'endroit *158*, 159
repassage 158
rigidifiés 159, *159*
roulottés 161-162, *161*
surjetés 159-160, *159*
outils de coupe 25-27, *27*
ouvrages faits main 14

P

paillettes 216
panneau en liège (à idées) 13-14, 23
papier
à patron 33
carbone de couturière *31*, 32, *33*
de boucherie 33
sulfurisé 37, 218
parements
de ceinture 187, *187*
de fente 184-185, *184*
parementures 151
coupées à même 153, *153*
d'encolure *152*
rapportées 152, *152*
uniques 153-136, *154*, *155*
passe-lacets 144
passementerie *voir* garnitures
passepoil
confectionner 178, *178*, 179
coutures « en sandwich » *131*
poser 178-180, *179*
sur cols/poignets 180
sur coutures 119, *119*
sur poches *171*, 172
passion 13-14
patchwork
coupe des pièces 26, 86
gabarits *27*, 86
patience 15
patrons 66-37, *67*
aisance 73-74
bâtir 84, *84*, 86
bordures imprimées 89
confection à partir d'un vêtement 72, *72*
couper 82
endroit/envers du tissu 58, 80
épingler 81-82, *81*
informations 67, 68-69, *68*
instructions de coupe 58, *67*, 68, 80
marquage 81-82
marquage au fil 84, 85
modifier 69-71, *71*
motifs à sens 90, *90*
niveaux horizontaux 69
plan de coupe 80-81, *81*
prendre les mesures 73-74
préparation des pièces 80
ranger les pièces 71, *83*
report des repères 67
satin 91
surplus de couture 69
tissus à carreaux/écossais88-89, *89*
tissus à motifs 90, *90*
tissus à poil 80, 91, *91*

tissus difficiles 87-88
tissus rayés 88, *88*
toiles de moulage 72
pelotes à épingles 19-20, *21*
perles *211*, 213-216, *213*
application 217
couchure *214*, 215, *215*
entretien 216
pose 214, *214*
Swarovski 213, *213*
tubulaires *213*, 214
petits plis 139, *139*
pieds-de-biche *voir* pieds presseurs
pieds presseurs 46-48, *47*
à repriser 47, *47*
fronceur 47-48, *47*, 138
ganseur 48
plisseur *47*, 48
pour bords piqués 47, *47*
pour boutonnière 46, 47, *198*
pour broderie *47*, 48
pour fermeture à glissière 46, *47*
invisible 46-47, *47*
pour ourlet invisible 47, *47*
pour poser les boutons *47*, 48
pour roulotté 46, *47*
Téflon 48
transparent 48
transporteur *47*, 48
universel 46, *47*
pinces 134
arrondies 135, *135*
droites *134*, 135
entoilage 61
fuseau 135, *135*
réduire l'épaisseur 135
pinces à quilt a
piqûres
dans le creux 110, *110*
décoratives 108, *109*
de soutien 110, *110*
planche à repasser 36
plan de coupe 80
« avec sens » 80
plaque à aiguille 49
plaques de coupe 26
autocicatrisantes 26, 27
plastique 94
plis 139-140
accordéon 141, *141*
couchés 140, *140*
creux 140, *141*
d'aisance 141
petits plis 139, *139*
plats 141
plissé soleil 141
poches 120, 170
dans la couture 173, *173*
décorées au point de chaînette *233*
plaquées 125, 170-173, *171-172*
doublées 171, *171*
non doublées 172-173, *172*
passepoilées *171*, 172
pour réparer 244
poignets 184-185, *184*
réparation 248
poil, tissu à 80, 87, 91, 91
pointe bille (aiguille à) 23, 43
points
arrière 101, *101*, *229*, 229
croisé 103, *103*, 167, *167*
de bouclette 233, *233*
de bourdon 106, 107, *107*, 197, *199*
de boutonnière 102, 108, *108*
de chaînette 233, *233*
de chausson 103, *103*, 167, *167*, 235, *235*
de croix 234-235, *234*
de feston 102, *102*, 232, *232*
de gant 102, *102*
de poste 236, *236*
de surjet 102, *102*
de tige 230, *230*
devant 86, 99, *99*, 228, *228*
devant entrelacé 228, *228*
d'ourlet invisible 108, 165, *165*
d'ourlet oblique, 165, *165*
droit 105, *105*
fendu 230, *230*
festonné 108
glissé 164, *164*
machine extensible 108, *108*, 120
mirliton 228, *228*
oblique 86-87, 100, *100*
passé 235, *235*

renforcé 101, *101*
serpentin 108, *108*
zigzag 105, *106*, 107, *107*
élastique 107, *107*
points de base à la machine 105
arrière 105, *105*
de bourdon *106*, 107, *107*
de boutonnière 102, 108, *108*
décoratifs 108, *109*
droit 105, *105*
pour ourlet invisible 108
serpentin 108, *108*
Stretch 108, *108*, 120
zigzag 105, *106*, 107, *107*
points de broderie
arrière 229, *229*
couchure 231, *231*, 234
de bouclette 233, *233*
de chaînette 233, *233*
de chausson 235, *235*
de croix 234-235, *234*
de feston 232, *232*
de nœud 237, *237*
de poste 236, *236*
de tige 230, *230*
devant 228, *228*
glissé 230, *230*
passé 235, *235*
porte-épingles *voir* pelotes à épingles
pressions *voir* boutons-pression
protège-semelle 36

R

rangement 11, 12, *32*, 33-34, *34*
rapiéçage 244, *244*, 248, *248*
rayés, coupe des tissus à 88, *88*
rectifications *voir* modifications
règles 26, *27*, 28, 29, *29*
réparations
coutures défaites 245, *245*
ourlet déchiré 248, *248*
rapiéçage 244, *244*, 248, *248*
remplacer un élastique 245-246, *245*
remplacer une fermeture à glissière 246-247, *247*
reprisage machine 243, *243*
reprisage main 242-243, *242*
repassage 35-36, 59
matériel 35, 36-37, *37*
report de motif 90
repriser
à la machine 243, *243*
à la main 242-243, *242*
les chaussettes 243
rocailles *213*, 214
roulette à patron *31*, 32, 33
roulottés, ourlets 161-162, *161*
rubans 210, 212
volantés *212*, 213

S

satin 61, 87, 91
repassage 91
sens du fil 57-58
voir aussi droit-fil
sens travers 57-58
sequins 212, 216, *216*
Singer, Isaac 41
smocks 221, *221*
sous-piqûre 110, *110*
Stretch, tissu *voir* tissu extensible
suède 93-94
surjet
à quatre fils 241, *241*
défaire un bord surjeté 241, *241*
surjeteuses 52-53, *52*, 125
à quatre fils 52
enfilage 53
surpiqûre 111, *111*
Swarovski, perles 213, *213*
synthétiques, tissus 57

T

table de coupe 34
tambour à broder *226*
techniques de couture à la machine
astuces 115
bords piqués 111, *111*
piqûre dans le creux 110, *110*
piqûre de soutien 110, *110*
sous-piqûre 110, *110*
surpiqûre 111, *111*
textiles 14
symboles d'entretien *59*
tissus 14, 56, 61

à sens 80, 90-91, *91*
biais 58
chaîne/trame 56, *56*
d'ameublement 22, 24
aiguilles 22
décatissage 59
déchirer 60
défauts 60
déformés 58
droit-fil 57, 60
écossais, coupe 88-89, *89*
endroit/envers 58, 80
en fibres naturelles 57
entretien 59
extensibles 74, 95
  aiguilles 44
  cols 181
  coutures 122, *122*
  surjeteuse 52
fins 61, 87, 94-95, *94*
lisières 56, 56
maille 58
rayés, coupe 88, *88*
sens travers 57-8
symboles d'entretien *59*
  synthétiques 57
toile tire-fil *voir* canevas à broder
toiles de moulage 72
  essayage 146, *146*
tourne-ganse 203, *204*
tours de lit 137
trame 56, *56*
tresses (galons) 210, *210*, *211*

V

vapeur, repassage 35, 59
Velcro 207
velours côtelé 91
veloutine 91, *91*
vinyle 93-94
Vliesline, Vliesofix 63
voilages 61, 87, 94-95, *94*, 136
volants 136, 137, *212*, 213

X-Y-Z

yo-yos 212-213, *212*
zigzag, point 105, *106*, 107, *107*
  élastique 107, *107*

Remerciements

Je remercie mes professeurs, mentors et collègues, ainsi que tous ceux qui ont façonné ma carrière et consolidé mes acquis. Le dévouement que ces personnes montrent envers leur art et la qualité de leurs œuvres sont exceptionnels. Sans leur contribution, cet ouvrage ne serait pas ce qu'il est. Ma reconnaissance va tout particulièrement à Sheryl Pilkinton, Arlie McGill, Anthony Phillips, Gloria Bava, Gayle MacGregor, Kate Stewart, Wendy Armstrong, Bev Pitot, Ros Parkes, Ken Healey, Rhonda Hemmingway (www.rhondahemmingway.com.au), Vera Robinson, Kia Snell, Juli Herlihy, Judith Meschke, Jo O'Connor, Rebecca Tancred, Trish Barker, Jason Gibaud, Sally Steele et Lynette Ruwoldt. Je remercie également Karen Torrisi (www.karentorrisibeading.com.au) pour m'avoir si gentiment fourni les échantillons de perles de la page 215 (en bas), et Stephanie Akers pour les modèles de smocks de la page 221.

Merci aussi à Kirsten Junor et Cath Derksema de chez Prints Charming (www.printscharming.com.au), Samantha Paxton, Steven Ross, Stewart Graham de chez IMS, Heinz Leuenberger de chez All Make Sewing Centre (www.allmakesewing.com.au), Natasha Milne, Janine Flew et l'équipe de Murdock Books, et enfin tous ceux qui apprécient et soutiennent les travaux manuels et autres arts créatifs.

Plus personnellement, je remercie de tout mon cœur Alan et Eleanor Bardwell, Wendy de Vries, Stephanie Akers, Vic et Jen Hamra, ainsi que mes amis proches qui ont su stimuler mon sens de l'humour pendant que j'élaborais ce livre.

Enfin, et surtout, je remercie ma famille bien aimée : Dominic, Zoe et Max, qui m'inspirent et me ravissent chaque jour que Dieu fait.

Note de l'auteur

Les échantillons de cet ouvrage ont été sélectionnés avec un souci permanent de clarté. Les tissus, fils et articles de mercerie choisis reflètent l'intention et le style de l'ouvrage, et peuvent se révéler différents de ce qui pourrait être idéalement utilisé dans chaque cas particulier.

Bien que nous ayons tout mis en œuvre pour offrir à nos lecteurs un texte précis et instructif, celui-ci s'est heurté à des contraintes de calibrage, de délais ainsi qu'à l'expérience d'une seule personne. Il ne saurait donc constituer un manuel exhaustif sur le sujet, mais simplement une introduction aux principales techniques de couture.

Édition originale

Sewing basics : all you need to know about machine and Hand sewing a été publié pour la première fois en 2011 par Murdoch Books Pty Limited.

ISBN : 9781741967500 (pbk.)

Maquette : Katy Wall
Photographies : Natasha Milne

Édition française

Direction éditoriale : Colette Hanicotte
Traduction : Delphine Nègre
Révision et adaptation : Catherine Maillet assistée de Chloé Cosnefroy
Couverture : Joséphine Cormier

Dépôt légal : janvier 2016
ISBN : 978-2-29-500555-7

Achevé d'imprimer en Chine
N° de projet : 11031131/316832-01

Ici se termine notre leçon de couture.
Il ne vous reste plus qu'à vous mettre à l'ouvrage...